U0734808

三毛
沙漠里的盛世繁花

黄惠萍 编著

煤炭工业出版社
·北 京·

沙漠里的盛世繁花

物，
是次要的，
人情，
才是世上最最扎实的生之快悦。

一个人至少拥有一个梦想，
有一个理由去坚强。
心若没有栖息的地方，
到哪里都是在流浪。

一本好书，
静静抱坐读到日月无光，
人就在书里起伏，掩而不听那尘世喧嚣，
这世间最宁静的快乐。

滚滚红尘中，那是一个能抛开一切世俗与烦琐，活得率真自然的女子；那是一个为了梦中的"橄榄树"而挣脱生命枷锁走向远方的女子；那是一个才华横溢敢爱敢为的女子……她用 48 载的短暂岁月诠释了一个传奇人生。

早春的山城云雾缭绕，空气中弥漫着血腥的味道。1943 年，重庆兵荒马乱，烽火连天。战争尚未结束，战乱年代出生的三毛便冥冥中注定了她颠沛流离的一生。虽身处火炉城市，骨子里却透着孤傲清冷。

这是一个把香菜当玫瑰，把生活过成诗的女子。三毛向往自由却又渴望安定，为了生命中的那些精彩，她走遍万水千山，始终以随时出发的姿态一遍遍寻找灵魂的安抚。她穿着中式衣服，披着乌黑长发，独自行走在漫天黄沙之中，"让流浪的足迹在荒漠里写下永久的回忆"。三毛用她的流浪文学征服了无数的读者。她的文章情感真挚，笔墨简洁，文字朴素，把生活中的一切真实地呈现在读者面前。她的作品让人感到温暖和力量，但她的内心却无比孤寂。

虽然生逢乱世，但三毛却从未停止过追求浪漫和真爱。在经历了

1

几段失败的感情后，她依然相信爱情，终于等到一个值得托付终身的人。认识荷西是她一生中最幸福的事，她和荷西的爱情就像沙漠里盛开的繁花。荷西给了她爱情，给了她想要的幸福，但这幸福是如此难以把握，要"用一秒钟转身离开，用一辈子去忘记"。荷西的意外诀别让她彻底崩溃。也许，这就是宿命，每个人都逃脱不了，三毛也不例外。于是她不得不选择继续流浪，以此来逃避心中的悲凉。

风一般的个性，梦一般的爱情，诗一般的生活，如此绚丽的女子终究不会在凡间停留太久。于是她在走过一段精彩纷呈的人生后，选择了另类的"幸福归途"，在另一个自由的国度，做灵魂的主人，追随自己的所爱，求得心灵的慰藉。

黄惠萍

2018.8

目 录

第十一章

滚滚红尘，何处是归宿

第一章

传奇人生，缘起黄角桠

雾都重庆，乱世出英雄

重庆的美，美在意境。恰如一枝开在川东盆地边缘的杨梅花，四面群山环抱，云雾缭绕，若隐若现，宛如仙境，美丽得不动声色，怕人知，怯人看。但不知，岁月无情，花开花落，归属何处！

1943年，昔日山城早已失去了它的本色，那颗历尽洗礼的心，苟延残喘之后，像一片树叶般在风中摇曳。跟随着这无力舞姿的有商贾，有百姓，还有异乡客。觥筹交错中，备受煎熬的人们想拨开眼前的混沌，寻找那一线清明，无奈看到的只有相互交织的浓雾与炮火。

山城，黄角桠，高山密林，叠嶂层峦，在炮火里独守一方宁静。雨中孤寒独立的老街，是雾都的世外桃源。"黄角桠上黄角路，历史悠久故事足。"黄角古道来，驼铃马蹄响，这里走过了多少客商与将士，沉淀了多少故事与传说。命运执意要在这个充满诗意灵气的地方，为它深厚的故事内涵再添一笔浓墨重彩。

3月26日，黄角桠一户陈姓人家的二小姐呱呱坠地了。早在母亲的子宫里，她已感受到时代动荡，终有千百般的不愿意，却也阻挡不了到乱世走走的安排。

三毛出生于烽火乱世，所以命运未能给予她更多的关爱。但一个人的性格既有先天的遗传因素，也有后天环境的塑造。三毛一生的流浪大部分源于三毛的祖父陈宗绪的遗传。

三毛的祖父陈宗绪，十四岁孤身闯荡上海滩，从一个默默无闻的小学徒，到后来成为一个大富商；从当初行囊里的一床棉被、几件薄衫，到拥有几项大产业，其间的辛苦无法言喻。晚年，他荣归故里，却只给自己留下少许积蓄，而把大部分家财用于建医院、盖学校、修桥铺路，广做善事，在庙里度过余生。那种流浪传奇的人生也影响了三毛，三毛从小就对她的祖父很敬重和崇拜。即使到后来，无论三毛漂泊到哪里，只要一回家，她总会细细翻阅那本《陈氏永春堂宗谱》。这本家谱不仅记载子孙人数，还清楚记录了每年各房子弟的道德品行、收入支出。在陈宗绪的管教下，陈家世代书香门第，忠厚老实，虽然家产不多，但是在对子孙教育方面却累积了很多经验。

陈嗣庆，三毛的父亲，苏州东吴大学法律系毕业，后到上海教书，抗战时期来到重庆，成为一名律师。他为人谦和敦厚，爱好运动，一生最大的愿望是成为一个运动家。妻子缪进兰，上海人，知书达礼，善解人意，高中毕业后便与陈嗣庆结婚，曾做过几年小学教师的她最终选择了当贤妻良母。三毛既继承了父亲的儒雅才气，又遗传了母亲的知性优雅和善解人意。

两人结婚后，陈嗣庆不甘心在沦陷区生活，于是与当时已经怀孕的妻子告别，一个人到重庆开始律师的工作。大女儿出生后，妻子才带着女儿到重庆与陈嗣庆团聚。

那时，与家人经历了战争逃亡的陈嗣庆是如此渴望战火停息。为此，他给二女儿起名为"陈懋平"。陈父在《我家老二——三小姐》中解释过这个名字的由来："'懋'是家谱上属于她那一代的排行，'平'是因为她出生那年烽火连天，作为父亲的我期望这个世界再也没有战争，而给了这个孩子'和平'的大使命。"

然而，三毛并不满意这个父亲赐予的名字，因为这个"懋"字笔画太烦琐，写起来很费劲，于是写名字时她直接省略这个字，把名字写成"陈平"，父亲无奈，只得随了她。此时的三毛才三岁，但已经可以看出她是那样的厌恶外界强加于她的枷锁。三岁定八十，这时三毛自作主张、不拘小节的性格已初露锋芒。

在一个子女较多的家庭，总会有一两个特别另类。陈嗣庆曾说：

> 我听说，每一家的老二跟其他孩子有些不一样，三毛长大以后也很支持这种说法。她的道理是："老二就像夹心饼干，父母看见的总是上下那两块，夹在中间的其实可口，但是不容易受注意，所以常常会蹦出来捣蛋，以求关爱。"

三毛有一个姐姐两个弟弟。姐姐陈田心是一名音乐教师，大弟陈圣是一名商人，小弟陈杰是一名律师。三毛与小弟最亲。姐弟四人成就不高不低，但谨守本分，并不汲汲于名利，除了三毛，其他三人都是循规蹈矩，却也让历尽时代动荡的父母知足了。

三毛作为一名战争末期出生的"战争儿童"，家境并不富裕，但

在父母的爱护下，自然是有没经历过捉襟见肘的窘迫生活，更不知道
物质的缺乏是什么滋味。以致后来，对于物质，三毛都不重视也不追
求。受过良好教育的父母，思想开明，并没有因为生于乱世，而将生
活的沉重加之于孩子身上。

宽松的家庭环境让三毛得以自由成长，也铸就了她特立独行、不
拘小节的个性。如果说祖父的基因是三毛流浪性格的遗传因素，那么
家庭自由的成长环境便是这种性格形成的后天因素。

后来，姐弟三人在回忆三毛时，也再次印证了三毛性格与家庭成
长环境的重要关系：

　　　　父母信基督，妈妈快乐而包容，一生从没有用粗俗的言
　　语指责过我们；父亲是沉默而正义的，他最多用写信给儿子
　　提个醒。家里从来安安静静，任我们姐弟自由成长。

金陵时光，美好而短暂

南京，鼓楼，头条巷，4号，一座宽敞的西式宅院，这是三毛在南京居住的地方。在这里，玩耍、识字、看书……三毛度过了三年的美好童年时光。

1945年，日军宣布无条件投降后，世间恢复了短暂的宁静，受尽战争折磨的人们开始寻找新的出路。陈嗣庆举家迁至南京，和大伯一家居住在头条巷4号。

在三毛的《但有旧欢新怨——金陵记》中，有她对初到南京金陵的描写：

> 那马蹄的声音催人放心入梦，空气中充满着树林般的清香。
>
> 前院种了梧桐树、桑树和花草。那分隔前后院的篱笆成了一面花的墙——爬墙玫瑰。

还有一段是她对新家的描述：

那个房子是独幢的，成为一个回字形。有围墙，不算太高，如果我们爬上假山，站在假山的顶上就可以看到外面的街道。如果我们不爬假山只站在院子里，我能看见鼓楼那幢建筑以及在空中飘扬的英国旗子和苏联的国旗，英国人和俄国人是我们的邻居。

安全、自由、诗意的环境完全切合了三毛的个性。新家安静优雅，造型古朴，和那旋转盘绕的楼梯，给三毛带来了无尽的乐趣，也带来了无限的遐想。后来三毛的那些浪漫情怀，也许都是从这三年的金陵时光沉淀而来的。或许正是这座有历史的沧桑与厚重感的古城，奠定了三毛以后整个人生的基调。

初到南京，三毛有了更多玩耍的花样，从炎炎夏日跨着竹马围着大梧桐树奔跑，到雪天在雪地里跑不及吃堂哥一颗大雪弹，再到被鹅追赶……这些新奇古怪的花样玩法，吸引了众多小伙伴。那应该是三毛一生中最开心的时光。

姐姐陈田心回忆与三毛一起在南京的生活时，她这样叙述与三毛一起玩耍的乐事：

那时候，我读小学，三毛在读幼儿园。南京的夏天非常热，我和三毛常会躲到教会的受洗池边，一起吃马头牌雪糕。冬天下雪的时候，我俩曾把雪放进铁罐子埋在山洞里，想到了夏天可以拿出来吃，但夏天一看，雪都化成水了，铁罐子也锈了。

在《但有旧欢新怨——金陵记》中，三毛也记录了这段开心时光片段：

> 墙外的岁月与我是没有太大关系的，可是每当那——"马头牌冰棒！冰棒马头牌！"的吆喝声开始传进墙来的时候，我家里的后院水井中，就开始被泡下了西瓜，要吃的黄昏，就像打水一般，用个桶下去，咣当一声——冰西瓜就上来了。

即使当时外面的世界依然动荡，但在小三毛的眼中，这些都跟自己没什么关系，她只会想到夏天来了，吃冰棒、吃西瓜的那种绵甜快乐。也许这时的三毛，才是真正快乐的三毛。

小孩子正是天真玩耍的年纪，但三毛很另类，她不喜欢跟同龄的孩子玩耍。母亲缪进兰在回忆女儿的童年时说道：

> 三毛，不足月的孩子，从小便显得精灵、倔强、任性。话虽然不多却喜欢发问。喜欢书本、农作物，不爱洋娃娃、新衣裳。可以不哭不闹，默默独处。不允许同伴捏蚂蚁，革

果挂在树上，她问，是不是很痛苦？

当时的三毛最喜欢去的地方便是邻近的坟场。那里荒草丛生，阴风瑟瑟，乌鸦哀鸣，对于成年人都很避讳的地方，她却没有一丝的恐惧，这仿佛是她世界里的一方净土，她独自在坟头上专注地玩泥巴，沉浸在自己的世界里，享受独有的快乐。也许对于她来说，那只是失去了性命的人的家而已。她甚至跟母亲说，他们跟自己说话了。母亲作为一个成年人，听了三毛这样说都毛骨悚然。但三毛却很坦然，一个孩子对死亡的坦然。也许这个时候，命运使然又或是性格支配，使三毛最终的归宿是以自己的方式到达心中的那一方净土。

幼年的三毛还有另外一个癖好——看宰羊。同龄的孩子看到杀鸡宰鹅都会吓得痛哭，但三毛就是这样与众不同，看宰羊对于她来说是一件再也寻常不过的事情。她会专注地看完宰羊的全过程，一个细节也不放过。看完后，脸上还会露出满意的表情，以至于人们都觉得这个孩子冷酷无情。但三毛还是一个孩子，她只是好奇，因为在这之中她看到了动物的可怜和可悲。而这一刻，也显示了三毛不同于同龄孩子的那种强烈的求知欲望。

当然，另类的三毛也是可爱的。三毛的父亲说起过这样一段故事：

> 有一天大人在吃饭，突然听到打水声音激烈，三毛当时不在桌上。当我们冲到水缸边去时，发现三毛头朝下，胸在水面上拼命打水。水缸很深，这个小孩子居然双手撑住缸

底，好使她高一点，这样小脚才可打到水面出声。当我们把
她提着揪出来时，她也不哭，她说："感谢耶稣基督。"然后
吐出一口水来……

　　小小年纪的她并没有被当时的情景吓哭，反而是"感谢耶稣基
督"，三毛的父母都是基督教徒，三毛更是基督教虔诚的信奉者。这
次自救的经历便可以看出三毛是何等的聪明，在性命攸关的时刻，她
并没有惊慌失措，而是冷静地寻求解决问题的方法。

　　还有一次，三毛骑脚踏车时，一不小心掉到了一口废井里。井底
光线昏暗，受伤的三毛硬是靠着自己的力量从废井里爬了出来，看着
跌得骨脂外露的双膝，她却说："咦，烂肉裹的一层油原来就是脂肪，
好看好看。"个性独特的三毛总有自己的人生解读，在刺骨的疼痛下
看到的却是另外一番光景。

与书为伴，「三毛」结缘由

战争年月，为了生存，人们不得不背井离乡。三毛的童年生活在不断的搬迁中度过，从重庆的黄角桠，到金陵南京，后来又经上海，远渡台湾。一路颠沛流离，一路心酸悲伤，一个涉世未深的小姑娘跟随父母一路奔波，目光所及之处，都是流亡的身影，这是最早的刻在三毛心底的"流浪的烙印"。

三毛在南京待了三年，每天清晨，总会有鸟儿在梧桐树上歌唱美妙乐章。清新的空气，温暖的阳光，美妙的鸟鸣，碧色的梧桐，陈家孩子置身于这样的环境中阅读，这样的情境，是多么诗情画意。

陈家是书香世家，有一间专为孩子布置的书房，三毛曾在书中这样形容南京家里这间"图书馆"房间：

在我们那时候的大宅子里，除了伯父及父亲的书房之外，在二楼还有一间被哥哥姐姐称作图书馆的房间，那个地方什么都没有，就是有个大窗，对着窗外的梧桐树，房间内，全是书。大人的书，放在上层，小孩的书，都在伸手就够得到的地板边上。

那时的三毛，生活在大家庭里，哥哥姐姐都已进学校读书，只有未够年龄上幼稚园的三毛被父母安排，跟着一个名叫兰瑛的女工人在家里玩耍。她当时的玩伴就是兰瑛的孩子马蹄子。可是这个马蹄子一碰就哭，连这个正是爱玩年纪的三毛都跟他不投缘。所以，只要兰瑛没看好她，她就溜去"图书馆"房间。她知道马蹄子从来不爱进这个房间，所以三毛就总往那儿跑，静静地躲到兰瑛或妈妈来找她吃饭才出来。

在这里，年幼的三毛读了她生平的第一本书——漫画家张乐平的《三毛流浪记》。这是一本以图画会意且没有任何文字的漫画书，这对于当时不认识字的陈懋平来说是再好不过的读物。书中的"三毛"是一个流浪在上海街头的孤儿。当时，这个头上只有三根头发的可爱男孩"三毛"几乎家喻户晓，是那些在战乱中饱受饥饿和痛苦的孩子的缩影，他的悲惨命运感动了千千万万的读者。后来，三毛又接触了张乐平的另一本书《三毛从军记》。三毛曾回忆道："我非常喜欢这两本书，虽然它的意思可能很深，可是我也可以从浅的地方去看它，有时笑，有时叹息，小小的年纪，竟也有那份好奇和关心。"看过"三毛"后，三毛从此迷上了有插图的童书。

在充满梧桐清香的书房中，幼小的女孩打开了一个全新的世界。而张乐平的两本关于"三毛"的书，给她留下了特别深刻的印象，也和她结下了不解之缘。在二十六年后的撒哈拉，她用"三毛"作为笔名演绎了一生的风光与传奇。数年后，三毛特意从台湾前往大陆，找到了张乐平老先生，并认他为"义父"。她泪流满面地对"三毛爸爸"张乐平说："在我最孤独的时候，我不是和周围的人说话，而是和书里的三毛说话，他从来不反驳我，只是默默听着，我觉得好温暖，我觉得他与我很亲近，我和他一样，我们都是您的孩子。"

三毛曾说过："我看书，这使我多活几度生命。"浩瀚的书海为三毛开启了一个多姿多彩的世界。小小年纪，她就"读"过了《木偶奇遇记》《安徒生童话》《格林童话》《苦儿寻母记》《爱的教育》《爱丽丝梦游仙境》等多本童话书。其中，《爱的教育》是三毛经常提起的一本真正的童话书，因为这本书里面的描写充满了爱，还有人间各种的关怀，读过它的人都会深受感动，倍感鼓舞。后来三毛做的事异想天开，让人无法理解，但是不得不承认她是一个满怀悲悯的女作家，读她的作品经常让人产生一种怜悯之情，也许正因为自己需要关怀，所以她才对《爱的教育》这本书爱不释手。

远渡台湾，融入新故乡

金陵的日子虽美好，却很短暂。1949 年的一天，父亲突然塞了一叠可以换马头牌冰棒的金圆券给正在假山前看蚕宝宝的三毛，三毛高兴极了，却发现家里的仆人在旁流泪诉说着全家要逃难到台湾去。于是陈家再度迁徙，选择了偏居祖国东南一隅的宝岛台湾。

面对一无所知的台湾，三毛一家人的心情非常沉重，年幼的三毛第一次体会到流浪的滋味。虽然她不明白周围的境况，但却记得母亲一路晕船的辛苦模样。在那艘名叫"中兴轮"的游艇上，三毛的母亲吐得非常厉害，也许她晕的不仅仅是船，更是厌倦了这居无定所、颠沛流离的迁移。看着在颠簸的海上吐得天翻地覆的母亲，一向无所畏惧的三毛突然害怕了，她害怕母亲就这样离去，她害怕以后再也没有母亲。

对于三毛来说，在坟场旁边玩泥巴时不会害怕，看到活生生的羊被宰杀不会害怕，但是当她看到母亲死了一般地躺在那里，她害怕了。命运就是这样，三毛最害怕的就是失去，而上天就是这样跟她开

　　玩笑，让她失去一个又一个的爱人。

　　一路辗转漂泊，陈家人历尽千辛万苦，终于来到了宝岛台湾，开始了新的生活。金陵的一切随着时间的流逝渐渐远去，那美好的时光也只能成为永久的回忆。三毛的心也渐渐地与这座富饶的城市相融合。碧浪微光，林木葱茏，四季常青，这里的一切对于三毛来说都是新鲜的、美好的，这里才是她生活的开始。

　　初到台湾，一切都是陌生的，生活也不容易。陈家共有八个孩子需要养活，为了糊口，他们不得不把家里的金饰换成金圆券，然而金圆券的快速贬值让这一家人的生活十分拮据。孩子们的世界是单纯的，他们浑然不知大人们的困窘，只是一心想着迎接新的生活。

　　　　到了台湾，大人背井离乡，在离乱的大时代里，丢弃了
　　故乡一切的一切，想来在他们的内心是感触极深的。可是做
　　孩子的我们，哪懂那些天高地厚的道理，当我从中兴轮上下
　　来，进了台北建国北路那幢小小的日式房子，发觉每一个人
　　都要脱鞋才能上榻榻米的地时，简直没将我高兴得发狂，跟
　　着堂哥和姐姐尽情地又叫又跳，又低头看着自己完全释放的
　　光脚丫，真是自由得心花怒放，又记得为了大家打赤足，堂
　　哥竟乱叫着："解放了！解放了！"

　　虽说童言无忌，但那时候的台湾并未达到言论自由的境地，而"解放"在当时的台湾是一个十恶不赦的字眼，大人们听了之后，赶紧制止他们的"胡言乱语"，以免惹祸上身。

　　当时的台湾不仅没有言论自由，有一阵子还兴起了禁书之风，要

把一部分书通通烧掉，这令爱书的三毛十分不解，她只知道书中的世界是如此神奇美妙，却不明白大人们为何要销毁它们。当母亲告诉她这些书"有毒"的时候，三毛惊异万分。

当孩子们对某一样新鲜事物的好奇心逐渐消退的时候，便关注生活原来的本质。刚到台湾时，三毛并不喜欢他们居住的地方，因为那里地处荒凉，到处杂草丛生，与南京的繁华可谓天壤之别。在这样的环境中生活的三毛，不时回想起金陵旧时光里那沁人心脾的梧桐香。后来，开通公车后，她家附近才渐渐热闹了起来，各种商铺犹如雨后春笋般冒了出来。在眼花缭乱的商铺中，最吸引三毛的莫过于"建国书店"。自书店经营以来，三毛成了那里的常客，在知识的海洋里流连忘返。从那时起，书籍成了三毛生命中不可或缺的陪伴。

台湾的一切，正一点一滴刻进三毛的骨子里，和她的血液、灵魂融为一体。台湾给了三毛最真实的生活，以致后来，流浪归来，看尽千山万水，依旧定居台北。

"不要问我从哪里来，我的故乡在远方。"只有三毛才知道，每每想起金陵那轻柔缠绵的雨丝，便会牵出了她一丝一缕的独特乡愁。"有些人会一直刻在记忆里，即使忘记了他的声音，忘记了他的笑容，忘记了他的脸，但每当想起他时的那种感受，是永远不会改变的。"这个"他"在三毛心里就是南京。每当有亲友回大陆，总会在临行前问，"可要带什么东西给你？"这时的三毛也只有一个同样的答案："口袋里放些雨花台的小石头回来，那就千恩万谢了。"这小小的石头，于三毛而言，承载着对故乡南京的思念，更是对孩童时代的无限怀念。

第二章

无尘岁月，时光终难忘

拾荒少女，另类的浪漫

有着浪漫情怀的女人通常都是感性的，在她们眼里，一切都是美好的。她们富于幻想，喜欢把生活中的某个普通场景或事物揉进自己缤纷多彩的幻想世界，让它瞬间生动鲜活起来。

生活需要浪漫，可是谁能想到，浪漫会由拾荒开始！

三毛自小走路就有到处张望的习惯，路上仿佛有她看不尽的风景，拾不完的宝贝。在读小学时，每天放学后，她几乎都是叫同学帮忙把书包带回家，好让母亲安心，而她独自一人漫步在田间的小路上寻宝，那时的她快乐得如同飞出笼子的小鸟，自由自在。

小小年纪，生活范围虽然不大，但她却能够凭自己的眼光总结出哪些地方是适合拾荒的。三毛用"专业"的眼光认为：

放学的那条路，是最好的拾荒路，走起来也顶好不要

成群结队，一个人玩玩捡捡，成绩总比一大批人在一起好
得多。

她寻到的宝藏各式各样，可能是一颗五彩斑斓的玻璃球，或是一枚被人丢弃的胸针，也可能是一个残旧的皮球，或是小狗掉落的一颗牙齿……她拾到的东西，许多都是路人视而不见的，可这些东西对于三毛来说如获珍宝，让人艳羡。这样的一种浪漫行为，在别人看来却是怪癖，也许这就是天才与平常人的区别。三毛的超前思想让当年的国文老师也觉得不可理喻。

刚到台湾不久，六岁的三毛还没到上学的年纪，但望女成凤、教子心切的缪进兰好说歹说，硬是把老师说动了，把三毛送进了学校。三毛喜欢读书，却讨厌条条框框的课本，所以她的成绩一直不怎么样，但写作文对于三毛来说却是游刃有余。每次作文课，老师都把她的作文当作范文来读。那一节作文课，老师布置了一个作文题目——《我的志愿》，和往常一样，三毛再次被点名起来朗读：

　　我有一天长大了，希望做一个拾破烂的人，因为这种职业，不但可以呼吸新鲜的空气，同时又可以游走于大街小巷，一面工作一面游戏，自由快乐得如同天上的飞鸟。更重要的是，人们常常不知不觉地将很多还可以利用的东西当作垃圾丢掉，拾破烂的人最愉快的时光就是将这些蒙尘的好东西再度发掘出来，这……

就在三毛朗读的过程中，粉笔擦向她迎面砸来，接着听到老师

的怒吼："如果将来拾破烂，还要到学校读书干什么？对不对得起父母！给我重写……"三毛并未领会老师眼里所谓的"志愿"，只知道老师似乎并不喜欢她这个志愿，于是第二篇文章就出来了：

我有一天长大了，希望做一个夏天卖冰棒，冬天卖烤红薯的街头小贩，因为这种职业不但可以呼吸新鲜空气，又可以大街小巷地游走玩耍，更重要的是，一面做生意，一面可以顺便看看，沿街的垃圾箱里，有没有被人丢弃的好东西。

这样的生活是充满情趣的，人们会为三毛对梦想的执着而感动。然而，老师觉得朽木不可雕也，觉得这样的思想是低下的，是叛逆的，于是在三毛的作业本上画上了一个大大的红叉。这一划，划掉的是作文，但划不去三毛心中的坚持。

经过老师一番苦口婆心的教诲，三毛终于"醒悟"了，原来老师心中理想的"志愿"是伟大的，是崇高的，于是，三毛无奈地谎称自己的志愿是当一名救死扶伤的医生，老师听后，终于满意地点了点头。极具个性的三毛便把这个拯救天下万民的志愿交给了老师保存。

虽然三毛的志愿不断地被老师纠正，但拾荒这个习惯早已根深蒂固，有着叛逆性格的三毛既不会接受别人强加的思想，也不会轻易改变自己的决定。多年以后的撒哈拉家里，三毛用拾荒把家徒四壁改造成沙漠中的城堡，用自己的双手，实现了儿时浪漫的拾荒梦想。

在一望无际的散乱、廉价、破损的杂物中觅得珍宝，是需要眼光的。没有眼力，拾荒也就是捡捡无用的垃圾。这种眼力绝对不是一天两天就可以培养出来的，更不会像老师说的那样，"要拾破烂，现在就可以滚，不必再念书了！"在三毛看来，拾荒意味着垃圾会因为"面对它的人在经验和艺术的修养上不同，它也会有不同的反应和回报"。

三毛不仅仅是在拾荒，也是在拾起她自己，正如那些被隐藏了、掩盖了的等待重新焕发光彩的旧物，三毛也希望有人欣赏，把她视若珍宝，呵护在手心，永不相忘。

那时候的三毛，玩的玩具都是自己"制作"的。树叶卷曲成哨子吹出动听的乐曲，破笔杆蘸点肥皂吹出满天泡泡，"跳房子"是自己用粉笔亲手画，用橡皮筋绑着筷子做成手枪……三毛的这些"杰作"深受同龄人的喜爱。而对三毛来说，随手捡来的旧东西，只要加上自己的一点点小创意，就可以成为很棒的玩具，无须分文。这些宝贝陪伴她度过了快乐的童年。

三毛的第一个宝贝称作"点人机"，其实那只是一根弧形树枝，三毛拿着这根"点人机"作为游戏的道具，跟着同伴跑，树枝点到谁谁就出局，就是这样一个简单而富有想象力的游戏，让同伴们玩得不亦乐乎！

就这样，拾荒开启了她人生的另一种浪漫。三毛在拾荒中也收获了很多宝藏和快乐。她拾荒的技能也在不断升级，越拾越专业，越拾越有眼光。拾荒成了三毛戒不掉的闲情逸致。

在三毛眼中，世上的一切都是多姿多彩的。十三岁那年的一天，三毛忽然被家中女工坐的木墩所吸引，她觉得那是一件不可多得的艺术珍品，木墩像极了复活岛上的人脸石像，充满神秘的艺术气息。于是三毛找来一块空心砖来代替木墩给女工坐，然后把木墩小心翼翼地搬回自己的卧室将它珍藏起来。三毛的做法让女工非常不解，她不明白为什么一块普通的木墩能让三毛如此喜爱。

　　还有一次，三毛走在街上，看见砍伐工人正在砍树，出于好奇她停下来围观。砍下来的树干被车拉走了，枝叶凌乱地散落一地，其中一根树枝吸引了三毛的视线，她围着树枝走了三圈，越看越喜欢，越看越觉得投缘。于是她拼尽全力，用单薄的身子把这件"艺术品"拖回了家。

　　拾荒的趣味，除不劳而获的欢喜外，更吸引人的是，它永远是在拾一份未知，在下一秒钟里，谁也不能确定会拾到什么好东西，它是一个没有终止，没有答案，也不会有结果的谜。

　　三毛非常沉醉于这种意外的收获，因为每次拾荒，她都能捡到让她爱不释手的物品。她不明白，为什么身边有这么多美妙的物品，人们却偏偏看不到，正如人们根本无法理解她为何要去捡破烂。后来离家远走，三毛还惦记着她所有的"杰作"，并让父母一再保证，即使搬家也不会抛弃它们。

　　她说，虽然它们都是垃圾，但是每一件垃圾都有着属于自己的故事，同是垃圾，面对它的人因经验和修养不同，它们也会有不同的反应和回报。在三毛看来，垃圾就是世界上最妩媚的东西，承载着三毛少女时代的幻想和创意。

　　三毛的拾荒生涯一直持续到她到西班牙留学的前夕。留学海外，心灵上失去了归属感，也失去了收集宝物的好心情，直到毕业后，她和三个女生同住一个公寓，才开始重温拾荒旧梦。

　　但由于三毛和三个女孩居住在城市的一个公寓里，因此再也没有什么东西可捡的了，于是她便收拢了同住的朋友丢掉的旧衣服、毛线，甚至杂志等小物品，经过她巧手的改装，变成了布娃娃、围裙、比基尼游泳衣等。

　　这个极具创意的女孩,无论什么物品在她手里,总能化腐朽为神奇。她自己也非常享受这样的过程。她曾说过:"看见自己变出了如此美丽的魔术,拾荒的旧梦又一度清晰地浮到眼前来,那等于发现了一个还没有完全枯萎的生命,那份心情是十分感动自己的。"

　　真正让三毛把拾荒技能发挥到极致的是她在撒哈拉沙漠的那段日子。两年的时间,她利用大漠镇外的垃圾堆里翻拣出来的成绩,装饰出了一个世界上最美丽的家。

　　荷西不是一个有钱人,他们租不起高级职员的白色公寓,只能和当地的土著撒哈拉威人聚居在坟场区。他们的家正对着一个大型垃圾场,这样不幸的风景,却被三毛看成是上天对她的恩赐。她说:"拾荒人眼底的垃圾场是一座世界上最美丽的花园。"从此,这座"花园"多了一个固定的访客。

　　旧家具、旧衣物、旧电器、生活用品、建筑材料等应有尽有,怎么捡也捡不完。一块腐烂的羊皮,做成了一个舒适的坐垫;大小不一的瓶子,经过她的手插上野地荆棘,便成了别具一格的花瓶;一个报废的汽车轮胎,擦拭干净后,做成一个时髦的圆椅垫……

　　荷西,是她拾荒的知己。在与荷西相守的那段时光里,她的拾荒变得更有意义。他们一个热爱拾荒,一个擅长改造。在大学里,荷西学的是机械专业,凭借自己的专业知识,他总能把三毛淘来的破烂化腐朽为神奇。三毛每次把捡回来的破烂放到荷西面前,然后在充满期待的眼神中,等他把破烂变为一件珍宝。自行车上的旧零件,可以变成一条精美绝伦的项链;棺材店捡来的木板,经过敲敲打打,做成一张四四方方的桌子。家里的所有家具几乎都是夫妻俩共同打造的。拾荒拾的不仅仅是物品,更能拾来惊喜的浪漫。为了讨太太欢心,结婚的时候，荷西送给自己的妻子三毛一副完整的骆驼头骨，那是他在烈日的沙漠里，走了很远的路，辛辛苦苦找到的宝物。收到礼物的三毛感到无比高兴，她觉得自己终于找到那个值得托付一生的人了，荷西能够给自己想要的幸福。

三毛是幸运的，除丈夫外，父母也逐渐接受了女儿的拾荒梦想，有时甚至为了让女儿开心而投其所好。

一个周末，三毛的父母——陈嗣庆夫妇在海边散步，面对阳光、沙滩、海浪，他们忽然想起自己的女儿正在看庚辰本《脂砚齐重评石头记》，于是他们无心欣赏身边的美景，反而弯着腰、佝着背，花了几个小时的苦苦寻觅，终于捡到两颗彩石送给三毛。在《痴心石》中，三毛这样说："我相信，父母的爱——一生一世的爱，都藏在这两块不说话的石头里给了我。父母和女儿之间，终于在一霎间，在性灵上，做了一次最完整的结合。"

在加纳利群岛，三毛结识了一位同样热爱拾荒的好友——瑞士人希伯尔。希伯尔曾经是一名小学老师，但由于无法忍受呆板的教育、失去自我的学生，毅然辞职，以拾荒为生。回想起小学，当时老师因为三毛曾经立志要拾荒而怒斥她。现在自己长大了，遇到第一个专业拾荒人居然是一个小学老师变过来的，三毛觉得十分有趣。

作为拾荒家，希伯尔比三毛高明得多。他们两人曾经做过一场比试，约定在同一个垃圾场中寻宝。就在三毛两眼茫茫毫无头绪的时候，希伯尔已把自己所获——一面雕花木门，送给了荷西。

三毛一生中收集的东西数不胜数，每件物品都有自己的故事，或悲或喜，或忧或痛，或得或失，但都是真真实实地存在的。

　　家中四个孩子，只有我这个老二，怪异的有拾废物的毛病，父亲常常开导我，要消费，要消耗，社会经济才能繁荣，不要一块碎布也像外婆似的藏个几十年。这些道理我从小听到大，可是，一见了尚可利用的东西，又忍不住去捡，捡回来洗洗刷刷，看它们在我的手底下复活，那真是太快乐的游戏。

　　三毛曾说过："我有一天老了的时候，要动手做一本书。在这本书里，自我童年时代所捡的东西一直到老年都要写上去，然后我把它包起来，丢在垃圾场里。如果有一天，有另一个人，捡到了这本书，将它珍藏起来，同时也开始拾垃圾，那么，这个一生的拾荒梦，总是有人继承了再做下去，垃圾们知道了，不知会有多么欢喜。"

　　正如她说的那样，三毛后来出版了一本册子，里面展示了她拾荒得来的宝贝。在它们身上，每一件都有岁月刻下的痕迹。

　　多年之后，在台北的三毛故居里，人们仍然可以看到里面有着三毛用拾荒得来的东西，精心布置的家具和饰品。

人生短暂，最爱是读书

三毛，一生最爱是读书。

在大多数人眼中，三毛是一个不爱念书的孩子，但她对书本的热爱，只有他的父亲最清楚，父亲曾幽默地打趣三毛说："都说你最不爱读书，却不知烦死父母的就是一天一地的旧书，倒不如统统丢掉，应了人家的话才好。"

从孩童时光，到豆蔻年华，到后来浪迹天涯，书是她生命中不可或缺的精神支柱。书里的大千世界指引着她前进的方向，也让她恣意地写下人生的全部态度。

也许是金陵那段阅读时光在她脑中挥之不去，以至于每次捧起一本书，似乎都能感受到美妙的歌声和梧桐的幽香。

到台湾时，三毛已经能够认得很多字了，于是更沉醉于阅读。《学友》《东方少年》和《王尔德的童话》在姐姐的帮助下读完了。杂志读完，她又翻起堂哥们的书，鲁迅、巴金、老舍、郁达夫、冰心等，她都拜读。在他们的世界里，三毛领略着或犀利，或温暖，或浑厚，或清新的文字，汲取思想精华，吸纳百家语言。

　　三毛对文字的敏感程度是让人吃惊的。老师也感到很惊奇：看她拿着报纸，以为是看着玩的，结果三毛从头到尾一字不落地读了出来。课本对她而言，只是简单的用来哄骗小孩子的文字罢了。她甚至会跑到老师那里评论课本：如此浅显的课本，简直是在把小学生当傻瓜对待。她这样做的结果，自然是招来老师的一通责骂。

　　当书卷被读遍，堂哥的书架也就没有吸引力了。这时，建国书店的开业让她看到了曙光，这个地方对她来说简直就是天堂。

　　三毛用尽各种方法借书。那时候的她并不能理解家中生活的拮据，为了能读到书，她缠着母亲索要零用钱，哪怕只有一毛钱，她都钻到书店，再也不愿意出来。在书店，她先读到的是美国移民西部的故事书，如《森林中的小屋》《梅河岸上》《草原上的屋》《农夫的孩子》《银湖之滨》《黄金时代》；看完之后接着看儿童书，再看其他书籍，如《三剑客》《基度山恩仇记》《堂·吉诃德》《飘》《简·爱》《呼啸山庄》《傲慢与偏见》《雷绮表姐》……这些深奥的书籍，有的连成年人都未必参透，却成为三毛的一扇窗，让她看到了一个全新的世界。透过这些书籍，三毛看到了文豪们身上散发出的光辉，看到了他们作品里社会最底层的诉求，还有对当时社会的批判。三毛期待有一天，自己也能成为和他们一样悲天悯人的大方之家。

　　当阅读了大量的西方名著之后，三毛开始接触中国长篇小说。她读的第一部是徐訏的《风萧萧》。那是一本富有浪漫主义特征，又充满神奇色彩、蕴含生命哲学的著作。三毛读得如痴如醉。二十年后，三毛拜访作者徐訏，并认他为干爸。

　　转眼间，三毛已是小学五年级的学生了，这时她的阅读能力已经超出同龄人许多。五年级下学期，三毛开始读曹雪芹的《红楼梦》。

这本对她影响最大、也是最喜爱的书是在上课时偷偷盖在裙子下面看完的。当她读到《红楼梦》第一百二十回"甄士隐详说太虚情，贾雨村归结红楼梦"时，三毛瞬间愣住了。

> 当我初念到宝玉失踪，贾政泊身在客地，当时，天下着茫茫大雪，贾政修家书，正想到宝玉，突然见到岸边雪地上一个身披猩猩大红氅、光着头、赤着脚的人向他倒身大拜下去，贾政连忙站起来要回礼，再一看，那人双手合十，面上似悲似喜，不正是宝玉吗，这时候突然上来了一僧一道，挟着宝玉高歌而去——"我所居兮，青埂之峰；我所游兮，鸿蒙太空；谁与我逝兮，吾谁与从？渺渺茫茫兮，归彼大方！"当我看完这一段时，我抬起头来，愣愣地望着前方同学的背，我待在那儿，忘了身在何处，心里的滋味，已不是流泪和感动所能形容，我痴痴地坐着，痴痴地听着，好似老师在很远的地方叫我的名字，可是我竟没有回答她。

那一刻，三毛仿佛看到了文学的魂，领悟到了什么叫"境界"。而她也把这种"文学的美"当作一生追求的目标。她在离世前也多次说过，如果有一天自己死了，希望有人能给她"烧"一本《红楼梦》。可见她对这本读了无数次的著作是多么深爱，这种爱早已和她的生命融合在一起。

三毛既仰慕文人的情怀，也钟情武侠的豪迈。小学六年级，正面临最紧张的毕业考试，同班同学都在紧张地复习，以便顺利通过小升初的考试。然而三毛忙里偷闲，把整部《射雕英雄传》读完了。从此，她疯狂地爱上了金庸的武侠小说，成了金庸的忠实书迷。从邪以后，金庸每出一本小说，三毛便立刻拜读。她喜欢书中路见不平拔刀相助的情节，也向往潇洒豪迈浪迹天涯的生活。她希望自己就是弓中的大侠，剑指长空，挥斥方遒。

另一部对三毛影响颇深的作品是《水浒传》，著作里面的文学表现手法直接影响三毛以后的写作风格。她的成名作品集《撒哈拉沙漠》就借鉴了《水浒传》里的白描写法。三毛作品中的白描，总是带有一丝丝的悲凉，让读者记忆深刻，沉醉其中。

为了让自己的知识面更宽广，三毛也读关于历史和科普方面的书籍，如《九国革命》《十万个为什么》等。不但如此，三毛还开始涉猎外国小说，借着图片的理解，三毛读完了英文版的《无头骑士》《爱丽丝梦游仙境》等著作。虽然小小年纪，但聪明的她已读出了文学巨匠笔下表现出来的人性的光辉。

在那个没有电视的年代，家里姐弟几个都看书，但三毛的记忆能力和理解能力最好。她的阅读面广、量大，而且她看过就能够都记得。有的书晦涩到就连大她三岁的姐姐陈田心都觉得很累不想看，而三毛却深得其中之味。小学毕业的那个暑假，三毛就像一个跟生活脱了节的十一岁小孩，也没有什么童年朋友，却也因为太忙而没时间出去玩。她忙是因为忙着看书，六年的小学教育终于成为过去，这在三毛眼中代表她终于可以"自由"了。她一点儿也不关心联考的结果，只与那些被人称为"闲书"的东西为伴。最令她感到愉快的事就是"搬个小椅子，远远地离开家人，在院中墙角的大树下，让书带我去另一个世界"。

徜徉在书的海洋里，享受着精神的盛宴，这是读书带给三毛最大的快乐。而这段读书生涯，为她以后走上文学道路奠定了扎实的基础。

懵懂年纪，
相处生情愫

生命是一场漫漫漂泊的旅程，沿途风景万千，有的让你开阔视野，有的让你启迪人生……人的一生，无论遇到谁，都是一个美丽的惊喜和意外。

小学五年级的时候，三毛和另外六个同学结拜，成了七金兰。七个女同学非常要好，一起上学放学，吃饭的时候交换饭菜。那个时候，三毛她们还没学生理卫生课，所以当发育较早的那个女同学的母亲来学校和老师说了悄悄话之后，七个姐妹便诚惶诚恐议论纷纷了，跟男生拉手再加上接吻，血一混合，就会生出一个小孩来。七个姐妹被吓得很厉害，发誓要洁身自好，从此要当心，不要跟男孩子有太多的接触。

话是这样说，但爱情毕竟是个美好的东西，年少的七姐妹心里都各自有喜爱的男生。少女情怀，这种心事谁都不明说，只是将爱慕的男生看在眼里，藏在心底。看的次数多了，男生总会感应得到的，但他们总是装作很清高的样子，不太会回看女生，只是在背后偷偷看一眼。

　　一天，七姐妹中的一个跟大家说，她和邻班的男生约好，找一天大家到学校附近的一个小池塘边去，还说男生刚好也是七个人，男女约会，她问其余的姐妹敢不敢去，大家都说去。敢是敢去，但究竟是哪一天，谁也不敢去问。

　　第二天，那些男生下课后在走廊故意指名骂七位女生，然后趁着丢粉笔的机会丢进来一个小布袋，七姐妹冲出去回骂的瞬间，捡起了那个布袋，然后七姐妹围成人墙，打开袋子，里面的小纸条赫然写着——就在今天，池塘相会。

　　事情真要开始了，三毛便心慌、害怕。毕竟是第一次和男生约会，虽说是七男七女，但是三毛觉得好像是做了坏事一样，她怕妈妈伤心。

　　但既然都和男生说好了，便不要临阵退缩。下课后，七姐妹背了书包就跑到那长满含羞草的池塘边去。也许是女生来得太早，男生的影子都不见一个。于是七姐妹就在池塘边玩，虽说是玩，眼睛还是会看着来的方向。眼看夜间的补习要开始了，男生都没有出现，三毛她们感觉自尊心受到了很大的伤害，但也不敢骂人家。

　　眼看快毕业了，学习任务很重，再也没有心思去想爱情的事了，而这时班里充满了离愁别绪。同学之间已经开始写纪念册了，班里有位男生把纪念册偷偷放进七姐妹的书包里，面临离别，总要给别人留个言，哪怕一句话也好。三毛等到家里的人都睡了的时候，悄悄地把纪念册拿出来，写下——"沈飞同学：好男儿壮志凌云。陈平上。"三毛这样写，只因为他的名字中有一个"飞"字，但还是被母亲质问。从那次，三毛知道，和男生接触是父母不高兴的事。

毕业典礼快到了，也许男生是想抓紧这一次的机会，他们再一次传话过来，约七姐妹星期天去"第一剧场"看电影。

即使三毛之前已经被父母警告过，这次她安慰自己，不跟男生触碰，不拉手，只是看电影还了心愿而已。

去的是六位女生，那时没有花衣服，都是穿校服去的。电影院旁边商店的门口聚着那几位男生，他们看见女生来了，就马上向电影院走去，男生走在前，女生远远地跟着，不敢打招呼，不敢说话。

买票的时候，不敢说与后面的女生在一起的票，结果是男生坐单号左边，女生坐双号右边隔着几排之后。大家都心不在焉，那场电影演的是什么没人知道，都在想着散场以后会有怎样的发展呢。

电影散场了，女生走在前，去吃了仙冰草，男生只是远远地站着，即使是坐同一辆公共汽车，都是前后车厢分开坐。

这场爱情的结局三毛是这样说的：

> 下车，我们又互看了一次，眼光交错的在一群人里找自己的对象。那一场拼了命去赴的约会，就在男生和男生喊再见，女生跟女生挥手的黄昏里，这么样过去了。

七姐妹的一场爱情就这样结束了，懵懵懂懂的年纪，憧憬美好的爱情，却又规规矩矩不敢逾越。

第一次约会就是这样美好。接下来，爱情似乎在那一瞬间又来了。

那年秋天，十岁的三毛是台北市的一名小学生。每一个新的学期开始，学校都要举行一场校际的同乐会，学校每个班级都要表演节目，包括歌舞、话剧、双簧等。

　　那次的同乐会演出两出话剧，毕业班的学长们排练的是《吴凤传》，三毛的姐姐陈田心演主角吴凤。另一出话剧叫《牛伯伯打游击》。三毛非常渴望能够参与其中，哪怕只是一个小小的角色，因为三毛希望能实现当演员的梦想。但由于成绩平平，相貌平平，所以总是被人忽略，唯一的一次演出经验是扮演了"一棵树"——竖着比人还要大的三夹板画的那棵树。三毛笔直地站在树的后面直到落幕。换句话说，她只是当了一回道具，失望之情无以言表。

　　在姐姐光环笼罩下成长的三毛既自卑又敏感。姐姐功课好，人缘好，且相貌出众，典型的现在所说的"别人家的孩子"，从小学一年级开始就是学校里的风云人物。姐姐还有一个好听的绰号，叫"白雪公主"。在姐姐耀眼的光芒照耀下，三毛选择了沉默。

　　当然，姐姐也不知道妹妹如此羡慕她。学校每次演出，姐姐必定是"女一号"，而三毛只能当个纯粹的旁观者，在旁边眼巴巴地看着。

　　在这次排练中，三毛依然在台下看得津津有味，指导老师临时改编了剧本，让三毛演《牛伯伯打游击》中的匪兵乙。发现自己成了匪兵，三毛被吓住了，但还是很激动，对于她来说，哪怕是演一个匪兵，也是一个真正的角色，而非道具，她终于可以走上自己渴望已久的舞台。而正是由于这个角色，三毛开始了一段青涩的暗恋。

　　那是一场牛伯伯打游击的戏，三毛的戏份很简单，就是和匪兵甲一起躲在一大片黑色布幔后面，手拿一支扫帚柄假装长枪，设下埋伏。当牛伯伯东张西望经过布幔时，他们两个同时跃到牛伯伯面前，大喝一声："站住！哪里去？"虽然只有一句台词，甚至连姓名都没有，三毛也演得尽心尽力。

在当时的小学里，男生和女生是不在一起上课的，也禁止说话，如果男生对女生友爱一些，或者笑一笑，第二天肯定会被别人取笑。因此对于老师将三毛和另一个男生一同放在布幔后面，三毛觉得是一件不可思议的事情。除那唯一的一句台词外，他们再也没有任何的交流。但感觉是个奇妙的东西，懵懵懂懂的年纪，在那样的环境中相处，三毛发现自己渐渐地喜欢上了匪兵甲。

那段时间，三毛天天和那个男生一起，在黑乎乎的布幔后，一起在心里数着戏中牛伯伯的脚步声，一、二、三……默数到第十七时，一起拉开黑布叫喊着厮杀去……紧张、默契，还有两人共同承担的责任。天天蹲在一起，那种神秘而又朦胧的喜悦渐渐充满了她的心。

演出结束后，有一天放学回家，三毛和一大群男生死敌狭路相逢，男生提起了那个"匪兵乙"喜欢"牛伯伯"的传言，三毛忍无可忍冲上去和男生相打，慌乱中，三毛猛然发现一双几乎是受着极大苦痛而又惊惶的眼神传递过来，那是"匪兵甲"的眼神，三毛的心甜蜜地痛了起来，但就是这个眼神，三毛明白了"匪兵甲"的心意——他是在意她的。三毛收住脚步，拾起掉到水田里的书包，转身跑开了。她的心中充满甜蜜，既然大家都了解对方的心意，被误解又算得了什么？

　　他还是了解我的，那个甲，我们不止一次在彩排的时候心里静悄悄地数着一二三四……然后很有默契地大喊着跳出去。他是懂得我的。日子一样的过下去，朝会的时刻，总忍不住轻轻回头，眼光扫一下男生群，表情漠漠然的，那淡淡的一掠，总也被另外一双漠漠然的眼白接住，而国旗就在歌声里冉冉上升了。总固执地相信，那双眼神里的冷淡，是另有信息的。

还有一次，那是雨后初晴的春日，三毛看见"匪兵甲"和"牛伯伯"在操场上打架，"匪兵甲"被压在泥巴地上，"牛伯伯"骑在他身上不停地打，最后还顺手挖了一大块湿泥巴拍到"匪兵甲"的鼻子和嘴巴上。那一刻，三毛几乎窒息了，"指甲掐在窗框上快把木头掐出洞来了，而眼睛不能移位。后来，我跑去厕所里吐了。"也许，正是因为爱对方，所以才感同身受。经过那一次，三毛更加确定了那份爱情。

都说恋爱中的女人智商为零，即使暗恋，即使聪明如三毛，也会做出许多单纯的傻事。在那以后的每个夜晚，三毛都会苦苦祷告，苦求长大后要做那个人的妻子，并且绝不反悔。这就是情窦初开的三毛，纵使后来一切物是人非，但当时那种幸福甜蜜早已铭刻于心。

光阴似箭，三毛的小学生活就要结束了。毕业那天，同学们在操场唱响毕业的骊歌，许多女生边唱边落泪，连女老师们的眼眶也多了淡红色。毕业典礼结束后，三毛跟着同学冲进教室，没有向后张望。但她无法放下心中的牵挂。回家路上，三毛甩掉其他同行的女生，狂奔到每天要走的田埂上，她希望再次见到那个熟悉的身影，可是那个人却没有出现，除了一闪一闪的水波，三毛一无所得。

这一场单纯的"爱恋"，随着小学的结束而结束。回首往事，关于那个人的样貌已经模糊，让她深深怀念的，只是那段朦胧又美好的青春记忆。

哑巴朋友，
无声胜有声

真正纯粹的感情没有年龄性别之分，也不分阶级贫富，没有得失交换，也没有利益左右。它是心灵的交流，灵魂的碰撞。对三毛来说，大朋友炊兵的黯然神伤是她心中永远不能释怀的痛。

学校的生活终究是单调枯燥的，三毛最大的乐趣便是掐着手指计算每年十月中旬"双十"节的到来，那时会有军队来学校借住，这时候便成了三毛在学校里最快乐的时光。

那天，三毛像往常一样去上学。在路上，她肆意享受着清新的空气，被微风轻轻亲吻。忽然，发生了一件离奇的事——她身后跟着一头疯牛。疯牛的忽然袭击让三毛猝不及防。那天的她并没有穿红衣服，因此她以为疯牛只是追一下就算了，但令三毛不解的是疯牛对她穷追不舍，无视旁人。

惊恐的三毛一路狂奔，一头钻进教室，同学们立刻把门窗堵住。此时的三毛不停地喘着气，惊魂未定。小小的意外，给学校造成了不小的混乱，朝会取消了，播音机不停叮嘱同学们要留在教室，不可以出来。

　　这一天正好赶上三毛值日，那个经常压迫同学的风纪股长逼三毛出去打水。三毛虽然特立独行，但还是一个乖女孩，她不得不提心吊胆地提起水壶，拼命往厨房狂奔。此时疯牛依然在操场上乱哄乱窜，样子看起来愤怒极了。

　　当三毛装满热水往回走的时候，速度已经不能像来时那么快了，看着远处到处乱窜的疯牛，此时的她是那样无助，想到因无法回教室而被风纪股长记名，三毛蹲在走廊上，瑟缩在那里啜泣。

　　就在三毛感到绝望时，借住在学校的驻兵中有一个哑巴炊事员提着水桶过来了。他拎起三毛的热水壶，默默地把她护送回教室。

　　一个人在绝望无助的时候，任何语言都是苍白无力的，也许旁人一个微不足道的动作，足以温暖那颗冰冷的心。有的时候，无声才是最美妙的乐曲。

　　后来，驻军把疯牛赶走了，三毛也认识了一个新的朋友。哑巴炊兵不能说话，但并不妨碍他们之间的交流。每天早晨，哑巴炊兵都在那里欢迎三毛，三毛问哑巴是什么兵，由于认识的字不多，哑巴把"炊兵"写成了"吹兵"，三毛用手势给他纠正并解释了"吹"与"炊"的不同。那段时间，对于三毛来说是光荣的，因为每天上课之前的那段时间，三毛就是哑巴炊兵的小老师。

　　其实哑巴炊兵并不笨，他打手势告诉三毛，打水的时候，水面浮两片大叶子，水桶里满满的水就不会洒出来了。

　　从那以后，三毛和哑巴炊兵成了朋友。哑巴炊兵的出现，让三毛的生活变得多彩，一向独立的三毛并没有太多的玩伴，而哑巴炊兵会和她一起玩耍。

　　在与哑巴打手势、画画、写字、猜来猜去的拼凑交流中，三毛了解到哑巴炊兵的故事：他是四川乡下的农民，娶了媳妇。那天，媳妇正要生产，老娘便叫哑巴去城里抓药，没想到在路上遇见了国民党兵，被抓去当壮丁。哑巴炊兵就是这样到了台湾的，从此以后便再也没有离开过军队，再也没有见过自己的父母妻子，更不用说那个未曾谋面的孩子。纯朴善良的哑巴炊兵把一腔父爱全部倾注在眼前这个和自己孩子差不多年纪的三毛身上。

　　在那个秋季，每天清晨，哑巴炊兵都呆呆地站在学校门口等着，看见三毛进了校门，他脸上的笑容就像绽开的花朵。哑巴炊兵偶尔会送三毛礼物，由于没有钱，他送给三毛一些芭蕉叶子做成的垫板。礼尚往来，三毛也会送哑巴炊兵礼物，不是美劳课的成绩，就是一颗话梅。他们有时也会在放学后一同去坐跷跷板。

　　有一天，哑巴炊兵神神秘秘地叫三毛，三毛走过去，只见哑巴炊兵那几乎裂成地图一般的粗糙手掌里躺着一只金戒指，还有他蹲在地上写的那句话——不久要分别了，送给你做纪念。三毛被哑巴炊兵那一本正经的模样吓住了，她没有接受哑巴炊兵的金戒指，说了句再见就快步跑掉了。

　　也就是那天，老师破例地来做了家庭访问，十分怪异，三毛担心了一夜，但不知道自己犯了什么错。第二天刚上课，老师叫三毛去问话，问的是三毛和哑巴炊兵认识的经过。当老师问出那句"他有没有对你不轨"时，三毛怔住了，那么纯洁美好的一段友谊，在老师眼中竟然用了"不轨"两个字，三毛气得痛哭。

　　由于老师命令，三毛被迫与哑巴炊兵疏远了，因为老师说过不能做朋友，否则记大过。面对三毛的突然疏远，哑巴炊兵很伤心，他只能站在远处的墙角里，朝三毛的教室张望。三毛第一次体会到世俗的无情。

接下来的日子，三毛心怀愧疚，她不敢看哑巴炊兵一眼，她怕看到他那受伤的眼神。哑巴炊兵偶尔被孩子欺负，他作势要追打小孩，把小孩吓跑。但有一次，有个男生趁哑巴炊兵不注意，偷了他挑水的扁担到秋千那边击打架子。三毛见了抓住那个男生就打，在三毛心里，哑巴炊兵是她最好的朋友，她怎么忍心看到最好的朋友受欺负。老师知道这件事后并没有责怪三毛。看到三毛替自己出头打架，哑巴炊兵很感动，同时既担心又心疼，他想抱抱三毛，但终究没有这样做。

三毛很明白，哑巴炊兵对自己是父亲对女儿的情感，但老师不理解，所以三毛再也不敢有任何回应。

　　而我的心，是那么的沉重和悲伤。那种不义的羞耻没法跟老师的权威去对抗，那是一种无关任何生活学业的被迫无情，而我，没有办法。终是在又一次去厨房提水的时候碰到了哑巴。他照样帮我拎水壶，我默默地走在他身边。那时，国庆日也过了，部队立即要开发回南部去，哑巴走到快要到教室的路上，蹲下来也不找小石子，在地上用手指甲一直急着画问号，好大的："？"画了一连串十几个。他不写字，红着眼睛就是不断画问号。"不是我。"我也不写字，急着打自己的心，双手向外推。

　　哑巴这回不懂，我快速地在地上写："不是我！不是我！不是我！"他还是不懂，也写了："不是给金子坏了？"我拼命摇头。

又不愿出卖老师，只是叫喊："不要怪我！不是我不是我不是我……。"用喊的，他只能看见表情，看见一个受了委屈小女孩的悲脸。就那样跑掉了。哑巴的表情，一生不能忘怀。

后来，驻军要离开了，三毛不顾老师的反对，冲出教室为哑巴炊兵送别。哑巴炊兵送给三毛两样东西，一包牛肉干和一张写了地址的纸条。哑巴炊兵认认真真地对三毛敬了一个举手礼，然后转身走了。他的步伐沉重而压抑，虽然在后来的那段时间他们没有好好相处，但离别的时候，三毛能够跟他告别，他还是感到很安慰。而他也把一大口袋在当时孩子眼中贵重如金子般的牛肉干送给了三毛，还有那个以后可以通信联络的地址。但他不知道的是，这些东西当时就被追出来的老师没收了，牛肉干用来喂了一只土狗，地址随手扔掉了。老师这样做自以为是保护了三毛，其实是伤害了一个孩子那颗纯真的心。

随着时间的流逝，很多事情逐渐淡忘，但哑巴炊兵的事却是三毛永远无法忘记的，也成为无法消弭的愧疚。三毛在她的散文《炊兵》中这样描述：那是今生第一次负人的开始，而这件伤人的事情，积压在内心一生，每每想起，总是难以释然，深责自己当时的懦弱，而且悲不自禁。

哑巴炊兵终究是没有等到三毛的回信，但是成名后的三毛还是给哑巴炊兵留下了散文《炊兵》。人如飘絮花亦伤，但愿相离不相忘。世上有太多的无奈，三毛选择了用文字记录那些美好的瞬间，对辜负哑巴炊兵，三毛并没有对老师留有太多的怨恨，她只是自责当时的懦弱。

第三章

雨季艺术，自由的归宿

遭遇羞辱，
心殇最难消

"娉娉袅袅十三余，豆蔻梢头二月初。春风十里扬州路，卷上珠帘总不如。"豆蔻时期总有单纯的想法，望着蓝天显露天真的笑容，无忧无虑，空中弥漫的，总是淡淡的丁香味道。

可对于三毛，人们看到的是她奔放洒脱的灿烂人生，殊不知她也曾经历过灰色阴暗的"雨季"。

少年的三毛尽管经常逃学，但成绩始终是名列前茅的。虽然小学阶段于三毛而言并不快乐，甚至是痛苦，每天早上强忍着睡意，小小的个子背着大大的书包，有时冒着寒冷，有时顶着风雨，又或者是穿着前一天淋湿却还没有干的鞋子，每天早上六点出门，晚上十一点回家，喝杯牛奶，演算一百题算术，不明就里地睡着了，然后醒来，再重复前一天的事情。后来，三毛在《蝴蝶的颜色》中，回忆起小学的日子：

　　回想起小学四年级以后的日子，便有如进入了一层一层
安静的重雾，浓密的闷雾里，甚而没有港口传来的船笛声。
那是几束黄灯偶尔挣破大气而带来的一种朦胧，照着鬼影般
一团团重叠的小孩，孩子们留着后颈被剃青的西瓜皮发型，
一群几近半盲的瞎子，伸着手在幽暗中摸索，摸一些并不知
名的东西。

　　小学高年级，联考在即，在三毛看来，这一切并不重要，因为
她这个时候有已有了自己想追求的东西，而这些东西绝对不是在整
天在学校教室学一些"不知名的东西"。她渴望知识，但并不是用
自由来换取的，而且，换来的也不是她所想要的东西。但是高年级
的学生一切都得为学习着想，无论是老师还是父母，他们都站到了
同一阵线上，合力让孩子朝着这个方向跑。老师把恨铁不成钢的歇
斯底里和恋爱失意的负面情绪都发泄到学生身上，对前一晚补习犯
错的同学，用竹教鞭抽打，每一天，总会有这个或那个学生的手臂
上布满红红的横血印，又或者是捏学生眼皮，把两个并坐着的同学
的头相撞直到眼冒金星，等等。这一切的体罚一次又一次烙在了三
毛的心上，让她很难再对学校、对老师产生好感，她甚至有自寻短
见的念头。

　　小时候的三毛一直渴望快点儿长大，上课常常走神，憧憬着二十
岁的自己。当时的三毛年纪较小，个子矮，她被安排坐在第一排，这
意味着她比坐在后面的学生多承受一点儿体罚。她上课一发呆，就忘

了自己是在上课，对老师的问题往往反应不过来。这时，老师就会把一只黑板擦重重地扔在三毛脸颊。

　　那一次，我掩面从教室里冲出去，脸上全是白白的粉笔灰，并不知道要奔到哪里去！我实在没有方向。在校园的老地方，我靠住那棵大树，趴在凸出来的树根上哀哀地哭，想到那个两年前吊死的校工，我又一次想到死。

"老地方"意味着，在学校的三毛不止一次来到这棵大树下，宣泄自己的内心痛苦。小小年纪便有了不止一次"想到死"的念头。呐喊，却没人听见，也没人理解，当时的三毛内心是多么的绝望。她曾多次含泪向妈妈说过，但每一次母亲都让三毛再忍耐几年，并且答应三毛会给她的老师送衣料，让老师不要再打三毛。母亲说得很残忍，但语气却温柔得像要哭出来。在坚持"妈妈会给老师送衣料，就如其他带礼物来看老师的家长一样"的信念下，三毛也忍耐着不去吊死。

　　每天晚上，当我进入睡眠之前，母亲照例提醒孩子们要祷告，而那时实在已是筋疲力尽了，我迷迷糊糊地躺下去，心里唯一企盼的是第二天学校失火或者老师摔断腿，那么就可以不再上学了。第二天早晨，梦中祈求的一切并没有成真，我的心，对于神的不肯怜悯，总也觉得欲哭无泪的孤单和委屈。

　　尽管老师鄙视三毛"为了穿丝袜、涂口红"而长大的梦想，但是老师是不会懂得，一支口红于年少的三毛而言意味着什么，那是长大后，自由与独立的象征。三毛相信当自己二十岁时，就有足够的力量去对抗这一切。但就像她猜测自己"是活不到穿丝袜的年纪就要死了"，这种忍耐力并没有足够支撑到三毛最终走完在校求学阶段。

　　十二岁那年，她报考了中国台北最好的女子中学——中国台北省立第一女子中学。放榜那天，三毛一点儿也不关心自己是否榜上有名，因为她本来就不打算升学，是母亲用温柔的母爱强求三毛"再忍耐这几年，等你长大了才会是一个有用的人"。事实上，神听到了三毛的祷告，三毛落榜了，进入了静修女中。

　　　　我很喜欢静修女中，新生训练的时候，被老师带着穿过
　　马路去对面的操场上玩球，老师没有凶我们，一直叫我们小
　　妹妹。

　　没有老师凶学生，是三毛对学校生活的最低要求。在静修女中参加新生训练期间，三毛是喜欢这里的。可惜，在静修女中的时间不过短短几天，父亲便给三毛弄来了一张省女中的通知单。父母对孩子的学业总是无比看重，也愿意为子女读上更好的学校而奔波劳累。但是台湾最好的省女中，意味着无趣的学习、凶学生的老师又重新成为三毛身上的枷锁。

也许，天才都偏爱自己擅长的那一科。三毛在文学方面的领悟能力是不用怀疑的，但是对于数学，她却束手无策。初一时的课程还可以对付，到了初二，由于三毛看"闲书"的时间太多，导致成绩直线下降，第一次月考，四门不及格。为了不让父母担心，三毛勉强收了心，凡书都背，凡课都听，她还找到了数学考高分的秘诀：每一次数学小考，题目都是从课本后面的习题中选出来的。于是三毛把课后数学题目一道一道背下来，直到烂熟于心。功夫不负有心人，在接下来的三次数学小考中，三毛都得了满分。

在数学老师眼中，这个无异于"数学白痴"的女孩是不会突然变得聪明的，她怀疑三毛考试作弊，于是她给三毛单独做一张试卷，在三毛答不出来后更加肯定了自己的判断，她对这个作弊又撒谎的女孩进行了惩罚。

> 在全班同学面前，这位数学老师，拿着蘸着饱饱墨汁的毛笔，叫我立正，站在她划的粉笔圈里，笑吟吟恶毒无比地说，"你爱吃鸭蛋，老师给你两个大鸭蛋"，在我的脸上，她用墨汁在我眼眶四周涂了两个大圆饼，因为墨汁太多，它们流下来，顺着我紧紧抿住的嘴唇，渗到嘴巴里去。

平生第一次，眼睛被画了两个圈，并且在同学惊天动地的哄笑中去大楼的走廊上走了一圈，三毛感到很耻辱，她想反抗，但是对方毕竟是老师，所以三毛只能忍气吞声。那时候，三毛成了"名人"，她感觉到整个世界都在嘲笑她，感觉自己被这个世界抛弃了，那颗敏感而脆弱的心深深地受到了伤害。

回到教室后，一位好心的同学带她去洗脸，她拼命把凉水往脸上泼，一句话也没有说，一滴泪也没有流。也许，无声才是最好的抗议，洗掉的是墨汁，洗不掉的是屈辱。

这场噩梦结束后，为了掩饰自己的胆怯，她装作什么也没发生过，照常上课。突然有一天，三毛望着学校淡黄色的屋顶，不断问自己，为什么不敢追求自己喜爱的东西，为什么要一直忍耐？当她走到学校门口的时候，心里却在感叹："这个地方不是我的，走吧！"于是，她选择了逃学，去了六张犁公墓。在三毛心中，那些沉寂的灵魂比身边的人温柔得多，也容易相处。在那里，她可以安心读书。那段时间，对三毛而言，学校如同地狱，墓地宛若天堂。三毛就这样在这个沉寂的世界里静静地读书，感受到无限的自由。

那时候，由于家里还没有装电话，学校跟家长联络起来不方便，三毛瞒着家人逃学，每天要一样的饭钱，但是她却不吃饭，把钱存起来，然后去当时的旧书店，买下第一本用自己的钱买的书。

我看书的速度很快，领悟力也慢慢地强了，兴趣也更广泛些了，我买的第二本书，也是旧的，是一本《九国革命史》，后来，我又买进了国语日报出的一本好书，叫作《一千零一个为什么》，这本书里，它给小孩子讲解自然科学上的常识，浅浅的解释，一目了然，再不久，我又买下了《伊凡·傅罗姆》这本太感人的旧书，后来差不多从不吃饭，饭钱都换了书。在逃学完完全全释放的时光里，念我真正爱念的东西，那真是生命最大的享受。

虽然她已经做出逃学的举动，但还是不敢违反学校的制度，聪明的三毛每旷课两三天，便上学一天，让老师看见她后，再逃学三五天。这样的小聪明最终还是被识破了，逃学的生活因学校寄来的一封信而结束。

父母知道这件事后并没有责备三毛，而是让她休学一年，只是父亲经常叹气，不跟三毛多说一句话。第二年开学了，父母尝试鼓励三毛面对现实，于是每天送她去学校，看着她走进教室。但是在三毛心里，面对自己内心不喜欢的事才是不现实。看到母亲默默哀求的眼神，三毛觉得这种沉重的母爱让自己快疯了。她尝试让自己做成父母想要的样子，可是，上了一节课，她双脚便不听使唤地再次逃离教室。

这一次，三毛没有选择去墓地，而是去了另一个更好的地方——图书馆。那里藏书丰富，而且再也不用自己省钱买书了。无奈之下，父母只好再次为三毛办理休学手续。于是，三毛的逃学生活再次告一段落。

三毛并不是一个循规蹈矩的人，一切遵循规律的事情对她来说都觉得很累，无聊地坐在教室，不如自己在家看书，学得更多。三毛也并非叛逆而逃学，最后甚至休学。她曾坦言自己是一个求知欲很强的人，而学校安排的美术、音乐、历史、国文等课程也是那么有趣。三毛曾经十分期待，老师能够带领她去发掘这些有趣的科目背后所蕴藏着的美丽故事。就连数学，三毛也不认为是死板的东西，而应该是如同侦探小说一样，一步步地推理、演算，引人入胜。但事实上，老师们并没在课堂上带给三毛想要的摄取知识的方式。在后来，她回忆起这段在校读书的光阴，"那一阵死书念得太多，头脑转不灵活，心灵亦之蒙尘，而自己却找不出自救之道，人生最宝贵的青春竟在教科书本中度过实在是可惜。"而三毛这种独特的个性让她必然会为反抗条条板板地读书而休学。

父母开明的性格，使三毛在休学在家期间没有听过父母的半点儿责骂。父亲看到她，也只是叹叹气，没有跟她多说什么话。就连姐姐陈田心也认为"上学不是一切，在家如能博学多览，一样是个人生"。他们始终用一颗宽大的心包容着三毛的"叛逆"。

背向阳光，
绝处也逢生

　　自从经历了那场屈辱，三毛选择了休学，也选择了封闭自己。她总是暴躁易怒，失去自制力，也不愿与外界的人有过多的接触和交流。

　　在家中，三毛和姐姐陈田心同住一间卧室，姐姐上了音乐师范学校后，开始住校，那间卧室便成了三毛一个人的天地。这样与世隔绝，对三毛来说再好不过了。三毛还要求父亲将卧室的所有窗户加上铁栏，将门焊上铁锁。三毛在锁上门窗的同时，也给自己的心加了一把锁。关上门窗，卧室里没有开灯，在漆黑的卧室里，三毛静静地蜷缩在角落。只有这时，她才感觉到自己是安全的，她沉浸在自己的幽暗里暗自神伤。

　　最初，三毛还是和家人一起在桌子上吃饭的，毕竟那都是自己的亲人。当饭桌上听到关于姐弟们的学校生活时，三毛精神上的最后一道防线轰然坍塌。学校，那是她心中不可触碰的痛，她受不了关于学校的一切。于是她跑回卧室，将自己的心完全封闭，不让任何人进出。

三毛一向没有太多的玩伴，那段时间更是很少到户外活动，只有在寂静的午后，院子无人时，三毛才会悄悄地穿上旱冰鞋在院子里转圈，和自己的影子嬉戏。

三毛喜欢黑夜，只有在黑夜里，三毛才能找到最真实的自己，也只有在那时，她的灵魂才能与周围的环境融合在一起。天黑了，三毛静静地走出大院，来到院前的荒路——长春路，这是一条名不副实的路，长春路上看不到春天的影子，只有一些荒乱的野草，以及横七竖八堆放着的一些水泥筒子。

三毛最大的乐趣便是在那些水泥筒子里钻进钻出，从一个筒子里钻出来，又钻进另一个筒子，玩着一场独自一人的捉迷藏游戏。她追逐着自己，释放着自己，也寻找着自己。在她心里，一个人的世界才是最安全的。

在邻居和亲戚中，三毛是一个让人无可奈何的孩子。三毛需要的是宽容和理解，但旁人对她却是鄙视。她们经常在背后议论三毛，对三毛指指点点，对她投以异样的眼光，这对三毛来说，无疑是一个极大的伤害。幸运的是，三毛有一个理解她的父亲和一个贤淑的母亲。

陈嗣庆夫妇是有涵养的人，他们深谙教育孩子的方法，并有足够的耐心和恒心。对于女儿，他们没有责备，没有埋怨，只是带三毛去医院治病，看心理医生。医生耐心地和三毛谈话，给她讲故事，讲道理，还让她吃药。

这个时候，不能不说三毛的父母是伟大的。面对自闭和敏感的三毛，陈嗣庆夫妇一起照顾她。陈嗣庆毕业于颇有名气的东吴大学，毕业后又当过多年的老师，他的教学经验毋庸置疑，加上浓浓的父爱，足可以教好三毛。每天下班回家，陈嗣庆顾不上一天的劳累，给三毛讲《古文观止》，讲李白、杜甫、白居易，讲唐宋八大家，讲豪放婉约……父女一起畅游在文学的世界中。三毛记性好，悟性高，进步神速。

陈嗣庆也教三毛英文。他给三毛选了《浮华世界》《小妇人》《小男儿》一类的书。母亲缪进兰每次上街，也会带一些有对话、图片，浅显有趣的英文故事书回来。每一本书，三毛都会认真阅读。

除国文和英文外，陈嗣庆还让三毛学钢琴。每天黄昏，陈家总会出现这样的画面：孩子们在弹钢琴，陈嗣庆在旁边边打拍子边大声唱和。每当孩子表现出不耐烦的时候，陈嗣庆总是淡淡地说："我这样期望你们学音乐，当你们长大的时候，生命必有挫折，那时候，音乐能化解你们的悲伤。"

在三毛的竹书架上，最开始时的那几十本书，有一本是父亲买回来，让三毛背诵的。竹书架满了之后，父亲又不声不响地替三毛做了一个书橱。无论是陪伴读书，还是营造良好的读书氛围，父亲总是用行动去回应三毛心中的需求。

三毛自闭的日子，也是她一生最黯淡的日子，陈嗣庆夫妇用他们的爱心温暖着三毛，照亮三毛的世界。

刚刚休学的时候，知道自己不会再被迫进教室，三毛的心也开始轻松起来。孩童时代与书本"结缘"，在休学的七年里，书本成为三毛最好的朋友。

刚刚休学时，三毛用自己的压岁钱买了一个竹子做的美丽书架，放在自己的房间。因为天天看书，聪慧的三毛不仅学到了书本内容，书的外形也深深吸引了这个不同寻常的女孩。书在三毛的眼中是"非常优雅美丽的东西"，她主观地认为"一个房间，书多了就会好看起来"。于是她把用压岁钱买的第一个竹书架放在了自己的房间，用它来装饰房间。

没有了在教室上课的束缚，也没有了同学竞争的压力，休学在家的三毛对于《古文观止》等书，反而领悟得更快。这个内心本是深爱孤静又不太合群的小女孩便更不爱出门了。她更没有像同龄人一样去混太保、太妹。每天所做的事情主要是看书，这消磨了她少年时代的大半时间。

　　一本好书，以前是当故事看，后来觉得不对，因为年龄不同了，同样一本书每再看看，领悟的又是一番境界，所以买书回来放到架上，想起来时再反复的去回看它们，竟成了我少年时代大半消磨时间的方法。

　　随着对书的认识不断地深入，这个时期的三毛有更多的时间把书一次一次重复地看。向书店借书，数量有限、时间有限，这已不能满足三毛的求知欲望了。于是，她把原本要上交给母亲的压岁钱以及家里每周给的零用钱都拿去买书，父母也会主动拿钱让三毛去买书。在台湾买、去香港买、到日本买，各种各样的书籍。一些英文哲学书很贵，三毛无法大量买，但为了能读到，即使很鄙视翻版这种不道德的行为，她却愿意用很少的钱买这种翻版的英文哲学书。竹书架不到一年就装满了书，后来父亲做的那个书橱也满了，最后，三毛的房间，桌子上下、床边、地板等，全都塞满了书，别人都踏不进她的房间，因为无从下脚。

　　爱看书的人必然也爱书。随着三毛买的书越来越多，家里的藏书量也在亲戚朋友中小有名气。每次有人要来借书，三毛马上就化身为葛朗台。哪怕是把书借了，也是千叮万嘱，要求别人尽快归还。

　　有一次，堂哥的学音乐的同学，叫作王国梁的，也跑来向我借书，我因跟二堂哥懋良感情至深，所以对他的同学也很大方，居然自己动手选了一大堆最爱的书给国梁，记得拿了那么多书，我们还用麻绳扎了起来，有到腰那么高一小堆。"国梁，看完可得快快还我哦！"我看他拎着我的几十本书，又不放心地追了出去。

后来，国梁家淹大水了，三毛那几十本书也在劫难逃，她心痛了好长一段时间，也做了一个狠心的了断，"以后谁来借书都不肯了，再也不肯。"

不用回学校，三毛把时间都花在了书上，原本在别人眼中就是一个奇怪的孩子：休学、不合群。自闭的三毛整天在自己的房间里看书，又让她在别人眼中多了一个称号——书呆子。三毛却觉得自己做一个书呆子也并没有什么坏处，这是她个人的欣赏与爱好，但是她又觉得这样的人，"对社会对家庭，都不可能有什么帮助。"从父母得知她逃学，母亲用沉重的母爱给了无形的压力，苦口婆心劝她回校好好读书；到父亲知道后落榜，又为她奔波了一张省女中的通知书。他们对三毛一直是有期望的，三毛自己也知道，但很可惜，无法长成为父亲所想的那个样子，而是在该去学校的阶段去读了一些"学不能致用"的书。三毛知道自己这样看"闲书"是一种浪费，但是就无法抑制自己想看书要看书的心。对此，她很可惜地说"我就是这么一个人"。

这样的三毛，父母看在眼里，内心却是担忧的。父亲曾问过三毛，这么啃书，将来到底要做什么？不如去学一技之长。每每这个时候，三毛总是很愧疚。

在啃书过程中，三毛并没有为让自己有一技之长而去做些什么。因为"从来没有妄想在书本里求功名"，三毛看起书来才更加轻松，以致后来文笔出众，成为才女。在休学自闭期间，她把光阴交付给了书本，却也在书本里得到了想象不到的愉快时光。

一直与书籍为伴，在多愁善感的雨季，三毛心里有压抑，有苦闷，曾封闭自己，但也能在念书里得到一丝丝欢乐。念书，因为不强求所得，却反而得到了不一样的顿悟与启示。多年后，在与荷西组成的家里，三毛有感慨也爱自己的平凡生活，"这就是了！这就是一切了。"

人生导师，一见便钟情

　　三毛休学那段时间，陈嗣庆夫妇为了不让女儿在自闭中消沉，几经试探，最后决定用美术对她进行引导，让她慢慢走出灰暗。

　　三毛对美术的爱源于小学。那时候，每年的十月十日会举行盛大而隆重的阅兵典礼，九月中旬，南部来台北的军队人数太多，便会借用小学的一些教室作为临时居住的地方。对于小学生来说，突然有士兵的加入，学校的生活也变得有趣多了。所以每到那个时候，孩子们都非常开心。那天，三毛在单杠上倒着玩，倒挂到流鼻血，她擦鼻血的时候刚好被一位少校看到，少校把三毛带到宿舍擦脸，宿舍夹板墙上的一幅素描画把三毛吸引住了，那是一个小女孩的脸。看到画的那一刹那，三毛怔住了，"那是一场惊吓，比狗的哀鸣还要吓，是一声轻微低沉的西藏长号角由远处云端中飘过来，飘进了孩子的心。"三毛在《一生的爱》中这样描述。那一瞬间，三毛看到了美的真谛。

　　自那以后，每次下课铃一响，三毛都跑去和那位少女约会，"我痴望着那张画，望到心里生出了一种缠绵和情爱——对那张微微笑着的童颜。"有时候，三毛一天跑上七八次去看那张神秘的人脸。

　　　　也是一个下课的黄昏，又去了窗口。斜阳低低地照着已
　　经幽暗的房间，光线蒙蒙地贴在那幅人脸上，孩子同样微笑
　　着。光影不同，她的笑，和白天也不同。我恋着她，带着一
　　种安静的心情，自自然然滴下了眼泪。

　　而这个少女，成了三毛艺术的启蒙。

　　刚办完休学手续那会儿，父母先给三毛报了美国人办的学校，她
读不下去；然后让她去学插花，她半途而废。最后，父母高薪聘请了
家庭教师，教她最喜爱的绘画。

　　黄君璧先生是三毛的第一位绘画老师。他是当时中国台湾师范大
学艺术系教授，在山水画上造诣颇高，是当时台湾数一数二的名家。
三毛跟着黄先生一张一张地临摹山水，这让三毛觉得索然无味。在三
毛心中，艺术作品应该是至善至美的浪漫画卷，而不是这样刻板的临
摹。学了两个星期后，三毛再也坚持不下去了。

　　陈嗣庆夫妇认为，女儿并不爱山水画，在三毛无法和第一位老师
磨合相处后，父亲又为三毛请来了另一位老师——邵幼轩。这是位性
格温和的女老师。邵老师心疼这个瘦弱的女孩，了解三毛的个性，于
是多安排三毛自由创作。三毛开始融入国画世界，在浓淡不一的笔墨
中寻找触动心灵的东西。在邵老师的指导下，三毛画了一些花鸟画，
如"戏鸭图""雄鸡花鸟"等。

　　在美术的海洋中遨游的三毛是幸福的。然而，国画那细腻、柔软
的线条，那朦胧的韵味始终无法到达三毛灵魂深处，也许比起国画，

西洋画更适合她那颗渴望自由却又不安的灵魂。

　　三毛的二堂哥陈懋良，与三毛一样，同样休学在家，他喜欢音乐，甚至为了音乐而不上学。他曾在叔叔面前把学生证撕掉。陈嗣庆对孩子总是万分宠爱，便让陈懋良去作曲老师那边学音乐。

　　三毛与陈懋良都对艺术有着惊人的天赋和领悟能力。他们经常在一起玩，或欣赏音乐或研究美术。一天，陈懋良递给三毛一本毕加索画册，她立刻被这位大师的作品征服了。那是直达灵魂的作品，"爱！就是这样的，就是我看到的一种生命"，看似简单的线条，却描绘出整个世界。她感受到了来自心灵的那种震撼，她疯狂地痴迷着。

　　在毕加索的画里，无论是桃红时期、蓝调时期，还是立体画、变调画，甚至后期的陶艺里，三毛看出了一个又一个心灵深处的生命力和震撼美。

　　后来，三毛跟顾福生学习画画纯属偶然。

　　　记得是姐姐的朋友们来家中玩，那天大概是她的生日吧！其中有一对被请来的姐弟，叫作陈缤与陈骦，他们一群人在吃东西，我避在一个角落里。

　　　陈骦突然说要画一场战争给大家看，一场骑兵队与印第安人的惨烈战役。于是他趴在地上开战了，活泼的笔下，战马倒地，白人中箭，红人嚎叫，篷车在大火里焚烧……我不挤上去看那张画，只等别人一哄跑去了院子里，才偷偷地拾起了那张弃在一旁的漫画，悄悄地看了个够。后来陈骦对我说，那只是他画着娱乐我们的东西而已，事实上他画油画。

三毛打听到，陈骕是跟顾福生学习的油画。于是，三毛便央求母亲，要做顾福生的学生。就这样，顾福生成了三毛的第三位绘画老师。

顾福生，台湾画坛新潮画派新秀，国民党高级将领之子，住在台北泰安街二巷二号。

　　仍然不明白那扇陌生的大门，一旦对我开启时，我的命运会有什么样的改变。站在泰安街二巷二号的深宅大院外，我按了铃，然后拼命克制自己那份惧怕的心理。不要逃走吧！这一次不要再逃了！有人带我穿过杜鹃花丛的小径，到了那幢大房子外另筑出来的画室里去。我被有礼的请进了并没有人，只有满墙满地的油画的房间。那一段静静地等待，我亦是背着门的，背后纱门一响，不得不回首，看见后来改变了我一生的人。

　　那天，阳光明媚，三毛只身一人，怯生生地敲开了顾家大门。"短短的路，一切寂静，好似永远没有尽头，而我，一步一步将自己踩回了少年"，三毛是这样描述刚到顾福生家的情景的。没有失望、惊怕，也没有退缩。顾福生的出现温暖如春，这对于彻底拒绝世界的三毛来说，简直太可贵了。三毛对着顾福生微笑着伸出了手，终于跨近了一步，封闭了七年后跨出的第一步，她仿佛又回到了七年前那个情怯依旧的孩子，而这一握手，如同一根救命绳索，将她从漆黑无比的深渊里拉了上来。

　　许多年过去了，半生流逝之后，才敢讲出：初见恩师的

第一次，那份"惊心"，是手里提着的一大堆东西都会哗哗
掉下地的"动魄"。如果，如果人生有什么叫作一见钟情，
那一霎间，的确经历过。

惊心动魄，这是三毛对与顾福生第一次见面的感受，也许，这就
是在对的时间遇到对的人。初次见面，顾福生问了许多话，却只字不
提休学的事，没有严厉，也没有紧张，那一瞬间，只听见三毛那一圈
又一圈的心锁"当啷"一声，忽然打开了，囚禁了的岁月，也随风
而去。

三毛第一节课学的是素描。顾福生只问了三毛几个问题，并没有
教她怎么画，他要三毛自己动笔，然后根据她的观察和表达能力再作
引导，三毛画得惨不忍睹。经历两个多月的挫败后，三毛再次萌生了
退缩的念头。终于有一天，三毛跟顾福生说："没有造就了，不能再
累你，以后不来的好！"顾福生总有无限的耐心，语气总是那么温
和，即使知道三毛要退缩，他也不愠不火，微笑地问她哪一年生的，
还轻描淡写地说："还那么小，急什么呢？"他带三毛看自己画室里
的油画，还给了三毛几本文学杂志，一本《笔汇》合订本，几本《现
代文学》杂志。

回到家里，三毛立刻躲进卧室，拧亮台灯，静静地看了起来。波
特莱尔、卡缪、里尔克、芥川龙之介、康明斯、惠特曼……杂志中的
文学作品强烈冲击着三毛的思想。在那几天的阅读里，三毛即使累得
虚脱，还是欢喜、兴奋的，因为她发现，世上还有那么多似曾相识的
灵魂。

再见顾福生的时候，三毛发生了很大的变化，她滔滔不绝地讲自

己的感动、震惊和爱。顾福生知道自己做了一件很正确的事，当初他送给三毛几本杂志，并没有想太多，但是他的这一做法却改变了三毛，甚至改变了她整个人生。

　　一天下课，三毛将自己写的一份稿件交给了老师，顾福生只是看了看，并没有多说什么。一周后的课堂上，他不经意地对三毛说："你的稿件在白先勇那儿，《现代文学》月刊，同意吗？"尽管顾福生表现得非常淡然，但三毛听到这个事实，还是愣住了：

> 这一句轻描淡写的话如同雷电一般击在我的身上，完全麻木了。我一直看着顾福生，一直看着他，说不出一个字，只是突然想哭出来。
> "没有骗我？"轻得几乎听不见的声音了。
> "第一次的作品，很难得了，下个月刊出来。"老师没有再说什么，他的淡，稳住了我几乎泛滥的感触。

　　1962年12月，三毛的散文《惑》在《现代文学》杂志上发表。这是三毛的处女作，也是她走出封闭重新步入红尘的开始。

　　《惑》是一篇三千多字的散文。它记述了一个自闭少女逃避挣扎的内心世界。文章用的是第一人称，也许，这个自闭少女就是曾经的三毛，也许这部作品就是她真实的心灵写照。

> 天黑了。我蜷缩在床角，天黑了，天黑了，我不敢开灯，我要藏在黑暗里。是了，我是在逃避，在逃避什么呢？风吹进来，带来了一阵凉意，那个歌声，那个缥缈的歌声，又来

了，又来了……我害怕，害怕极了，我跳起来，奔到妈妈的
房里，我发疯似的抓着妈妈，"妈妈！告诉我，告诉我，我不
是珍妮，我不是珍妮……我不是她……真的，真的……"

直白的倾诉，撕心裂肺的情感宣泄，痛苦的内心挣扎，三毛描写
得淋漓尽致，让人回味无穷。

当然，《惑》是三毛的第一篇文章，也许文笔不够成熟，也许措
辞不够严谨，也许辞藻有堆砌之嫌，但都瑕不掩瑜。作品中，对景物
的细腻描写，对心理的敏感捕捉，无不显示了她的文学天赋。在后来
她的很多作品中，都可以看出《惑》中的迷茫与挣扎。

《惑》的发表对于当时的三毛来说是一件大事，也为她将来走上
文学之路奠定了基础。

三毛知道自己的文章发表后，抱着《现代文学》跑回了家，她迫
不及待地要把这个消息告诉父母，没到门口，三毛就大喊大叫起来：
"我写的，变成铅字了，你们看，我的名字在上面——"陈嗣庆夫妇
捧着杂志，愕然地看着三毛，他们不敢相信杂志上的那篇文章竟是自
己那个自闭的女儿写的，他们热泪盈眶。

三毛发表了第一篇文学作品，这归功于那个教她绘画的老师，那
个不但传授学生知识，更教给他们人生态度的老师。

知道三毛没什么真正的朋友后，顾福生还鼓励三毛多交朋友。他
给了三毛一张纸条，上面写着一个永康街的地址，还有一个美丽的名
字——陈秀美。这是白先勇的女同学，笔名陈若曦。陈若曦笔下的
《乔琪》就是以三毛为蓝本的。与三毛的沉静与羞涩不同，陈若曦是
热烈而果敢的，这在很大程度上影响并且改变了三毛，她们俩成了很

好的朋友。

后来，顾福生去了巴黎，去艺术的圣地实现自己的梦想。多年后，三毛在《蓦然回首》中表达了自己对恩师的感激："今生今世原已不盼再见，只因在他的面前，一切有形的都无法回报，我也失去了语言。"念着这句子，让人觉得满满的感动和无比的温暖。

顾福生走后，韩湘宁成了三毛的绘画老师。

　　韩湘宁老师——一个不用长围巾的小王子。夏日炎热的
　烈阳下，雪白的一身打扮，怎么也不能再将他泼上任何颜色。

与顾福生的温柔安静不同，韩湘宁活泼明朗，反应敏捷，充满活力。他很聪明，也很有才华，玩心较重，喜欢和学生打成一片。韩湘宁的教学方式与他的性格一样，他喜欢带学生去看画展，看舞台剧，看电影，经常到外面去写生。

在韩湘宁那里，三毛似乎又回到了素描画石膏像时期。三毛的素描基础不好，所以当韩湘宁发现三毛画的素描画一塌糊涂的时候，他很生气地把石膏像往地上摔，三毛被吓了一大跳，赶紧配合地蹲下去捡碎片，但其实三毛并不害怕，因为她知道韩湘宁是假凶的。

后来，知道素描画石膏像怎么也做不好，韩湘宁带着三毛去看画展，介绍诗人朋友的作品给三毛看，三毛的生活因此开阔了。

韩湘宁对三毛的影响很大。他让三毛接触了一个广泛的艺术层面，而他的单纯快乐又感染着三毛。

在跟韩湘宁学习了一段时间后，由于要远行，他把三毛转去了彭万墀的画室。

彭万墀老师是一座厚厚实实的塑像，左手垂着，右手五指张开，平摆在胸前，不说话也不动。那一个冬天，看来看去，穿着的老是一件质地粗糙，暗蓝色圆口大毛衣。

彭万墀刻苦、诚恳、稳重，三毛跟着他认认真真地学，不敢发呆，不能嬉戏，不说闲话。彭万墀的讲课犹如在发表演说，三毛形容他"讲的内容——旧俄文学的光辉和华格纳的音乐都形容不出万一"。

彭万墀也带学生去看画展，看的过程中他在一旁跟学生细细分析，也带学生去看书，听音乐，他教会学生步步踏实。

在彭万墀的教导下，三毛不但画画技术进步神速，做人做事也变得踏实沉稳，她人生中的第一个奖牌就是那时候拿的。

在三毛眼里，这三位老师既是画家，又是教育家，是他们给了三毛好好活下去的力量。

我的三位老师，在心里，永远是我一生的老师——虽然个人始终没有画出什么好作品来。我只有将自己去当成一幅活动的画，在自我的生命里一次又一次彰显出不同的颜色和精神。这一幅，我要尽可能去画好，作为对三位老师交出的成绩。

自此，三毛终于走出困了自己七年的牢笼，开始变得自信、骄傲，她尝试融入这世界。多年以后，她再次走进这世界，甚至走遍这世界。

虽然三毛休学在家，她仍然迷恋文字，而书籍成了她唯一的精神支柱，也是她唯一愿意交流的东西。

在古老的希腊神话中，三毛邂逅了一位让人怜惜的女神，她的名字叫 Echo。她是那样美丽，她的双眼犹如天上的繁星那样闪亮，她的脸蛋白里透红，她的声音宛如天籁。然而因为美丽，她遭到了天后的妒忌，被贬到下界。

在下界，她遇到了她一生的至爱——一个名叫纳雪瑟斯的美男子。Echo 就这样疯狂地爱上了他。但天后让 Echo 失去表白的能力，她无法完整地说一句话，每次说话只能重复对方的最后三个字。Echo 只能悄悄地跟在纳雪瑟斯的后面，她希望纳雪瑟斯能够注意到她，感受到她的爱意。

纳雪瑟斯终于发现了 Echo，问："谁在这里？"

"在这里。"Echo 只能无奈地重复最后三个字。

纳雪瑟斯误会了，他愤怒地对 Echo 说："不要这样，我宁死也不愿让你占有我。"

"占有我。"说这三个字的时候，Echo 非常心痛。纳雪瑟斯鄙夷地看了她一眼，拂袖而去。看到纳雪瑟斯嫌弃的表情，Echo 知道自己的爱恋只能就此终结。

后来，天帝知道了一切，他不想 Echo 受屈辱，不想看到她的爱情就这样凋谢。他决定惩罚纳雪瑟斯。一天，纳雪瑟斯在湖边看到自己的倒影，对自己的美貌恋恋不舍。天帝把他变成一株水仙。

水仙是"恋影花"，正如纳雪瑟斯那样，他爱的永远是他自己。而 Echo 对纳雪瑟斯的爱并没有因为之前遭受的难堪而改变。她成了深爱水仙的女神。

当三毛读到这个忧伤的故事时，她似乎看到了自己。三毛觉得自己和那个女神非常像，她们都曾承受屈辱，都想宣泄自己的情感。三毛给自己取的第一个笔名 Echo，意为回声。那时，三毛已经开始走出自闭的牢笼，但却怎么也不能把整颗心交出来，那就求一个回声吧，只要有回音，即使不能永久停留，也已足够。

在三毛的理解中，Echo 代表的是一种自由自在的力量。"我在这个世界上，向来不觉得自己是芸芸众生里的一分子，我常常要跑出一半人生活着的轨迹，做出解释不出原因的事情来。"

第四章

青春绽放，最美的时光

　　三毛从小就是一个爱美的小姑娘。小时候，她每天都梦想着自己能像那些女老师一样，涂口红，穿丝袜和裙子。可是，在那段黑白的青春岁月里，一个花样年华的少女沉浸在自闭的世界里，喜悲不重要，美丑不重要，因为她的心里只有迷茫与痛楚。

　　直到那天，三毛遇上了顾家的几个漂亮女儿，这才唤醒三毛沉睡已久的爱美之心。顾福生是住在家里的，他的画室与正屋只用一个院子隔开。在静谧的午后，三毛在画室偶尔听到顾家女儿银铃般的笑声，那个流光溢彩的世界是三毛完全陌生的一种生活。那天黄昏，三毛下课后提着油迹斑斑的画箱准备回家，在顾福生家的院子里，只见顾家的四个姐妹正说着笑准备出门。那是三毛一生都不会忘记的画面，顾家的四位姐妹在夕阳下是如此赏心悦目，如此迷人。她们穿着得体的色彩艳丽的服装，白里透红的皮肤，朱红的双唇，优雅的举止，仿佛是从天而降的仙女，无不叫人侧目相看。三毛看看自己身上颜色暗淡的衣服，顿时觉得自己是一只丑小鸭，黯然失色。

那时候，三毛才发现，原来女孩子也可以这么炫目多彩。在这之前，她从来没有想过打扮自己，那些鲜艳的颜色在她的衣服上似乎只是点缀。三毛开始对衣服，对鞋子，对色彩留意起来。那天，母亲带着三毛两姐妹去定制皮鞋，美丽的陈田心选中了黑色的漆皮，平时喜欢灰色的三毛竟然看中了一块明亮柔和的红色皮革，做了一双红皮鞋。

穿着红皮鞋的三毛，带着自信的微笑走进顾家画室。

　　我踏着它向画室走去，心情好得竟想微笑起来，那是我的第一双粗跟皮鞋，也是我自己从藏着的世界里甘心情愿迈出来的第一步，直到现在回想起来，好似还在幽暗而寂寞的光线里神秘地散发着温柔的霞光。

那一刻，这不仅仅是一双红皮鞋，在渴望成长的年纪里，它更是一缕阳光，照亮了三毛昏暗已久的心房。

不久，顾福生要去巴黎深造了，临行前开了一场道别舞会。为了出席舞会，三毛选了一件绿色长裙，腰间插上一朵绒花，穿上了高跟鞋，这样的打扮把三毛自己都惊吓到了。眼前这个肤若凝脂，乌发轻飘，眸光流转的女子是自己吗？也许这就是青春的魅力。

舞会上，三毛轻快地舞动身躯，在美妙灯光的映衬下，如同蝴蝶一般轻舞飘扬。不少人都邀请她跳舞，她成了真正的公主。

那场舞会对三毛来说是终生难忘的，而那个神奇的画室，更是让她的生活充满色彩。

当年的那间画室，将一个不愿开口，不会走路，也不能握笔，更不关心自己是否美丽的少年，滋润灌溉成了夏日第一朵玫瑰。

青春，因为一双红皮鞋而绽放。这双鞋是她青春里一抹耀眼的颜色，带她走出了灰暗的童年，让三毛彻底蜕变成一只美丽的蝴蝶。从此，三毛开始了不一样的人生。

英雄崇拜，
爱情来敲门

　　在陈若曦的建议下，三毛写了一封信给中国文化学院的创始人张其昀先生。她把自己年少失学的经历写了上去，也写出了当时对上学的渴望。信的最后一句，三毛记忆犹新："区区向学之志，请求成全。"就这样，三毛成了文化学院第二届的选读生。

　　那天，三毛带上了自己画的油画、国画，还有在杂志上刊出的文章，去学校见张其昀先生。张先生看了之后很满意，建议她报读美术系或国文系，并递给她一个表格。拿着表格，三毛想了想，结果填了哲学系。张先生看了以后，十分意外，问她："念哲学，你不后悔吗？"三毛坚定地回答："绝对不会。"

　　哲学，一个听起来深奥难懂的学科，可经历了岁月磨砺的三毛已经有属于自己的姿态，所以她态度很明确，特立独行的她不愿也不屑走寻常路。

　　进入文化学院后，三毛以清新随和的形象出现在同学们的视线中。她会说英文、日文，会画国画、西洋画，在同学中显得很突出。

　　大一的国文考试，有一道题目是关于《春秋》的，说是什么时候谁写的作品之类的题目，三毛不会，因此国文就不及格了。后来三毛去找老师说明情况，由于自己少年失学，所以才不知道的。老师给三毛一个补考的机会，三毛提出补六篇作文。

　　三毛从祖父写起，到伯父，到父母，到自己。中间还有恋爱故事，洋洋洒洒写了三万多字。当然，三毛伯父的恋爱故事是她自己编的。可是，竟把老师感动哭了。

　　　老师要求我用毛笔写，我写不来，就用签字笔写成毛笔字的味道。这篇写得非常好，故事有真有假，还有情节，老师看了，把我叫过去，说："你是我的学生中最有才华的。你写的关于上一代的事，都是真的吗？"我说："真假你还是别管吧，这篇作品你还喜欢吗？"他说："老师看了很感动，一夜没睡觉，老师都流泪了。"

　　当时，一个比三毛高一级的男生，叫梁光明，他有一个很好听的笔名叫舒凡，读大学不久已经出了两本书。三毛入学时就听说他是个才子，于是找他的书来看，看到文章顿时就爱上了这个人。舒凡的文章让三毛感到震撼和感动，从文章中她似乎听到了舒凡的心声。

　　舒凡和三毛一样，都是没有教育部正式学籍的大学生。不同的是，舒凡是当过兵以后才来读的大学，以前还当过小学教师。自从读了舒凡的文章，三毛对他似乎有一种奇妙的"英雄崇拜感"。她愿意把所有的爱都交给这个人。

　　一个满腹经纶、才华横溢的才子，也是一个高大英俊、儒雅沉静的男子，这样的舒凡怎么能不叫人喜欢。爱慕他的女孩子很多，但对于那些浪漫的情书、暧昧的学妹，舒凡一概不理。正因如此，舒凡更加让人难以抗拒，追逐他的人越来越多，三毛却是他见过的最执着和最有勇气的一个女孩子。

被爱击中的三毛变得格外勇敢。那段时间，三毛似乎成了舒凡的影子。舒凡去哪里，三毛就跟着去哪里。为了能见到舒凡，三毛逃课去他所在的教室旁听。有时候，下课晚了，舒凡到学校附近的小饭馆吃一碗面条填饱肚子，三毛跟着去，坐到舒凡旁边的桌子上吃面，即使那是她不喜欢吃的。舒凡坐公共汽车，三毛也会毫不犹豫地跳上那辆车，即使那辆车走的路线她一点儿也不熟悉，只因自己爱慕的人在车上。就这样，他们每天都会碰面，大家都很面熟了，三毛期待舒凡会主动地跟她打招呼，但舒凡对她视若无睹。

这种痛苦的等待持续了三个多月，三毛花尽心思，始终无法引起高傲的舒凡的注意。她开始绝望、沮丧，她不知道到底怎样才能赢得舒凡的心。

命运总会有它自己的安排。三毛连续发表了几篇文章后，于是在学校请客，当大家兴高采烈地祝贺三毛时，舒凡出现了，三毛与他终于有了第一次真正意义上的见面。三毛给他倒了一杯酒，准备好好地做个自我介绍，让大家有一个开始。但遗憾的是，舒凡一饮而尽后，一句话也没有说，笑着转身离开了。三毛心中顿时充满了挫败感。她拼命喝酒，同时也品尝着这单恋的苦涩滋味。原来爱情是如此的伤人至深。

聚会结束后，三毛独自一人在空旷的操场上漫无目的地跑步，她希望晚风把身上的酒精味道吹散，更希望能把自己吹清醒。

抬眼间，三毛发现，在她前面的不远处，站着一个熟悉的男孩子的身影，她不由自主向前走去，看清了，是舒凡。这时，舒凡也看见了三毛，但他没有动，直直地站在那里。

两个年轻的身影就这样静静地僵持着。三毛知道，她不能再等了，纵使飞蛾扑火，也要有一个开始。

> 于是我带着紧张的心情朝他走去，两个人默默无语地面对着面站着。我从他的衣袋里拔出钢笔，摊开他紧握的手，在他的掌心上写下了我家的电话号码。自己觉得又快乐又羞涩，因为我已经开始了！还了钢笔，对他点个头，眼泪却禁不住往下掉，一句话也没说，转了身拼命地跑。那天下午我逃课了，逃回家里守着电话，只要电话铃声一响，就喊叫："是我的！是我的！"一直守到五点半，他真的约了我，约我晚上七点钟在台北车站铁路餐厅门口见。我没有一点少女的羞涩就答应了。这样，我赴了今生第一次的约会。

为此，三毛写下了歌曲《今生》，讲述她初恋的心情：

> 今生就是那么地开始的
> 走过操场的青草地 走到你的面前
> 不能说一句话
> 拿起钢笔 在你的掌心写下七个数字
> 点一个头 然后 狂奔而去
> 守住电话 就守住度日如年的狂盼

铃声响的时候

自己的声音 那么急迫

是我是我是我

是我是我是我

七点钟 你说七点钟

好好好 我一定早点到

啊 明明站在你的面前

还是害怕这是 一场梦

是真是幻是梦

是真是幻是梦

车厢里面对面坐着

你的眼底 一个惊慌少女的倒影

火车一直往前去啊 我不愿意下车

不管它要带我到什么地方

我的车站 在你身旁

就在你的身旁

是我 在你的身旁

　　三毛在《我的初恋》中尽诉那时的紧张与兴奋。他们开始了第一次约会。在车站，舒凡轻声问三毛，去淡水那里旅行好吗？三毛点了点头。就这样，三毛的初恋开始了。

情深缘浅，留一生遗憾

　　有一种爱，朦胧而羞涩，神秘而激动，或甜蜜或心酸，或期待或无奈，但每一场恋爱的开始都格外美好。众人瞩目的才子舒凡和性格独立的才女三毛走在一起，显得特别引人注目。读书、吃饭、逛街……王子和公主的童话故事每天上演着。他们度过了两年如痴如醉的幸福时光。

　　当甜蜜渐渐消退，生活逐渐归于平淡。眼看舒凡马上就要毕业了，三毛的心变得焦躁不安，为了抓住舒凡，把他永远留在身边，也为了让他们的爱情有一个归宿，三毛提出了结婚。"你毕业，我休学，两人一起做事，共同生活，总可以吧？"三毛固执地说。婚姻是爱情最好的归宿，她想要给自己的初恋画上一个完美的句号，要和自己最爱的人走进婚姻的殿堂。然而，现实、理性的舒凡并没有答应，在他看来，婚姻不是花前月下，而是柴米油盐，婚姻需要房子、工作、事业、金钱等来支撑，所以他没有答应三毛的要求，他觉得在事业还没安定下来之前先不谈结婚。

为了能得到感情的保证，三毛不惜以离开相逼。她通过朋友，告诉舒凡，要是毕业后他们不结婚，她就到西班牙留学去。

三毛以为，用远走异国这一招，舒凡应该会妥协的，毕竟这不是闹着玩儿的。但舒凡还是没有改变主意。当三毛把去西班牙的所有手续都办完后，一时竟不知该怎么办才好，她并不想假戏真做，抱着最后的一线希望，她告诉舒凡："如果你告诉我一个未来的话，机票和护照我都可以放弃。责任由我自己来承担，我向爸爸妈妈去道歉，只要你告诉我一个未来。"对于舒凡，陈嗣庆还是很喜欢这位好青年的：

> 对于我女儿初恋的那位好青年，作为父亲的我，一直感激在心。他激励了我的女儿，在父母不能给予女儿的男女之情里，我的女儿经由这位男友，发挥了爱情正面的意义。当然，那时候的她并不冷静，她哭哭笑笑，神情恍惚，可是对于一个恋爱中的女孩而言，这不是相当正常吗？那时候，她总是讲一句话："我不管这件事有没有结局，过程就是结局，让我尽情地去，一切后果，都是成长的经历，让我去——"她没有一失足成千古恨，这怎么叫失足呢？她有勇气，我放心。我的二女儿，大学才念到三年级上学期，就要远走他乡。她坚持远走，原因还是那位男朋友。三毛把人家死缠烂打苦爱，双方都很受折磨，她放弃的原因是：不能缠死对方，而如果再住台湾，情难自禁，还是走吧。

　　可是，她和舒凡还有在一起的未来吗？只要舒凡的一句"不要走"或者"留下来"，三毛都会抛下一切，义无反顾地回到他身边，可三毛等来的却是一句："旅途愉快！"

　　情至此，心已碎。曲终人散，留下的是曾经美好的回忆和无限的感伤。

　　经历过这次伤痛后，三毛逐渐成长起来了，她在《雨季不再来》中这样写道："总有一日，我要在一个充满阳光的早晨醒来，那时我要躺在床上，静静地听听窗外如洗的鸟声，那是多么安适而又快乐的一种苏醒。到时候，我早晨起来，对着镜子，我会再度看见阳光驻留在我的脸上，我会一遍遍地告诉自己，雨季过了，雨季将不再来"。

　　在三毛的《雨季不再来》即将出版的时候，舒凡写了一篇序文《"苍弱"与"健康"》：

　　　　继《撒哈拉的故事》后，三毛的《雨季不再来》也成集问世了。讨论这两书的文字，多以"健康的近期"和"苍弱的早期"说法，来区分两条写作路线的价值判断，这一观点是有待探讨的。

　　　　就三毛个人而言，也许西非旷野的沙、石和荆棘正含有一种异样的启示，使她从感伤的"水仙花"，一变而为快乐的小妇人，这种戏剧性的成长过程是可能的，撇开"为赋新词强说愁"本是少女时期的正常心理现象不说，即或朴素地比之为从苍弱到健康也能算得上是常言了。

　　但，就写作者而言，心怀"忧惧的概念"（祁克果语），陷入生命的沉思，或困于爱情的自省，则未必即是"贫血"的征候，心态健康与否的检验标准，也非仅靠统计其笑容的多寡便可测定。审写作路线取向问题，以卡缪的《西西弗斯神话》在文学史的贡献，不比纪德的《刚果纪行》逊色，即可知用"象牙塔里""艳阳天下"或"苍弱""健康"之类的喻辞，来臧否写作路线是不得要领之举，重要的是该根据作品本身来考察。

　　《撒哈拉的故事》约可列为表现现实生活经验的写作。阅读文艺作品所以成为人类主要的精神活动之一，较切近的原因是为了从中开拓真实生活经验。三毛以极大的毅力和苦心，背井离乡，远到万里之外的荒漠中的居家谋生，以血汗为代价，执着地换取特殊的生活经验，这种经过真实体验的题材之写作，在先决条件上已经成功了，甚至连表现技巧的强弱，都无法增减故乡人们去阅读她作品的高昂兴趣。《雨季不再来》约可归为表现心灵生活经验的写作。所谓"究天人之际、通古今之变"，人类深思的默省存在的意义、灵魂的归依、命运的奥秘等形上问题，早在神话发生时代就开始了，历经无数万年的苦心孤诣，到了近代，新兴的实用功利主义者，竟讥讽此一心灵活动为"象牙塔里的梦魇"，这才真是精神文明噩梦的起点呢！尤其，在大众传播事业力量无比显赫的今天，缺乏实在内容的泛趣味化主义，被推波助澜地视为最高人生价值，沉思和深省活动反被目为苍弱的"青春期痴呆症"的后遗，这种意义的普及，形成了"危机时代"的来临。

　　尽管做此引论，也不能掩饰《雨季不再来》在内容技巧上的有欠成熟。十多年前，烦恼的少年三毛难免把写作当成一种浪漫的感性游戏，加上人生阅历和观念领域的广度不足、透视和内诉能力尚未长成等原因，使她的作品超于强调个人化的片段遐想和感伤。但是，从中所透露的纯挚情怀和异质美感，欲别具一种奇特的亲和力。《雨季不再来》只是三毛写作历程起步的回顾，也是表征60年代初期，所谓"现代文艺少女"心智状态的上乘选样。

　　舒凡是懂三毛的，只是在错的时间遇上一个对的人，就注定是这样的结果。这个世界有太多的身不由己，两个相爱的人即使不能走到最后，也应该感激对方在生命里停留的那一刻能温暖彼此，在最美的年华里照亮彼此的生命。

挥别双亲，远走西班牙

　　三毛最终没有和初恋舒凡走到一起，两年的爱与期盼就这样结束了，三毛的心碎了，她要离开这里，离开这个让她伤心的地方。可当她把这个想法告诉父母的时候，得到的却是劝阻。"这样没用的草包，去了岂不是给人吃掉了？"耳边不停听到父母的这句话。也许外公是理解三毛的，他看到三毛行李都收拾好了，就发话了："你们也不要那么担心，她那种硬骨头，谁也不会爱去啃她，放她去走一趟啦！"见到总司令下了命令，父母只好同意了。

　　机场里，三毛的心情跌到了谷底，她不但失去了自己的初恋，还要远离这块熟悉的土地，远离和自己生活了二十多年的亲人。虽然心里很痛，但生性倔强的三毛并没有流一滴眼泪，强颜欢笑与家人道别。每个孩子远行，父母都是千叮万嘱，三毛的父母也不例外，他们一再嘱咐三毛："从此是在外的人啦，不再是孩子啰！在外待人处世，要有中国人的教养，凡事忍让，吃亏就是占便宜。万一跟人有了争执，一定要这么想——退一步，海阔天空。绝对不要跟人怄气，要有宽大的心胸……"母亲缪进兰已哭倒在栏杆上，而三毛，硬是没有转过身来看一眼。后来她说，那一刻，她的心不是碎了，而是死了。

两个相爱的人到最后不能相守，三毛只能选择离开。这倒是符合三毛从小叛逆的性格。三毛在她的《当三毛还是在二毛的时候》的自序里这样说过：

> 当三毛还是二毛的时候，她是一个逆子，她追求每一个年轻人自己也说不出到底是在追求什么的那份情怀，因此，她从小不在孝顺的原则下做父母请求她去做的事情。
>
> 一个在当年被父母亲友看作问题孩子的二毛，为什么在十年之后，成了一个对凡事有爱、有信、有望的女人？在三毛自己的解释里，总脱不开这两个很平常的字——时间。
>
> 对三毛来说，她并不只是睡在床上看着时光在床边大江东去。十年来，数不清的旅程，无尽的流浪，情感上的坎坷，都没有使她白白的虚度她一生最珍贵的青年时代。这样如白驹过隙的十年，再提笔，笔下的人，已不再是那个悲苦、敏感、浪漫而又不负责任的毛毛了。

是的，这时的三毛悲苦、敏感、浪漫而又不负责任。她只把失去爱人的痛苦无限放大，而她的那些守望相助的亲人，喜欢她的朋友们，还有那些对她循循善诱的老师，她都无法感受到这些温暖的东西。

三毛选择西班牙，是因为西班牙是她狂热爱恋过的画家毕加索的国家。这是三毛的第一次出国，也是她流浪的开始，三毛说，她去马德里进修，是为了把哲学里的苍白去掉。

第五章

铿锵玫瑰，他乡遇真爱

西班牙马德里大学文哲学院是三毛远行的第一站。

初到马德里，父亲的朋友徐伯伯接的机，直接把三毛送到那个叫"书院"的女生宿舍。三毛被分配在一个四人的大卧室，这是三毛第一次跟这么多人同住。室友是三个本土的女孩子，看起来都是友好的人。来到一个陌生的地方，周围都是陌生的人，三毛感到很孤独。她写信向舒凡诉说相思之苦，收到的回信却是以后不必联系。最后的一线希望都没有了，三毛像是彻底进了冰窟。但三毛并没有自暴自弃，依然做一个好孩子，依然用功读书，拼命学习语文。

第一次与陌生人住同一间卧室的三毛显得谦虚有礼，温和甜蜜，室友对她也很好。每天清晨，起床以后要马上铺好床，打开窗户，扫地，整理内务，整个房间一定要窗明几净才能通过院长的检查。起初，这些日常的内务工作是从来不让三毛动手的，就连三毛的床铺也是室友抢着整理。三毛前两个月给父母的信是这样写的："我慢慢地会说话了，也上学去了。这里的洋鬼子都是和气的，没有住着厉鬼。我没有忘记大人的吩咐，处处退让，她们也没有欺负我，我人胖了……"只是，这样的日子并没有持续多久。三个月后，三毛开始不定期地收拾自己的床铺、室友的床铺。慢慢地，整理宿舍内务似乎成了她一个人的事，三毛在宿舍里很快成了最受欢迎的人，大家见她待人和顺，自然对她赞不绝口。之后，室友习惯性地命令三毛叠被子，打扫卫生，连她的衣服也成了公共的，今天这个穿一件，明天那个穿一件，穿完了不洗就还给三毛。

如果三毛在宿舍，找她的人就更多了，电话一个一个打回来：

——三毛，下雨了，快去收我的衣服。
——三毛，我在外面吃晚饭，你醒着别睡，替我开门。
——三毛，我的宝贝，快下楼替我去烫一下那条红裤子，我回来换了马上又要出去，拜托你！
——替我留份菜，美人，我马上赶回来。

放下烦人的电话，同住的人又在大叫：

——亲爱的，快来替我卷头发，你的指甲油随手带过来。
——三毛，今天院长骂人了，你怎么没扫地？

渐渐地，三毛感到疲惫不堪，她一次一次地问自己："为什么我凡事都要退让？因为我们是中国人。为什么我要助人？因为那是美德。为什么我不抗议？因为我有修养。为什么我偏偏要做那么多事？因为我能干。为什么我不生气？因为我不是在家里。"她觉得在室友面前，自己是个十足的傻瓜。终于有一天，三毛再也忍不住了。那时已是深夜，过了熄灯的时间了，可是室友们一个个东倒西歪、横七竖八地赖在三毛的床上借着酒劲儿装疯卖傻。开始的时候，三毛尝试着让室友们离开自己的床，可是，无论怎么劝，室友都不当作一回事，都不肯离开。三毛忍无可忍，站起来把窗子打开，却想不到室友的吵闹声把院长引来了。当院长铁青着脸站在门口时，那些人似乎一下子都惊醒了。"疯了，你们都疯了，说，是谁起的头？"校长那冰冷的脸让人不寒而栗。这时，所有的人都指向三毛，她们竟然说三毛就是带头人。于是，当那个并不和蔼可亲的妇人将过错指向三毛并破口大骂时，三毛积压的怒火瞬间爆发了：

> 我在这个宿舍里，一向做着最合作的一分子，也是最受气的一分子，今天被院长这么一冤枉，多少委屈和愤怒一下子像火山似的爆发出来。我尖叫着沙哑地哭了出来，那时我没有处事的经验，完全不知如何下台。我冲出房间去，跑到走廊上看到扫把，拉住了扫把又冲回房间，对着那一群同学，举起扫把来开始如雨点似的打下去。我又叫又打，拼了必死的决心在发泄我平日忍在心里的怒火。

这就是三毛，即使是在举目无亲的国家，还是一样地倔强，一样地特立独行。她打了这个女同学一个耳光，踢了那个女同学一脚，还用花瓶把院长泼得满身是水和花瓣。最后，这场战争在院长的大吼声中结束。三个室友收拾战场，三毛气得一个人在顶楼的小书房痛哭到天亮。

只是事情的结果有些始料未及，三毛没有道歉，也不用忏悔，院长也没有提及惩罚，还亲自请来三毛，赐了几杯酒和糖果，从此一笑泯恩仇了。经过这一事件，三毛得到了应有的尊重。她以完全不同于东方的生活方式开始了人生的另一种可能。这个性格倔强的姑娘，在生活的历练中变得越来越有魅力了。

惊鸿一瞥，邂逅大胡子

　　三毛到西班牙不久，就迎来了圣诞节。那时西班牙的圣诞节有个习俗，圣诞夜十二点一过，便挨家挨户左邻右舍去相互道贺，祝福平安，有点儿类似中国的春节。那个时候，三毛正在徐伯伯家过节。午夜时分，大家互祝平安的时候，一个男孩从楼上跑下来，他就是荷西。刚见到荷西的那一刻，三毛是这样形容的："我第一眼看见他的时候，触电了一般，心想，世界上怎么会有这么英俊的男孩子？如果有一天可以作为他的妻子，在虚荣心上，也该是一种满足了。"那时荷西不到十八岁，是一名高三的学生，而三毛在读大学三年级。

　　三毛经常去徐伯伯家玩，荷西就住在附近，两人经常见面。朋友公寓后面的院子里，经常见到他们在那里打棒球，或者在下雪的日子里打雪仗。有时他们一起去逛旧货市场，口袋里没什么钱，竟也能从早上九点逛到下午四点，可能也就买了一支鸟羽毛，但他们都乐此不疲。

　　活泼的荷西让失恋的三毛重新感受到了快乐。这个大男孩总会有许许多多新奇的想法。在荷西心中，爱情如熊熊烈火在燃烧着，他不满足于现状，下午常常逃课去找三毛。

三毛清楚地记得荷西第一次为她逃学的情形：

> 有一天我在书院宿舍里读书，我的西班牙朋友跑来告诉我："Echo，楼下你的表弟来找你了。""表弟"在西班牙文里带有嘲弄的意思，她们不断地叫着"表弟来啰！表弟来啰！"
>
> 我觉得很奇怪，我并没有表弟，哪来的表弟在西班牙呢？于是我跑到阳台上去看，看到荷西那个孩子，手臂里抱了几本书，手中捏着一顶他常戴的法国帽，紧张得好像要捏出水来。

荷西到底只是一个小男孩，他不敢进会客室，就站在书院外的一棵大树下等三毛，三毛匆匆忙忙跑下来，一脸不悦地推了他一把："你怎么来了？"三毛总觉得自己比荷西大了很多，所以总是以姐姐的口吻跟他说话。荷西从口袋里掏出十四块西币，邀请三毛去看一场电影。车费当然是没有了，只能一起走去最近的电影院。

后来，荷西逃课来找三毛更是成了一种习惯。宿舍里经常听到"表弟来啰，表弟来啰！"的叫声。三毛常常被荷西邀去逛旧货市场，后来他们干脆淘起垃圾来。还好，三毛本来就是一个热爱拾荒的姑娘。随着时间的流逝，三毛觉得不能再这样下去了，因为荷西认真了。

那天，荷西跟她说："再等我六年，让我四年念大学，两年服兵

役，六年以后我们就可以结婚了，我一生的向往就是有一个很小的公
寓，里面有一个像你这样的太太，然后我去赚钱养活你，这是我一生
最幸福的梦想。"

其实，三毛心里是喜欢这个男孩子的，喜欢他的天真俊朗，喜欢
他的率性赤诚。但是她不想伤害荷西，毕竟在年龄面前，他们有着巨
大的差距，而且等待六年的时间太长了，人生的变数太大，她害怕自
己等待不了六年。于是，她狠心地拒绝了荷西：

> 我跟他说："荷西，你才十八岁，我比你大很多，希望
> 你不要再做这个梦了，从今天起，不要再来找我，如果你又
> 站在那个树下的话，我也不会再出来了，因为六年的时间实
> 在太长了，我不知道我会去哪里，我也不会等你六年。你
> 要听我的话，不可以来缠我，你来缠的话，我是会怕的。"
> 他愣了一下，问："这阵子来，我是不是做错了什么？"我
> 说："你没有做错什么，我跟你讲这些话，是因为你实在太
> 好了，我不愿意再跟你交往下去。"接着，我站起来，他也
> 跟着站起来，一齐走到马德里皇宫的一个公园里，园里有个
> 小坡，我跟他说："我站在这里看你走，这是最后一次看你，
> 你永远不要再回来了。"
>
> 他说："我站这里看你走好了。"我说："不！不！不！
> 我站在这里看你走，而且你要听我的话哟，永远不可以再回
> 来了。"
>
> 那时候我很怕他再来缠我，我就说："你也不要来缠我，
> 从现在开始，我要跟我班上的男同学出去，不能再跟你出

去了。"

这么一讲自己又紧张起来，因为我害怕伤害到这个初恋的年轻人，通常初恋的人感情总是脆弱的。他就说："好吧！我不会再来缠你，你也不要把我当作一个小孩子，因为我们这几个星期来的交往，你始终把我当作一个孩子，你说'你不要再来缠我了'，我心里也想过，除非你自己愿意，我永远不会来缠你。"

讲完那段话，天已经很晚了，他开始慢慢地跑起来，一面跑一面回头，一面回头，脸上还挂着笑，口中喊着："Echo 再见！Echo 再见！"我站在那里看他，马德里是很少下雪的，但就在那个夜里，天下起了雪来。荷西在那片大草坡上跑着，一手挥着法国帽，仍然频频地回头，我站在那里看荷西渐渐地消失在黑茫茫的夜色与皑皑的雪花里，那时我几乎忍不住喊叫起来："荷西！你回来吧！"可是我没有说。以后每当我看《红楼梦》宝玉出家的那一幕，总会想到荷西十八岁那年在那空旷的雪地里，怎么样跑着、叫着我的名字："Echo 再见！Echo 再见！"

荷西跑了以后，便真的没有再去找三毛，也没有去缠着她。有时候在街上碰见了，荷西还会用西班牙的礼节握住三毛的双手，亲吻她的脸，两人仍会互道"你好"。三毛还会介绍男朋友给荷西认识。三毛与荷西道别后，也有过几段短暂的恋情，最后情伤台湾后又回到了西班牙，命运让她绕了一大圈，还是将她带回了荷西身边，那时已经是六年后了。

三毛在西班牙学习了半年后，凭着马德里大学文哲学院的结业证书，申请进入西柏林自由大学哲学系就读。

初到西柏林，三毛遇到的第一个难题就是语言沟通障碍。在与校方商谈后，由于德语一项三毛从来没有学过，学校建议三毛进"歌德语文学院"，如果在一年内拿到高级德文班毕业证书，就可以进自由大学读哲学了。德国的"歌德学院"学费昂贵，它的教学是密集快速型的，每天上课五六个小时，加上回家的功课与背诵，花费的时间大约十六七个小时以上。三毛是靠父母的血汗钱来读书的，在这样的压力下，辛苦学习了三个月后，三毛以最优生的成绩取得初级班的结业证书。那一刻，她欣喜若狂——

　　拿着那张成绩单，飞奔去邮局挂号寄给父母。茫茫大雪的天气里，寄完了那封信。我快乐得流下了眼泪，就是想大哭的那种说不出来的成就感。当然这里又包含了自己几乎没

有一点欢乐，没有一点点物质享受，也没有一点时间去过一
个年轻女孩该过的日子，而感到的无可奈何与辛酸。

在艰苦的条件下取得成功，这是高兴难忘的。好强的三毛在异国
他乡能如此发奋用功，令人敬佩。

初级考试结束后，老师见到三毛身体透支得厉害，便建议她先休
息一阵，然后再继续念中级班。三毛一听，想到自己的生活费有限，
眼泪就来了，她不忍心父母那么辛苦供她读书，她的良心过不去。于
是她一鼓作气，紧接着上了中级班。中级班的课程更加繁重，三毛
最喜欢的就是上课时用闭路电视放无声电影，照着剧情讲德文配音。
"听写"相对来说就比较难了，书上没有，不能预习，所以在一次的
听写考试中，三毛竟拼错了四十四个字。面对这样的成绩，她感到有
如世界末日。当时，因为成绩不好还被男友责备一番。三毛忽然觉得
对不起父母，但她并没有灰心，照常做功课，只是在预备明天的学习
用具的时候，趴在床沿痛哭一场。就这样拼搏了一年，三毛终于取得
了歌德语文学院的毕业证书，同时取得了德文教师资格。

三毛的学校在西柏林闹区最繁华的 KURFURSTEDAMM 大道的转
角处，这条长三公里半的美丽大道是商业中心，西柏林最大的数百家
百货公司都集中在这里，艺术家们也经常聚集在这里工作游玩。

三毛坐公共汽车上学的时候，总会提前一站下车，为的是能在上
学之前去百货公司逛上一圈，这也成了三毛唯一的娱乐。

那时候的三毛很需要钱，虽然换了地方，父亲给三毛的生活费随
之涨了五十美金，三毛也不会从银行卡超支，所以日子过得不宽裕。

那天，三毛在报纸上看到一则广告，法国珂蒂公司要招一个美丽

的东方女孩做香水广告，工作的内容是拍照和现场推销。三毛知道自己不符合招聘条件，但由于要钱心切，就选了几张自己感觉最好的照片寄了过去。意外的是她被公司选中了，并给了她相当丰厚的报酬，工作的时间是十天。尽管当时的学业很繁重，而十天的课是五十小时，缺了有可能赶不上，但三毛下定决心接下这份工作，她会用晚上的时间把课程补回。

工作开始前，为了突出东方女孩的特色，三毛特意去租了一件墨绿色缎子，大水袖，镶着淡紫色大宽襟，前面绣了淡金色菊花的"东方衣服"。上班的第一天，公司只让三毛拍了一些照片，到了第二天，三毛要穿着那件戏袍似的衣服到西柏林最大的"西方百货公司"去"抛头露面"，三毛无奈地去了，只因为四百美金是她两个半月的生活费。

公司的部门负责人第一天就要三毛记住所有百货公司货品的名称和柜台，还要向顾客介绍，这对于来德国不到三个月的三毛来说，无疑是个很大的考验。由于快到圣诞节，要记的东西很多，三毛靠着她的天分和毅力坚持了下来。

三毛的工作每四个小时休息二十分钟，每当休息的时候，三毛总会躲到洗手间去，脱下丝袜，用冷水浸泡红肿的脚。此时，三毛体会到了赚钱不容易。

当我看见成千上万的顾客抱着彩色纸包装的大批货品出门，我的心竟然因为这份欠缺而疼痛起来。那么多穿着皮裘的高贵妇人来买昂贵的香水，我却为着一笔在她们看来微不足道的金钱在这儿做一场并不合我心意的好戏。

　　那时的三毛白天站得感觉脚都不属于自己的了，为了节省那几马克的计程车费走路回去。晚上，三毛还要一边吃面包一边补那五十小时的课。当她收到那四百美金的工资时，她连一双丝袜都舍不得买给自己，也懂得了父母赚钱的不容易，内心对父母的感激和愧疚更深了。

　　初到德国，三毛申请的宿舍是男女混住的个人套间，不用舍监，没有室友，三毛感觉自由多了。

　　三毛分到的房间在走廊的倒数第二间，最后一间住的是冰岛来的金发女子。当时三毛的学习任务非常重，每天都要复习到半夜。刚搬来的芳邻每天玩到很晚才回家，不过这也没有影响三毛复习。这样的时间并没有持续很久，过了两三个月，这个邻居每隔三五天就抱回来一大堆啤酒食物在房间开狂欢会。他们在房间喝酒，吵闹的音乐混着男男女女兴奋的尖叫声影响着一墙之隔的三毛，三毛看书一个字也看不进去。到了第四个星期，芳邻变本加厉，夜里十点半，那震耳欲聋的音乐声分毫不差地响起来，到了十二点半，三毛再也无法忍受，于是去敲邻居的门，对金发女子说："请你小声一点儿，已经十二点半了。"女子气得冲过去，把三毛推开，把门关上并锁住。

　　聪明的三毛知道对付这种女人一定要有方法。所以她直接去学生宿舍的管理处找学生顾问说明情况。学生顾问却说："你说这个邻居骚扰了你，可是我们没有接到其他人对她的抗议。""这很简单，我们的房间在最后两间，中间隔着六个浴室和厨房，再过去才是其他学生的房间，我们楼下是空着的大交谊室，她这样吵，可能只会有我一个人真正听得清楚。"三毛据理力争。过了一个星期，三毛把录有冰岛女子狂欢的声音的录音带交给学生顾问。那个学生顾问对三毛刮目相看。最终，那个冰岛女子搬走了。

到了美国，三毛的第一个住处是好朋友帮她租来的房子，跟两个美国大一的女生同住一幢平房。一个月后，三毛搬去了一个小型的学生宿舍，周围都是用功学习的外国女孩子，住在三毛对面的是一个正在念教育硕士的刻苦女孩。

这个女孩跟三毛一样，每天做功课到深夜，与三毛不同的是她每天打字。三毛看到女孩每天打字到深夜两点，非常欣赏她的勤奋刻苦。所以即使那女孩打字的声音打扰着三毛，她也不计较，只是等女孩安静了，她才开始阅读。这样心胸豁达的三毛是令人敬佩的。三毛就这样和女孩相安无事地相处了一段日子。

有一天深夜，女孩打完字了，三毛还在看书。过了一会儿，女孩非常生气地责骂三毛，说三毛门上的那块玻璃透出的灯光弄得她睡不着。三毛看着自己那盏小台灯射出来的微弱光线，实在不会影响到睡眠，轻轻地把门关上。

现在的三毛不再是以前那个激烈叛逆的孩子，现在的她已学会淡然从容，会用自己的方式处理问题，也许，这就是成长。

三毛在图书馆做事的时候，一个法学院的学生约她下班后去喝咖啡，吃"唐纳子"甜饼，吃完后，男生把三毛带到了校园的湖边去。在车里，播放着柔和的旋律，男生的双手向三毛圈上去，三毛把车窗打开，关了音乐，礼貌地拒绝了他。那男生倒也很干脆，把三毛送回去，然后对三毛说："三毛，你不介意刚刚喝咖啡的钱我们各自分摊吧。"三毛马上把钱给了他。

又有一天，三毛和女友一起吃午饭，两人各自买了一份三明治，女友还叫了一盘"炸洋葱圈"，准备付钱时，女友说一个人吃不完，要分点儿洋葱圈给三毛，毫无心机的三毛把女友吃剩的吃掉了。然后付账的时候，洋葱圈的钱还是两人分摊。

在一些地方，AA制也许是大家都接受的生活方式，它看上去似乎很公平，但却缺少人情味和爱心，这样的算计会让大家的关系疏离。

有一对美国中年夫妇，由于没有儿女，所以把三毛当自己的女儿看待，周末经常带三毛到处兜风。他们在山坡上有一座美丽的大洋房，还经营一家成衣批发店。

感恩节那天，他们请三毛回家吃大餐。吃饭时，夫妇两人红光满面，似乎有重要的事情发生。果不其然，他们十分兴奋地对三毛宣布了一个对他们而言是好的消息——他们决定收养三毛，在他们过世后，将所有的遗产都留给三毛。唯一的条件是三毛一生都要守护在他们身边，不能结婚。

对于那对夫妇来说，庞大的财产就是最好的馈赠了，而三毛却觉得：

　　这样残酷的领儿防老，一个女孩子的青春，他们想用遗产来交换，还觉得对我是一个天大的恩赐。
　　……
　　我这时候看着这两个中年人，觉得他们长得是那么的丑恶，优雅的外表之下，居然包着一颗如此自私的心。我很可怜他们，这样的富人，在人格上可是穷得没有立锥之地啊！

后来，三毛离开了洋房，再也没回去过。与这个美国家庭来往，对于三毛来说，只是身处异国他乡，太过想念家人而贪恋那种家庭温暖，仅此而已。

那年夏天，三毛在美国已经没有多少生活费了，居留成了很大的问题，于是她到处奔走，求职应征。

一天，三毛在校园低头漫步的时候，远处一个金发青年在凝望着三毛，三毛并没有回视他。三毛继续走着，忽然，一个影子挡住了三毛的去路，只见那青年举起拿着一棵碧绿的青草的右手，正对着三毛微笑。

"来！给你——"他将小草当一样珍宝似的递上来。

我接住了，讶然地望着他，然后忍不住笑了起来。

"对，微笑，就这个样子，嗯！快乐些……"他轻轻地说。

说完拍拍我的面颊，将我的头发很亲爱的弄乱，眼神送过来一丝温柔的鼓励，又对我笑了笑。

这是三毛到美国后收到的第一份礼物。虽然只是一棵小小的青草，但对于身处异乡，又为前途而担忧的三毛来说，无疑是一种鼓励，给了她一份信心。而这棵小草三毛也保存了好多年，即使后来不小心弄丢了，她还是会常常想起，而她也将这份感激化作一声道谢，一句赞美，一个笑容……送给那些相同处境的人，送给生命中擦肩而过的人，并将小草带来的快乐一直延续下去。

流浪的心，何处是港湾

三毛和荷西分开后，又交了几个男朋友。在这片异国土地上，她的爱情之花一次又一次绽放。

三毛有一个同班的日本同学，家境好，马德里最豪华的一家日本餐馆就是他家开的。日本男孩对三毛十分宠爱，他知道三毛不收贵重礼物，于是每天鲜花和巧克力攻势，那时三毛的宿舍，总是放满了日本男孩送的鲜花。

那时的三毛只觉得那是一份美好的情感，但那位男孩却用情至深，他觉得他和三毛之间是相爱的，于是男孩把这看作结婚的前奏。日本男孩买了一辆新车作为订婚礼物，当时宿舍里包括女舍监都兴奋地对三毛说："嫁，嫁。这么爱你的人不嫁，难道让他跑了吗？"

可是，三毛并不是这样想的，她认为：

那时我们之间是说日文的，以前我会一点点日文。半年
交往，日文就更好些，因为这个朋友懂得耐性地教，他绝对

没有一点大男人主义的行为，是个懂得爱的人。可是我没有想过要结婚。我想过，那是在台湾时。跟这日本同学，也不知道是怎么回事，他在恋我，我迷迷糊糊地受疼爱，也很快乐，可是也不明白怎么一下子就要结婚了。

最后，三毛并没有收下男孩的汽车。当她和日本男孩在郊外的树林里谈判的时候，三毛伤心地哭了，因为她曾经接受过男孩的给予，所以她不忍心拒绝。而那位日本男孩顿时慌了，他以为自己做错了什么事，赶紧道歉说："不嫁没关系，我可以等，是我太急了，吓到了你，对不起。"

爱情里是没有妥协可言的，是可遇不可求的，是在对的时间、对的地点遇上一个对的人。爱情来了，我们放开怀抱迎接，但如果只为了对方所谓的美好爱情而妥协、退让，那就是无知。

三毛最终伤了那个日本男孩的心。后来，日本男孩常常在宿舍门外的大树下站着，似乎在怀念什么，也仿佛在等什么人，这个时候，三毛躲在二楼窗帘后面看着他，心里一直用日文默念："对不起，对不起。"

后来，在离开西班牙之前，三毛再也没有见过那位日本同学。

三毛在马德里的最后一位男友是位德国人。在交往了两年后，快毕业了，三毛决定去男友的故乡，继续学习深造。

这位德国男友的理想是当一名外交官，因此读书非常刻苦认真，他几乎把所有的时间都用在了读书上。但三毛需要浪漫，需要爱情的滋润，她不希望自己的男友把所有的心思都花在读书上而忽略了她。

有一天，德国男友带三毛去百货公司，他问三毛一床被单的颜色，三毛说好看，他就买了双人床被单。三毛不同意，于是两人去百货公司退货，德国男友再一次问："你确定不要这条床单？"三毛很明确地说不要。这意味着三毛拒绝了他。

德国男友知道一切都结束了，在吃烤鸡的时候，他悄悄地流下了泪水，他是那么爱三毛，也许只是不知道怎么表达。

过了一年，三毛要去美国了，德国男友来送机。上机的时候，他对三毛说："等我做了领事时，你嫁给我，好不好？我可以等。"德国男友一等就是二十二年，终未如愿。

1969 年的冬天，在柏林，圣诞节快到了，学校决定放几天假。三毛跟一位男生很好，两人自驾车去东德旅游。因为当时三毛持的是台湾证件，过境时可能会有麻烦，所以事先到东柏林办理过境签证。

在东柏林车站，三毛的护照和表格被收去后，她便坐在那一排排的椅子上等候广播喊名字。也就是那个时候，在一个办公室的玻璃大窗前，总有一双眼睛盯着三毛，让她觉得如芒在背。

三毛去东柏林的申请最终没有被批准，纵使她笑靥如花，纵使那位军官怦然心动，也仍然敌不过职责所在。三毛一个人在车站走来走去，不知何去何从，她索性哪里也不去，就在车站逗留。

那面大玻璃窗里仍然有一种好比是放射光线一样的感应，由一个人的眼里不断的放射在我身上，好一会儿了，他还在看我。等我绕到投币拍快照片的小亭子边时，那种感应更强了。一回身，发觉背后站着一位就如电影"雷恩的女儿"里那么英俊迫人的一位青年军官——当然是东德的。

军官过来问三毛为什么不回西柏林，三毛把情况一说，那位军官便替三毛办了一张临时证。在拍快照时，拍了三张，两张用了公事，另外一张军官把它放进了贴心内袋，看到这个举动，三毛的心被震动了。

他们一起排队，大家都没有说一句话，却都舍不得队伍的移动。三毛过关时，军官也跟了过来。分别的时候，那位军官深情地看了三毛一眼，用英文说了句："你真美！"听到这句话，三毛突然有些伤感，道了别，便默默分开了。

虽然只是萍水相逢，虽然只是一个短暂的回眸，却会刻在我们的记忆中，历久弥新，永不褪色，偶尔想起，还是会温暖无比。

在东柏林外交部的签证柜台，工作人员一直在问三毛那张白色的通行证是如何得来的，还问了很多的问题，却总是不放三毛离开。

过了很久，在那个关口，竟然看到了那个本以为永远不会再相见的军官。他看到三毛出来，把烟熄灭，轻轻扶着三毛，告诉她怎么回西柏林，经过的军人都在向他们敬礼。到车站了，三毛似乎忘记了时间，忘记了周围的一切，她只看见军官的深眸里，闪烁的是天空所没有见过的一颗恒星。

没有上车，他也不肯离去。就这么对着、僵着、抖着，站到看不清他的脸，除了那双眼睛。风吹过来，反面吹过来，吹翻了我的长发，他伸手轻拂了一下，将盖住的眼光再度与他交缠。反正是不想活了，不想活了不想活了，不想活了……

最后一班车来了，军官推着三毛让她上车，三毛哽咽着想说话，又被轻轻地推了一把，她才狂叫起来："你跟我走——"这是不可能的，军官的家在这里，父母在这里。"我留一天留一天！请你请你，我要留一天。"三毛最终还是上了车。

> 怎么上车的不记得了。风很大，也急，我吊在车子踩脚板外急速的被带离，那双眼睛里面，是一种不能解不能说不知前生是什么关系的一个谜和痛。直到火车转了弯，那份疼和空，仍像一把弯刀，一直割、一直割个不停。

无论多么疼痛，终究会成为过去，而这惊鸿一瞥，那双仿若星光的眼睛却留在了三毛心底。三毛需要这样的爱情，需要像军官那样的男子暖暖地、静静地爱着她。

在美国的伊利诺伊大学，三毛的堂哥委托一位朋友照顾三毛。堂哥的这位朋友正在读博士，由于受了堂哥的重托，他对三毛关怀备至。"每天中午休息时间，总是堂哥的好同学准时送来一个纸口袋，里面放着一块丰富的三文治，一只白水煮蛋、一枚水果。"时间长了，博士爱上了这位活泼美丽的女孩。有一天，他问三毛："现在我照顾你，等到哪一年你肯开始下厨房煮饭给我和我们的孩子吃吗？"

这样含蓄而温暖的表白，三毛瞬间明白了，她被求婚了。堂哥知道这件事后，也打电话来说服三毛："妹妹，我这个同学人太好，你应该做聪明人，懂得我的鼓励，不要错过了这么踏实的人。"三毛听话地答应着："我知道，我知道。"挂了电话，三毛的眼泪不由自主地流下来。虽然这个博士很优秀，但是三毛是一个活在浪漫中的女人，她不会因为一个人优秀就委身相嫁，只有为了爱情，她才会心甘情愿牺牲一切，也只有为了爱情，她才会放弃矜持。对三毛来说，不喜欢就是不喜欢，无论对方怎么改变和迁就，都无法走入她的内心。不久，三毛离开美国回到了台湾。

漂泊数年后，她终于回到了故乡台北。如今的三毛不再是当年那个将自己锁在阁楼里的自闭少女，而是一个学有所成的美丽大姑娘了。

Echo，又见你慢吞吞地下了深夜的飞机，闲闲地跨进自己的国门，步步从容的推着行李车，开开心心地环住总是又在喜极而泣的妈妈，我不禁因为你的神态安然，突而生出了一丝陌生的沧桑。深夜的机场下着小雨，而你的笑声那么清脆，你将手掌圈成喇叭，在风里喊着弟弟的小名，追着他的车子跑了几步，自己一抬就抬起了大箱子，丢进行李厢。那个箱子里啊，仍是带来带去的旧衣服，你却说："好多衣服呀！够穿整整一年了！"便是这句话吧，说起来都是满满的喜悦。

好孩子，你变了。这份安稳明亮，叫人不能认识。

爱女回来，最高兴的要数陈嗣庆夫妇了。陈嗣庆看到三毛对网球有兴趣，于是兴致勃勃地教三毛打网球，并想把她培养成体育明星。

他给三毛买来了一套装备：球拍，球衣，还有一辆脚踏车。每天清晨，父女俩一起有说有笑地骑车去打球，然后球场上比拼球技。这样美好的生活让人羡慕。

可是也就在这个时候，发生了她人生中最大的一次车祸。

那时，三毛并没有取得驾驶执照，但却是经常开车。那夜，风雨交加，天气酷寒。三毛的姐姐陈田心要在植物园畔的"艺术馆"开学生钢琴发布会。这是家里的一件大事，全家倾巢出动去给姐姐捧场。

三毛冒着大雨把车停在艺术馆和以前的中央图书馆之间的一块空地上。

> 当我要停车时，看见一个牌子，白底红字中文，靠在一棵树边，写着——"停车场"。没错，就停在牌子下面。可是其他的车辆都驶得离我远远的，停在二十几步路边的地方。"好笨的人，这里那么空旷，怎么不来停呢？"我想。

钢琴表演结束后，依然是倾盆大雨，三毛让父母先在走廊里等。因为怕父母冻着，三毛急着去接他们，于是加足马力在雨中"平坦"的停车场来一个大弯掉头，不到一秒钟，在一声冲击声后，三毛发现车的周围全部是水，她连同车子一起在往下沉。即使是这样的紧急关头，三毛对自己说："我正在死，原来是这种死法——真是浮生如梦。"

还好，侄女天明发现后，三毛才被救了上来。被救后的三毛依然弄不明白，还和大弟激辩："明明是个停车场，怎么突然会变成一个大水塘？我问你，这是什么鬼？"即使后来大家都向她解释那本来就是一个池塘，可三毛还是不相信："是刚刚变出来的，存心变出来淹死我的，从来没有什么池塘的，这是奇幻人间电视剧——"

到后来，她才弄明白：

　　那是个真真实实的水池，以前就在的，偶尔水池里还有朵莲花什么的。我身上满布的浮萍也是真正的浮萍，不是幻象。那天下大雨，水池在夜间我停车时已经涨满了水，所以，看上去就成了一块平坦的地。再有那么一个神经病，就把"停车场"这块牌子给搁到水池边上去。

　　来停车的台北人，全不上当，很小心地避开这片告示，停得远远的，不会见山就是山。

那次之后，三毛还做了一个梦，梦中有人跟她说："谁叫你看见别人夫妻吵架就去多管闲事呢，自己功力全无，还弄神弄鬼替人去解。结果人家夫妻被你解好了，你自己担去了他人的劫难——落到水中去。"

三毛按照梦中人说的，把长发剪掉了，算是应了一劫。

不久，三毛认识了一个男人，两人很快就坠入爱河，并到了谈婚论嫁的地步，那时三毛才发现，对方是有妇之夫，三毛果断抽身而退。

遭遇情伤的三毛每天在父亲的陪同下打网球锻炼身体。父亲的球友中有一位德国籍教授，比三毛大十多岁，气度不凡，为人谦和。他的出现抚慰了三毛那颗受伤的心。就这样，德国教授向三毛求婚了：

那一回，一年之后，我的朋友在台北的星空下问我：
"我们结婚好吗？"我说："好。"清清楚楚的。

我说"好"的那一霎间，内心相当平静，倒是四十五岁
的他，红了眼睛。

没有耀眼的钻戒，没有鲜艳的玫瑰，有的只是两颗从容淡定的
心，这就足够了。那时的三毛沉醉在幸福之中。然而，预想不到的事
情发生了：

那天早晨我们去印名片。名片是两个人的名字排在一
起，一面德文，一面中文。挑了好久的字体，选了薄木片的
质地，一再向重庆南路那家印刷店说，半个月以后，要准时
给我们。

那盒名片直到今天还没有去拿，十七年已经过去了。

说"好"的那句话还在耳边，挑好名片的那个晚上，我
今生心甘情愿要嫁又可嫁的人，死了。

医生说，心脏病嘛，难道以前不晓得。

三毛挚爱的男子，一生要相伴的爱人，就这样匆匆地离开了。那
一段日子，三毛痛苦难熬。她吞了大量的安眠药，因及时发现，被抢
救了过来。

计划好的幸福，就这样以一种意外的方式戛然而止。也许，三毛
的快乐、幸福和爱情注定不属于台北，这也注定了三毛还是要继续漂
泊，继续流浪。

　　在中国台湾时，一位西班牙朋友突然来访。一番寒暄后，朋友对三毛说："你还记不记得那个 Jose 呀！他现在不同了，留了胡子，也长大了。"接着那位朋友又说："我这里有一封他写给你的信，还有一张照片，你想不想看？"三毛心里仍挂念荷西，记得那个手中捏着一顶他常戴的法国帽的男孩。三毛就说："好呀！"但那位朋友又说："他说如果你已经把他给忘了，就不要看这封信了。"三毛回答道："天晓得，我没有忘记过这个人，只是我觉得他年纪比我小，既然他认真了，就不要伤害他。"

　　三毛接过那封信，一张照片从信封里掉出来。照片中的荷西是一个留着大胡子的男子，穿着一条泳裤，在海里抓鱼。三毛看了后脱口而出："这是希腊神话里的海神嘛！"只见荷西的信上写着："过了这么多年，也许你已经忘记了西班牙文，可是我要告诉你一个秘密，在我十八岁那个下雪的晚上，你告诉我，你不再见我了，你可知道那个少年伏枕流了一夜的泪，想要自杀？这么多年来，你还记得我吗？我和你约定的期限是六年。"三毛没有回信，而是让朋友转告谢意。

　　那些说过"再见"的人，不一定都有机会再次相见。那些走过了春花秋月，那些生命中的人来人往，再回首时已是昔年。

久别重逢，马德里换心

三毛最终还是离开了台北，坐上飞往西班牙的飞机。不是为了荷西，只因为那是一个不会让她伤心，不会给她痛楚的国度。马德里给予三毛的是幸福、快乐和欣赏。

> 回台三年，我有过许多幸福的日子，也遭受到许多不可言喻的伤痛和挫折，过去几年国外的教育养成了我刚强而不柔弱的个性。我想在我身心都慢慢在恢复的情况下，我该有勇气再度离开亲人，面对自己绝对的孤独，出去建立新的生活了。

三毛这次去西班牙的线路是从香港出发，到英国转机，然后飞往西班牙，过程并不顺利。

在英国入境处的移民局，三毛由于要在这里换机去西班牙，移民局的人却认为她借换机场的理由溜进英国，于是把三毛带上警车，此时三毛竟说"我的流浪记终于有了高潮"。好一个乐观的三毛。

在一系列的训话后，三毛觉得英国移民局对她不公平的扣押，让她的自尊心受到了很大的伤害。后来在机场的一个小房间，移民局的工作人员要宣布对她的判决，三毛提出要自己辩护，不然她就不走了。当然，移民局的工作人员还是念了理由：第一，台湾地区护照不被大英帝国承认。第二，申请入境理由不足，所以不予照准。第三，有偷渡入英的意图。第四，判决"驱逐出境"——目的地西班牙。三毛在逐点反击完后，要求工作人员更改判决书，写"给予转机西班牙"，然后才同意签字，不然便将英国移民局告上法庭。三毛的勇气实在令人佩服。最后三毛顺利到达西班牙。

来到马德里，三毛找了份小学教师的工作，主要教英文。这份工作薪水不高，但她过得很快乐。与此同时，在军营里，那个一直深爱三毛的荷西在服最后一个月的兵役。

这一次，荷西的妹妹伊丝帖千方百计地缠着三毛，要她给荷西写信，哪怕三言两语。三毛推辞不过，找了一个理由推脱："我已经不会西班牙文了，怎么写呢？"伊丝帖把信封写好，内容要求三毛填字就好。于是，有了这样的一封信寄到营区去："荷西！我回来了，我是 Echo，我在 ××（地址）。"

三毛无奈之下写的这封信，到了荷西手里却是如获至宝。但结果由于信是英文写的，传遍整个营区都没人知道信里说了什么。情急之下，荷西剪了很多潜水者的漫画给三毛，并指出其中一个告诉三毛，那就是他。三毛没有回信，荷西就从南部打来了长途电话：'我二十三日要回马德里，你等我噢！"可到了那天，三毛完全忘记了这件事，她与另外一个同学跑到一个小城去玩。等她们到家的时候已经很晚了，室友告诉她有个男孩子打了十几个电话过来。三毛想了又想，都想不出到底是哪个男孩子找她。正在这时，她接到了女友电话，说有事商量，请三毛到她家去一趟。三毛到了女友家，直接进了大厅，并被要求闭上眼睛。三毛闭上眼睛后，听到有脚步声传来，而当她睁开眼睛的时候，看到的是那张她不曾忘记的英俊的脸。

当我闭上眼睛，听到有一个脚步声向我走来，接着就听到那位太太说她要出去了，但要我仍闭着眼睛。突然，背后一双手臂将我拥抱了起来，我打了个寒颤，眼睛一张开就看到荷西站在我眼前，我兴奋得尖叫起来，那天我正巧穿着一条曳地长裙，他穿的是一件枣红色的套头毛衣。他揽着我兜圈子，长裙飞了起来，我尖叫着不停地捶打着他，又忍不住捧住他的脸亲他。站在客厅外的人，都开怀的大笑着，因为大家都知道，我和荷西虽不是男女朋友，感情却好得很。

就这样，分别六年后的朋友再次重逢，荷西痴心想了六年的女神，终于来到了他身边。六年的时间，荷西结束了四年大学和两年兵役；六年的时间，三毛经历了多场未果的恋爱。六年的时间改变了很多事情，唯一不变的是荷西对三毛的爱。

那时，三毛替《实业世界》写稿，以便赚取零花钱。那天已是交稿最后一天期限了，荷西和三毛还在公园里散步。三毛心情很烦闷，她告诉荷西，明天不再见面了，因为要赶稿，当时正是寒冬的一个早晨，三毛忽然看到一个园丁在一棵高高的树上打锯，锯掉多余的树枝。三毛不由感叹："他们好可怜，这么冷，还要待在树上。"荷西却说："我觉得那些被关在方盒子里办公，对着数字的人，才是天下最可怜的。如果让我选择，我一定要做那树上的人，不做那银行上班的人。"

荷西长大了，此时的他不再是那个追在三毛后面的高中生了，而是一个有着独立见解、有自己处世哲学的人了。

听了荷西的话后，三毛回家就写了一封信给编辑部：对不起，我不写了！

原来，荷西已经成熟，他的思想可以影响三毛了。而三毛，在经历了种种人生遭遇后，也懂得了用欣赏的眼光去看眼前这个男人了。

一天下午，荷西邀请三毛到他家去。这是三毛第一次去荷西的卧室，当时正是黄昏，在卧室里，三毛看到整面墙上都贴满了自己发黄的放大的黑白照片，照片被笼罩在夕阳的余晖里，有一种说不出的情调。三毛惊呆了。

　　看了那一张张照片，我沉默了很久，问荷西："我从来没有寄照片给你，这些照片是哪里来的？"他说："在徐伯伯的家里。你常常寄照片来，他们看过了就把它摆在纸盒里，我去他们家玩的时候，就把他们的照片偷来，拿到相馆去做底片放大，然后再把原来的照片偷偷地放回盒子里。"我问："你们家里的人出出进进怎么说？""他们就说我发神经病了，那个人已经不见了，还贴着她的照片发痴。"我又问："这些照片怎么都黄了？"他说："是嘛！太阳要晒它，我也没办法，我就把百叶窗放下，可是百叶窗有条纹，还是会晒到。"说的时候，一副歉疚的表情，我顺手将墙上一张照片取下来，墙上一块白色的印子。

看着那些已泛黄的照片，三毛的心一下子被触动了，似乎又回到了六年前第一眼见到荷西的那种感觉，做他的妻子也很满足了。想到这，三毛忽然有种想结婚的冲动。

　　我转身问荷西："你是不是还想结婚？"这时轮到他呆住了，仿佛我是个幽灵似的。他呆望着我，望了很久，我说："你不是说六年吗？我现在站在你的面前了。"我突然忍不住哭了起来，又说："还是不要好了，不要了。"他忙问"为什么？怎么不要？"那时我的新愁旧恨突然都涌了出来，我对他说："你那时为什么不要我？如果那时候你坚持要我的话，我还是一个好好的人，今天回来，心已经碎了。"他说："碎的心，可以用胶水把它黏起来。"我说："黏过后，还是有缝的。"他就把我的手拉向他的胸口说："这边还有一颗，是黄金做的，把你那颗拿过来，我们交换一下吧！"

六年的经历，三毛的心已经支离破碎；六年的等待，荷西变得成熟有魅力。于是，荷西和三毛换心了。荷西等了六年的女神终于答应和他在一起了。他们终于确定了恋爱关系。

冬天的一个清晨，在公园的长椅上，荷西问三毛明年有什么大计划，三毛说明年想去撒哈拉沙漠。然后荷西告诉三毛，他打算明年夏天和三毛跟几个朋友驾帆船航海，到希腊的爱琴海潜水。虽然三毛也想去潜水，但最后她还是坚持去撒哈拉沙漠：

　　不记得在哪一年以前，我无意间翻到了一本美国的《国
家地理杂志》，那期书里，它正好在介绍撒哈拉沙漠。我只
看了一遍，我不能解释的，属于前世回忆似的乡愁，就莫名
其妙，毫无保留地交给了那一片陌生的大地。

　　等我再回到西班牙来定居时，因为撒哈拉沙漠还有一片
二十八万平方公里的地方，是西国的属地，我怀念渴想往它
奔去的欲望就又一度在苦痛着我了。

　　这种情怀，在我认识的人里面，几乎被他们视为一个
笑话。

　　我常常说，我要去沙漠走一趟，却没有人当我是在说
真的。

　　也有比较了解我的朋友，他们又将我的向往沙漠，解释
成看破红尘，自我放逐，一去不返也——这些都不是很正确
的看法。

　　好在，别人如何分析我，跟我本身是一点关系也没
有的。

　　等我给自己排好时间，预备去沙漠住一年时，除了我的
父亲鼓励我之外，另外只有一个朋友，他不笑话我，也不阻
止我，更不拖累我。他，默默地收拾了行李，先去沙漠的磷
矿公司找到了事，安定下来，等我单独去非洲时好照顾我。
他知道我是个一意孤行的倔强女子，我不会改变计划的。

　　在这个人为了爱情去沙漠里受苦时，我心里已经决定要
跟他天涯海角一辈子流浪下去了。

那个人，就是我现在的丈夫荷西。

知道三毛要去撒哈拉沙漠，荷西便搁置了自己的航海计划。辛辛苦苦等待了六年，好不容易在一起了，他是一刻都不想和三毛分开了。于是，他默默收拾行李，比三毛早两个月到达沙漠，在那里的磷矿公司找到了工作，然后才把一切告诉三毛。

真正爱你的人，会给你安心的守候，会陪你看细水长流。真心爱你的人，也许他不会甜言蜜语，不会制造浪漫，但他会默默地为你做好一切，许你温暖流年。荷西就是这样的人，所以即使三毛听过了许多美好诺言，结识过不少优秀的人，经过了六年时间的洗礼，她还是选择了和荷西在一起。后来说到他们感情的时候，三毛这样说："如果以我十八岁的时候，我绝对不会嫁给他，我会认为他肤浅，因为我自己肤浅。今天我长大了，我就不会再嫁给我初恋的人，因为荷西比那个人更有风度，而是看不出来的风度与智慧。"在荷西为了爱情去沙漠受苦时，三毛已经决定要跟他天涯海角一辈子流浪下去了。

四月中旬，三毛收拾好自己的东西，退掉马德里的房子，谁也没有告别，只给同租房子的三个西班牙女友留下了信和房租，就离开了。在关上门的那一刻，也关上了她一度熟悉的生活方式，向未知的沙漠奔去。

第六章

相濡以沫，白首不分离

滚滚黄沙，
异乡人到来

　　撒哈拉沙漠是世界上最大的沙质荒漠，气候条件极其恶劣，黄沙漫漫，终年乏雨，是地球上最不适合生物生长的地方之一。

　　飞机在阿雍机场降落，当时正值黄昏，苍凉的荒漠，在夕阳的余晖下，显得更加悲怆。当三毛走下飞机时，她看到分别了三个月的荷西。此时的荷西完全变了样，"他那天穿着卡其布土色如军装式的衬衫，很长的牛仔裤，拥抱我的手臂很有力，双手却粗糙不堪，头发胡子上盖满了黄黄的尘土，风将他的脸吹得焦红，嘴唇是干裂的，眼光却好似有受了创伤的隐痛。"

　　看到她那个阳光快乐的荷西被荒漠折磨成这个样子，三毛感到非常难过。此时，她真正感受到，沙漠绝不是她理想中那样浪漫，"无际的黄沙上有寂寞的大风呜咽地吹过，天，是高的，地是沉厚雄壮而安静的。落日将沙漠染成鲜血的红色，凄艳恐怖。"即使生活是残酷的，她也很难控制内心的激动，毕竟，撒哈拉沙漠多年来在她内心深

处是她梦里的情人。因此，一旦回归这片土地，她就不能自已。"异
乡人，走吧！"荷西的这个称呼对三毛来说很贴切，她向来不觉得自
己是芸芸众生的一分子，她做出的事情一般人是无法理解的。

从机场到他们租的房子有一大段的距离，荷西扛着箱子，三毛背
着背包，一手提着一个枕头套，向他们的家走去。由于三毛带的箱子
和书刊都很重，因此走得很慢。走了快四十分钟，他们转进一个斜
坡，到了一条硬路上，终于看见炊烟和人家。在路旁的远处，搭着大
帐篷，有铁皮做的小屋，还有几只骆驼和成群的山羊。远处偶尔传来
小女孩们游戏时发出的笑声。有了人的地方，一切都显得生机勃勃。

> 生命，在这样荒僻落后而贫苦的地方，一样欣欣向荣地
> 滋长着，它，并不是挣扎着在生存，对于沙漠的居民而言，
> 他们在此地的生老病死都好似是如此自然的事。我看着那些
> 上升的炊烟，觉得他们安详得近乎优雅起来。
> 自由自在的生活，在我的解释里，就是精神文明。

走进一条长街，几间空心砖的四方房子散落在夕阳下，连着一排
的最后一间很小的有着长圆形拱门的房子，三毛的直觉告诉她，那就
是他们的家。果不其然，荷西把大箱子丢在那间小屋的门口，告诉三
毛，这就是他们在沙漠的家。

这个家的正对面是一大片垃圾场，前方是一片波浪似的沙谷，再
远处就是广阔的天空了。家的后面是一个有着大块乱石头和硬土的高
坡。邻居们的家里看不到一个人，沙漠里的风剧烈地吹着三毛的头发

和长裙。

荷西抱起三毛，说："我们的第一个家，我抱你进去，从今以后，你就是我的太太了。"三毛忽然感到一种平淡的幸福，虽然自己没有荷西的爱来得那样热烈，但是一样觉得温暖而舒适。

走廊的尽头可以看见房子中间有一块四方形的大洞，洞外是鸽灰色的天空。三毛挣扎下来，赶紧去看看房间。较大的房间面向着街，但也只有横四大步，直五大步。另外一个房间，小得只能放得下一张大床。厨房大概是四张报纸平铺起来那么大，里面有一个污黄的开裂的水槽，还有一个水泥砌成的平台。浴室有抽水马桶，但是没有水箱，有洗脸池，还有一个让人大吃一惊的白浴缸，具有达达派的艺术风格，如果不使用，就成了极具艺术风格的雕塑。

荷西告诉三毛，他还在邻居那里养了一只羊，以后有羊奶喝，三毛听了倒是很惊喜，很意外。

荷西问三毛对这个家的印象，面对这个家徒四壁的小屋，三毛只能违心地说很好。然而地是水泥地，糊得高低不平，墙是空心砖原来的深灰色，没有涂石灰，砖块与砖块之间的干水泥就这样赤裸裸地露着。头顶上光秃秃吊着的灯泡很小，电线上布满密密麻麻的苍蝇。墙的左上角有个缺口，风不断地吹进来。水龙头流出的是浓浓绿绿的液体。

两人聊了几句，就去镇上的商店采购生活用品，毕竟民生问题还是要解决的。于是他们买了冰箱、菜、冷冻鸡、煤气炉和一条毯子。付钱的时候，三毛打开枕头套，荷西不知道里面的是什么东西，伸过头来一看，吓了他一跳，一把将枕头套抱在怀里，一边从自己口袋里掏钱付款。

当荷西知道钱是三毛的爸爸给她的时候，荷西说："明天早晨我们就存进银行，你……今后就用我赚的薪水过日子，好歹都要过下去。"看到三毛带来那么多的钱，荷西觉得，三毛来撒哈拉是一件浪漫的事，她不可能长时间待在这里的。三毛向荷西解释钱是父亲给的，她不会乱用，荷西还是不能释怀。

　　我听见他的话，几乎愤怒起来。这么多年的相识，这么多国家单独的流浪，就为了这一点钱，到头来我在他眼里还是个没有分量的虚荣女子。我想反击他，但是没有开口，我的潜力，将来的生活会为我证明出来的。现在多讲都是白费口舌。

来到沙漠的第一天晚上，气温接近零度，三毛缩在睡袋里，荷西只用一条薄薄的毯子包着，两人冻到天亮。

星期六早晨，他们去镇上申请结婚的事情时，买了一张贵得离谱的床垫。在荷西去市政府申请送水的时候，三毛从商店买来粗草席、锅、盘子、水桶、扫把、刷子、油米糖醋……东西贵得没道理。这个家虽然买了一些东西，但看得见的似乎只有铺在地上的席子。整个周末，三毛与荷西都在打扫清洁，天窗的洞口里，偶尔有撒哈拉威小孩在探头张望。

三毛从房东那里借了半桶水煮饭，白饭好像撒了盐。阿雍的水是深井里抽出来的浓咸水，不是淡水。

那段时间，荷西为了多挣钱，替人上夜班，大多数时候都是三毛自己一个人在家，很多粗重的活都要她自己做。她和邻居太太一起去买淡水，"灼人的烈日下，我双手提着水箱的柄，走四五步，就停下来，喘一口气，再提十几步，再停，再走，汗流如雨，脊椎痛得发抖，面红耳赤，步子也软了，而家，还是远远的一个小黑点，似乎永远不会走到。"到了家后，三毛赶紧平躺在席子上，以免脊椎更加疼痛。如果煤气用完了，三毛就借邻居的铁皮炭炉子来用，扇火的时候呛得眼泪流个不停。

家里没有书报，没有电视，没有收音机。吃饭坐在地上，睡觉换一个房间再躺在地上的床垫。墙在中午是烫手的，在夜间是冰凉的。电，运气好时会来，大半是没有电。黄昏来了，我就望着那个四方的大洞，看灰沙静悄悄得像粉一样撒下来。夜来了，我点上蜡烛，看它的眼泪淌成什么形象。这个家，没有抽屉，没有衣柜，我们的衣服就放在箱子里，鞋子和零碎东西装大纸盒，写字要找一块板来放在膝盖上写。夜间灰黑色的冷墙更使人觉得阴寒。

三毛一个人在家的时候，就坐在席子上，听窗外如泣如诉的风声。每当荷西夜间回工地的时候，三毛总是流泪，有时候还跑着追他："你留下来行不行？求求你，今天又没有电，我很寂寞。"这个时候荷西总是很难过，但是必须要上班，他想在结婚之前多攒一些钱。荷西答应三毛下午一定来，他们才依依不舍地分开。

　　有时候，荷西同事的家属也会叫三毛去他们家吃饭、看电视，然后送她回来。这个时候，三毛就会骄傲地拒绝，因为她不需要别人怜悯和同情。那一阵，三毛就像个受伤的野兽，经常会为了一点儿小事情而痛苦。

　　第二天，三毛拿着荷西事先写好的单子去镇上很大的一家材料店问价钱。要两万五千块以上，而且木材还缺货。她表示谢意后走了出来，预计做家具的钱是不够买几块板的了。

　　当她走过这家店外的广场，看见这个店丢了一大堆装货用的长木箱，是用铁皮包钉的极大木条，被人丢弃了的。三毛跑回店去，红着脸问他们外面的空木箱可不可以送给她。三毛从没有像这样为了几块木板求过人。老板很和气地跟她说，可以，想拿几个都可以。当听到三毛说想要五个的时候，老板诧异地问她家里有几个人。虽然当时三毛感觉很奇怪，但是并没有多想，便去撒哈拉威人聚集的广场叫了两辆驴车，将五个空木箱装上车。同时，她还买了锯子、榔头、软尺、钉子等东西。一路上，三毛因为这几个空木箱而心情愉悦。

　　到了家，箱子太大拿不进家，三毛又怕邻居捡了她的宝贝，所以每隔五分钟就去看看，直到荷西回来了，赶紧叫他做了个滑车，一起把那些宝贝木头吊上天台。

　　天台上堆满了两人高的厚木条，等三毛从镇上回来，木堆已经变成一人半高了，那是邻居拿去压羊栏了。她不能一直在天台上看着，只好捡来几个空罐头，打个洞，将它们挂在木堆四周，有人偷宝贝，三毛就跑上去捉。

　　好不容易到了星期五，荷西回来了，他们一起努力布置他们的家。晚上，荷西在烛光下细细地画出了很多图样的家具式样，叫三毛挑选，三毛挑了个最简单的。星期六清晨，他们开始动工了。先是三毛坐在木板上，荷西把所有的尺寸锯出来，然后三毛把锯出来的木板写上号码。他们不停工作着，三毛负责帮荷西擦汗，在他背上涂油，或者压住木条，也将闯过来的羊群和小孩们喝走，而荷西，"不说一句话，像希腊神话里的神祇一样在推着他的巨石。"忽然，三毛觉得有荷西这样的丈夫是一件值得骄傲的事。

到了夜里，一张桌子终于弄出来了。

第二天吃饭的时候，荷西忽然对三毛笑了起来，"你知道我们这些木箱原来是装什么东西吗？那天马丁那个卡车司机告诉我。"三毛猜来猜去也猜不准。荷西说，"是——棺——材。五金建材店从西班牙买了十五口棺材来。"

三毛恍然大悟，这时才想起，五金店老板很和气地问她家里有几个人，原来是这样。而三毛因为这个意外，很兴奋，因此更加喜欢她的新桌子了。

就是这样的境况，孤寂、冰冷、阴寒，但是两个相爱的人在一起，默默相守，苦中作乐，孤寂时互相安慰，寒冷时相互取暖。虽然没有如画的风景，但是，他们如诗般的爱情就是一场美到极致的风景。

告别单身，
沙漠的婚礼

刚到沙漠的时候，三毛希望成为世界上第一个横渡撒哈拉沙漠的女探险家。这是她在欧洲时就想过的事，但由于沙漠跟其他国家不一样，所以三毛决定来了再说。

在撒哈拉生活了一段时间后，荷西提出了结婚。"现在不行，给我三个月的时间，我各处去看看，等我回来了我们再结婚。"当时三毛正在找机会到西非去。于是他们决定先去法院问问手续问题。

在这里，本地人结婚是不需要找法院的，这是他们自己的风俗。而外地人在这里结婚，是破天荒的头一遭。秘书翻了大量的书籍资料，终于弄清楚结婚需要的文件：出生证明、单身证明、居留证明、法院公告证明……三毛的文件还要由台湾出，再由相关机构翻译证明，证明完了还要领事馆公证，再经西班牙外交部转来此地审核，审核完毕还要公告十五天，然后再送马德里户籍所在地的法院公告……

办完所有证明，至少要三个月的时间，荷西很着急，他向秘书请求能不能快点儿结婚，说是不能等。秘书误会了荷西的意思，眼光瞄了三毛的腹部一眼，三毛突然醒悟，说她可以等，是荷西不能等。在法院外，他们为了这个不伦不类的回答捧腹大笑。

结婚的文件弄得很慢。在这段时间里，三毛经过外籍军团退休司令的介绍，经常跟着卖水的大卡车，在沙漠附近奔驰，有时带一些白糖、尼龙鱼线、药、烟之类的东西送给一无所有的居民。大部分的时间，三毛背着背包和相机，跑了许多游牧民族的帐篷，见了许多不同的奇异风俗，并把它们记录下来，整理了幻灯片，也交了许多撒哈拉威朋友，日子过得充实而愉快。

那天，三毛到法院办事，秘书先生告诉三毛说，她和荷西可以结婚了，并帮他们安排了第二天下午六点钟。三毛如在梦中，下楼后坐在邮局的石阶上，望着沙漠发呆。而荷西还在一百公里外上班，完全不知道自己明天要结婚。

这时我看到荷西公司的司机正开吉普车经过，我赶快跑上去叫住他："穆罕默德沙里，你去公司吗？替我带口信给荷西，请告诉他，他明天跟我结婚，叫他下了班来镇上。"穆罕默德沙里抓抓头，奇怪地问我："难道荷西先生今天不知道明天自己要结婚？"我大声回答他："他不知道，我也不知道。"司机听了看看我，露出好怕的样子，将车子歪歪扭扭地开走了。我才发觉又讲错话了，他一定以为我等结婚等疯了。

荷西没有等下班就跑回来了。当他确定明天结婚后，给家里发了一个电报：对不起，临时通知你们，我们事先也不知道明天结婚，请原谅——。三毛也给父亲发电报：明天结婚三毛。仅仅几个字，但足以让父母高兴和安慰。

发完电报后，三毛要回去做家具，钉桌子和挂窗帘。而荷西是想去庆祝，理由是"想带你去看电影，明天你就不是我女朋友了"。于是他们去沙漠电影院看了一场好片子《希腊左巴》，算作跟单身的日子告别。

结婚那天，下午五点半，三毛还在睡午觉，荷西来敲门，说是有礼物送给三毛。

> 我光脚跳起来，赶快去抢盒子，一面叫着："一定是花。"
>
> "沙漠里哪里变得出花来嘛！真的。"他有点失望我猜不中。我赶紧打开盒子，撕掉乱七八糟包着的废纸。哗！露出两个骷髅的眼睛来，我将这个意外的礼物用力拉出来，再一看，原来是一副骆驼的头骨，惨白的骨头很完整地合在一起，一大排牙齿正龇牙咧嘴地对着我，眼睛是两个大黑洞。
>
> 我太兴奋了，这个东西真是送到我心里去了。我将它放在书架上，口里啧啧赞叹："唉，真豪华，真豪华。"荷西不愧是我的知音。"哪里搞来的？"我问他。
>
> "去找的啊！沙漠里快走死了，找到这一副完整的，我知道你会喜欢。"他很得意。这真是最好的结婚礼物。

没有婚纱，没有礼服，荷西穿的是深蓝色的衬衫，三毛选了一件淡蓝细麻布的长衣服，穿上凉鞋，头发放下来，戴了一顶草编的阔边帽子，帽子上别着一把香菜，简单好看且有田园风味。

他们没有车，只好走四十分钟的路去镇上。漫漫黄沙，辽阔的天空下，只有他们两个渺小的身影在走着，四周无限的寂寥。此刻的沙漠似乎特别美丽。"你也许是第一个走路结婚的新娘。"荷西说，"我倒是想骑匹骆驼呼啸着奔到镇上去，你想那气势有多雄壮，可惜得很。"三毛感叹着不能骑骆驼去结婚。

两人本以为只是来领证书，不料法院的人都穿了西装，打了领带，还派了专人拍照。小小的礼堂全都是熟人，大家笑眯眯地看着三毛和荷西。

婚礼正式开始。

我们坐定了，秘书先生开始讲话："在西班牙法律之下，你们婚后有三点要遵守，现在我来念一下，第一：结婚后双方必须住在一起——"我一听，这一条简直是废话嘛！滑天下之大稽，那时我一个人开始闷笑起来，以后他说什么，我完全没有听见。后来，我听见法官叫我的名字——"三毛女士"。我赶快回答他："什么？"那些观礼的人都笑起来，"请站起来。"我慢慢地站起来。"荷西先生，请你也站起来。"真啰苏，为什么不说："请你们都站起来。"也好省些时间受苦。

这时我突然发觉，这个年轻的法官拿纸的手在发抖，我轻轻碰了一下荷西叫他看。这里沙漠法院第一次有人公证结婚，法官比我们还紧张。"三毛，你愿意做荷西的妻子么？"法官问我。我知道应该回答——"是"。不晓得怎么的却回答了——"好！"法官笑起来了。又问荷西，他大声说：
"是"。我们两人都回答了问题。法官却好似不知下一步该
说什么好，于是我们三人都静静地站着，最后法官突然说：
"好了，你们结婚了，恭喜，恭喜。"

　　我一听这拘束的仪式结束了，人马上活泼起来，将帽子
一把拉下来当扇子扇。许多人上来与我们握手，秘书老先生
特别高兴，好似是我们的家长似的。突然有人说："咦，你
们的戒指呢？"我想对啦！戒指呢？转身找荷西，他已在走
廊上了，我叫他："喂，戒指带来没有？"荷西很高兴，大
声回答我："在这里。"然后他将他的一个拿出来，往自己
手上一套，就去追法官了，口里叫着："法官，我的户口名
簿！我要户口名簿！"他完全忘了也要给我戴戒指。

　　仪式结束。由于三毛他们并没有请客的预算，所以大家都散了，
只剩下荷西和三毛。荷西建议到沙漠最豪华的国家旅馆住一天，结
婚毕竟是人生大事，但三毛不同意挥霍，于是他们经过沙地回家做
饭吃。

　　回到家，门外放着一个大蛋糕，是荷西的同事送的，蛋糕上有一
对穿着礼服的新人，还写着：新婚快乐！

　　就这样，荷西与三毛结束了单身，开始了平淡而充实的婚姻
生活。

白手成家，艺术的宫殿

三毛与荷西结婚后，开始认认真真地经营自己的家。

荷西到总公司去，申请了早班乘车证、结婚补助、房租津贴、减税，还有他们的社会健康保险。公司答应给两万块的家具补助，薪水加了七千多，税减了，房租津贴一个月六千五，还有半个月的婚假。面对经济上的改变，三毛开始觉得结婚是有好处的。

这时的家已经像个家了，有一个书架，一张桌子，卧室里有个长排的挂衣柜，厨房有一个小茶几，上面放有油糖瓶，还有新的沙漠麻布的彩色条纹的窗帘……

蜜月旅行开始，由于荷西的好友主动提出代荷西的班，于是他们有一个月的时间自由支配。

结婚的蜜月，我们请了向导，租了吉普车，往西走，经过"马克贝斯"进入"阿尔及利亚"，再转回西属撒哈拉，由"斯马拉"斜进"茅里塔尼亚"直到新内加边界，再由另

外一条路上升到西属沙漠下方的"维亚西纳略"，这才回到
阿雍来。

　　这一次直渡撒哈拉，我们双双坠入它的情网，再也离不
开这片没有花朵的荒原了。

　　蜜月结束后，还有一个星期的假期，他们开始布置他们的家，荷
西去镇上买来石灰、水泥，借来梯子、工具，两人把家里外粉刷一
新，在坟场区算得上是鹤立鸡群了。

　　三毛还搬来好些空心砖，把它们铺在房间的右排，上面放两块棺
材外板，再买来两个厚海绵垫，一个竖着靠墙放，一个平放在板上，
用窗帘一样的彩色条纹布缝了一个沙发套。一个美丽舒适的沙发出现
了，浓墨重彩的沙发加上雪白的墙，十分协调美丽。吃饭的桌子，三
毛铺上白布，放了母亲寄来的细竹帘卷，显得精致素雅。

　　当荷西上班后，三毛又开始风花雪月起来了。她先是将书架涂了
一层深木色，这样感觉书架厚重多了。然后去家对面的垃圾场去拾
破烂。

　　在那里，她翻出了一个旧的汽车外胎，捡回来后洗干净，把它平
放在席子上，再放上一个红色坐垫，看上去像一个鸟巢，客人来了都
争抢着坐。

　　三毛会插花，于是她把那个深绿色的大水瓶抱回家后，清洗干净
后，插上一丛怒放的野地荆棘，那充满沙漠特色的诗意就出来了。

　　三毛学过画画，那些大小不一的汽水瓶，三毛给它们厚厚地涂上
印第安风格的图案和色彩。

　　快腐烂的羊皮，三毛先用盐，再涂"色伯"（明矾）硝出来，就

成了一张坐垫。

至于那份象征爱情的结婚礼物骆驼头骨，三毛早已把它放在书架上，并逼荷西用铁皮和玻璃做了一盏风灯放在旁边。

母亲寄来了茶具，爱友寄来了大卷现代版书，平先生送来大箱的皇冠丛书，父亲怪里怪气的海报，姐姐进贡的衣服，弟弟们最有意思，他们寄了一件和服似的浴衣给荷西，穿上后像三船敏郎。

当挂上母亲的棉纸灯罩，贴上林怀民那张黑底白字的"灵门舞集"四个龙飞凤舞的中国书法作品时，这个家才有了说不出的气氛和情调。

虽然是租来的小小房子，但三毛还是要把它布置得温馨舒适。

荷西还从西班牙搬来了童年到大学的书，从此，沙漠的小屋有了书香。

有一天晚上，三毛对荷西说："这个家还差植物，没有绿意。""差的东西很多，永远不会满足的。""不会，所以要去各处捡。"那个晚上，他们爬进了总督家的矮墙，徒手拼命地挖花。

"快，塞在塑胶袋里，快，还要那一棵大的爬藤的。"

"天啊，这个鬼根怎么长得那么深啊！"

"泥土也要，快丢进来。"

"够了吧！有三棵了。"荷西轻声问。

"再要一棵，再一棵我就好了。"我还在拔。

突然，我看到站在总督前门的那个卫兵慢慢踱过来了，我吓得魂飞胆裂，将大包塑胶袋一下塞在荷西胸前，急叫他。"抱住我，抱紧，用力亲我，狼来了，快！"

荷西一把抱住我，可怜的花被我们夹在中间。

卫兵果然快步走上来，枪弹咔嗒上了膛。

"做什么？你们在这里鬼鬼祟祟？"

"我——我们——"

"快出去，这里不是给你们谈情说爱的地方。"

我们彼此用手抱紧，住短墙走去，天啊，爬墙时花不要掉出来才好。

"嘘，走大门出去，快！"卫兵又大喝。

我们就慢步互抱着跑掉了，我还向卫兵鞠了一个十五度的躬。

后来，三毛把这件事告诉外籍军团的老司令，老司令大笑了很久很久。

绿色植物有了，但三毛还是不满足，她觉得没有音乐的地方，总像一幅画缺了溪水、瀑布一样。为了能拥有一部录音机，三毛省吃俭用，步行到很远的"外籍兵团"福利社去买菜。

第一次去买菜，三毛很不自在，她没有乱挤乱抢，结果花了四小时才买到一篮子菜，价格便宜了三分之一。后来三毛常常去，那些军人看出三毛有教养，每次在柜台见到三毛，就叫她拿来单子，帮她整盒装好，从后门拿出去并放进车内。就这样，三毛在军营的福利社省出了录音机和录音带。

接下来，三毛的计划是想要一匹马，荷西坚持要一次性付清款项，于是他们又开始存钱。出行暂时只能继续走路。

去镇上最便捷的路是穿过两个撒哈拉威人的大坟场，他们埋葬人的方式是用布包起来放在沙洞里，上面再铺一些凌乱的石块。

一天，三毛照例绕着石块走，免得打扰了睡在那里的人的安宁。走了不久，她看见一个很老的撒哈拉威男人坐在坟边不知道在干什么，好奇的三毛走近一看才发觉他在刻石头。

天啊！他的脚下堆了快二十个石刻的形象，有立体凸出的人脸，有鸟，有小孩的站姿，有妇女裸体的卧姿正张开着双脚，私处居然又连刻着半个在出生婴儿的身形，还刻了许许多多不同的动物，羚羊、骆驼……我震惊得要昏了过去，蹲下来问他："伟大的艺术家啊，你这些东西卖不卖？"

我伸手去拿起一个人脸来，不相信自己的眼睛，那么粗糙感人而自然的创作，我一定要抢过来。

这个老人茫然地抬头望我，他的表情好似疯了一样。我拿了他三个雕像，塞给他一千块钱，进镇的事也忘了，就往家里逃去。他这才哑声嚷起来，蹒跚地上来追我。我抱紧了这些石块，不肯放手。

他捉着我拉我回去，我又拼命问他："是不是不够，我现在手边没有钱了，我再加你，再加——"

他不会说话，又弯下腰去拾起了两只鸟的石像塞在我怀里，这才放我走了。

我那一日，饭也没有吃，躺在地上把玩赏着这伟大无名氏的艺术品，我内心的感动不能用字迹形容。

撒哈拉威邻居知道三毛用一千块买来一堆无用的东西，笑得几乎昏过去，他们觉得三毛是一个白痴。而三毛却觉得，"这只是文化层次的不同，而产生的不能相通。"这些对于三毛都是无价之宝。

三毛的家，继续又添了羊皮鼓、羊皮水袋、皮风箱、水烟壶，还有自己织的大床罩和奇形怪状的石头。

订购的杂志也陆续寄来了，当然还包括一份美国的《国家地理》。

一年后，这个沙漠里的家成了一个真正艺术的宫殿。

单身的同事总喜欢来这里坐上一天，而三毛总是想尽办法给他们吃一些新鲜的水果和蔬菜，还有糖醋排骨。当然他们的付出也是有回报的。朋友的母亲千里之外从西班牙寄来的火腿香肠也会分一些给三毛。因而他们交了一些好朋友。

因为这个舒适清洁而美丽的家，三毛一度开办的免费女子学校放长假了。

为了帮助撒哈拉威人，三毛把邻近的妇女集中在一起，教她们一些简单的数目，让她们会数钱算账。但是，那些妇女们不关心数字，也不关心卫生课，更不在乎认不认识钱。她们来的目的就是为了借三毛的衣服、鞋子、口红、眉笔、涂指甲油，或者躺在三毛的床上。有时，她们看到喜欢的图片，就会从杂志上撕下来；衣服不问自取，送回来的时候是脏的，扣子也被剪掉。这个家，如果妇女们来了，就会上演一场"灾难电影"。

摩洛哥和茅里塔尼亚要瓜分西属撒哈拉时，这个地方成了各国记者的集聚地，他们都住在国家旅馆里。

一天，三毛和荷西开车回镇，在镇外五十多里的地方，有个记者的车完全陷到软沙里去了，记者挥手向三毛他们求助。在沙漠里居住的时间长了，三毛是有经验的。她先帮记者用手在轮胎下挖出四条沟来，然后在前轮铺上一条旧毯子，发动车，他们在后面推。快一个小时的时间，车终于到了硬路上来。记者为了表示感谢要请三毛去国家旅馆吃饭。三毛婉言谢绝了。

半个月后，三毛一个人在家，忽然听到外面有说话的声音："不会错，就是这一家，我们试试看。"

三毛打开门，眼前的是曾经让三毛帮忙推车的记者，旁边还有他的一个同事。记者手里抱着一束玻璃纸包着的"天堂鸟"。

两人进屋后，完全被三毛家里的艺术格调惊到了。最后，两人想买一个石像，三毛拿了一只石头做的鸟给他们，并拒绝收钱，因为她觉得，"对懂得欣赏它的人，它是无价的，对不懂得的人，它一文不值。"

后来还有人来拍照，临走时对三毛说："请转告你的先生，你们把美丽的罗马造成了。"别人这么一夸，三毛更陶醉在自己的城堡里了。

三毛的屋子出名了，房东也跟着来了。他走进三毛的家，大摇大摆地各处看看，厚颜无耻地对三毛说："我早就对你们说，你们租下的是全撒哈拉最好的一幢房子，我想你现在总清楚了吧！这种水准的房子，现在用以前的价格是租不到的，我想——涨房租。"三毛想告诉他——你是只猪。可是聪明如三毛，自然是不会跟他讨价还价，她直接拿出合约扔在房东面前，告诉他，要是涨房租，就去告他。三毛还说："你不是好回教徒，就算你天天祷告，你的神也不会照顾你，现在你给我滚出去。"房东说三毛欺负他们撒哈拉威人，还侮辱他们的祖宗。三毛理直气壮："是你自己侮辱你的祖宗，你请出去。"

三毛关上她城堡的门，放上一卷录音带，德弗乍克的"新世界"交响曲充满整个房间。

"我，走到轮胎做的圆椅垫里，慢慢地坐下去，好似一个君王。"

　　嫁给荷西后，三毛认认真真地做起了家庭主妇。在所有的家务活中，三毛对做饭情有独钟。

　　三毛的第一道菜是粉丝煮鸡汤。荷西没有见过粉丝，所以第一次吃的时候很好奇，问三毛那些是不是中国细面，三毛对荷西说话一向天马行空，她挑起一根粉丝，告诉荷西："这个啊，叫作'雨'。春天下的第一场雨，下在高山上，被一根一根冻住了，山胞扎好了背到山下来一束一束卖了换米酒喝，不容易买到哦！"荷西自然是不枉信三毛的话，但是既然这么好吃，也就不跟三毛争辩。

　　第二道菜是"蚂蚁上树"。只要将粉丝在平底锅一炸，再洒上绞碎的肉和汁就可以了。三毛对粉丝的解释是钓鱼的尼龙绳经过中国人加工变得白白软软的。荷西吃得异常兴奋，还跟三毛说，要是开个饭店，这个菜可以卖个好价钱。第三次吃粉丝，三毛将粉丝搅碎，做了合子饼。荷西以为里面放了"鱼翅"，还要写信去感谢岳母，请她以后不要买这么贵的"鱼翅"了。

不过是一道粉丝而已，在三毛的手里却能花样百出，这不但让她的生活增添了许多乐趣，更是满足了丈夫"胃的工程"。三毛称荷西是她的"中国饭店"里的一位不付钱的食客，随着她中国菜的声名远播，很多人都慕名来家里吃她做的中国菜了。

有一次，荷西的上司要求来家里做客，要吃三毛做的中国菜，并且指定要吃笋片炒冬菇。可家里没有笋片，荷西紧张极了，但三毛欣然答应了。

那天，三毛精心布置了餐桌：桌子上铺了白色的桌布，红色的桌脚，华美的烛台。三毛也做了打扮，穿上了裙子。这一顿吃得宾主尽欢。上司对三毛做的"嫩笋片炒冬菇"赞不绝口，并邀请三毛在以后公司的公共关系室有缺时前来上班。

送走上司，荷西追问笋从哪里来，三毛乐翻了，对荷西打趣道："哦，你是说小黄瓜炒冬菇吗？"

在沙漠是吃不到猪肉的，所以三毛十分珍惜那点猪肉干。三毛小心翼翼地用剪刀把猪肉干剪成小小的方块，用瓶子装好，藏在毯子里面。那天荷西鼻子不通气，睡觉时要用毛毯，而三毛早已将这个宝贝抛到九霄云外去了，她正在一旁悠闲地看第一千遍的《水浒传》。荷西看着那瓶东西，左看右看，像发现了所罗门的宝藏。尽管三毛直呼那是中药，用来治喉咙的，荷西也只顾倒出来往嘴里塞，还觉得挺甜的。

三毛本以为自己说是药，荷西就不会乱偷吃。没想到第二天，荷西竟然拿了一大半给同事品尝。从那天起，三毛的同事都假装咳嗽，都想再吃猪肉干。

生活总免不了要吃饭。有一天，三毛做了饭卷，就是寿司，用紫菜包饭，里面放些肉松。荷西看到蓝蓝的就拒绝吃了："什么？你居然给我吃蓝印纸、复写纸？"在荷西面前习惯吹牛的三毛告诉他，用的是反面复写纸卷，不会染到口里去。后来荷西吃了半天，才发现那是海苔。

有一个星期天，荷西上班去了，只剩三毛在家，为了打发时间，三毛把荷西从三月到现在赚的钱列出来，写在一张白纸上。

晚上，荷西回来了，三毛把纸给荷西看。荷西看了一眼账本，很兴奋地说："想不到赚了那么多，忍受沙漠的苦日子也还值得吧！"

荷西建议去国家旅馆吃饭，那是西班牙官方办的餐厅，里面布置得好似阿拉伯的皇宫，充满地方特色，灯光柔和，桌布干净整洁，刀叉擦得雪亮，优美的音乐充满整个餐厅，在这里吃饭的人不多。"我们要上好的红酒，海鲜汤，我要牛排，给太太来四人份的炸明虾，甜点要冰激凌蛋糕，也是四人份的，谢谢！"荷西对茶房说。一会儿，菜来了，美丽的大银盘子，炸明虾旁用碧绿的生菜点缀着，还有深红色的葡萄酒。那天的荷西很慷慨，还说以后可以常来。

第二天，三毛与荷西当然还是在家吃饭，饭桌上只有一个马铃薯饼，一个白面包和一瓶水。荷西狼吞虎咽地把饼吃了，然后到厨房里拿，三毛告诉他，只有这么多了，然后顺手又递给他一个支出的账单。荷西一个一个念完后发现，原来赚来的钱都用光了，都用在了跟朋友吃饭、长途旅行、拍照这几件事上。于是他宣布，单身朋友来不许吃饭，拍照只拍黑白的，旅行就不要去了。

其实在这个小镇，几乎没有什么休闲娱乐的地方，唯一的一家电影院又脏又破，一条热闹的街也没有，想散个步，整天沙尘飞舞。三毛乐观的生活态度是他们幸福快乐的源泉，即使是烦琐的家务，对她来说也是充满趣味的艺术。

三毛静静地听荷西在那里宣布节省计划，然后说出自己的担心，"那么省，你不怕三个月后我们疯掉了或自杀了？"荷西同意三毛的说法，觉得假期如果不到处走走，会被活活闷死的。三毛建议去海边捉鱼晒干做咸鱼，用来抵汽油钱。

说到做到。第二个周末，他们带上帐篷便出发了。在海边，他们似乎见到宝藏般兴奋。不一会儿，水桶里装满了淡菜和九孔，还有十六只很大的螃蟹，荷西腰上还串了十多条大鱼，并捉了快二十个灰色的小螃蟹。他们的初次探险满载而归。

然而，捉来的鱼并没有像三毛当初说的做成咸鱼，而是用来请客。

以后的几个周末，同事们都要跟去捉鱼。我们一高兴，干脆买了十斤牛肉，五棵大白菜，做了十几个蛋饼，又添了一个小冰箱，一个炭炉子，五个大水桶，六副手套，再买了一箱可乐，一箱牛奶。浩浩荡荡的开了几辆车，沿着海岸线上下乱跑，夜间露营，吃烤肉，谈天说地，玩得不亦乐乎，要存钱这件事就不知不觉的被淡忘了。

三毛家的钱是不需要管的，她把钱放在中国棉袄的口袋里，两个人谁有需要，就去拿一张，然后把账用小纸条记着，放在一个大糖罐子里。于是才去海边几次，糖罐子里就塞满了小纸条，钱没存到，反而开销多了，可三毛觉得，钱花在自己和朋友身上是值得的，因为"友情也是无价的财富"。

"下星期干脆捉鱼来卖"，荷西又这样建议。那个星期六，他们用尽全力捉了三十多条鱼，足有六七十公斤，十条左右卖给了国家旅馆的厨房，由于是公家机关，所以卖鱼的钱是记账的，过了十五号才可以拿着单子去账房收钱。剩下的那些在同事的帮助下卖了三千多块。

回到家后，太累了，三毛只煮了面条当晚餐，荷西说吃不下，要去国家旅馆的餐厅吃。在餐厅里，遇上了荷西的上司，三个人一起吃的饭。那顿饭把卖鱼的三千块几乎都用光了。

第二天早上，荷西在想卖鱼的事，他跟三毛说："幸亏还有国家旅馆那笔账可以收，要不然昨天一天真是够惨了，汽油钱都要赔进去，更别说那个辛苦了。"听到收账，三毛飞奔跑进浴室，从洗衣机里翻出昨天穿的长裤，那单子，早已变成软软白白的一小堆。他们昨天忙活了一天，结果还是回到了吃马铃薯饼的日子。

有一天，过着幸福生活的三毛发现自己又可以写作了。从发表的第一篇《惑》开始，到今天已经过去了整整十年。

1974 年，《中国饭店》在《联合报》副刊发表。所谓饭店，其实就是三毛与荷西在沙漠中的家，食客也只有荷西一个人。在家里，三毛做出一道道让荷西赞不绝口的菜，后来他们还邀请了沙漠中的朋友来家里品尝，三毛把做菜的手艺充分发挥出来。

在沙漠中，三毛用了一个新的笔名。

写稿的时候还不知道该用什么名字，我从来不叫三毛，文章写好后，就想：我已不是十年前的我了，改变了很多，我不喜欢再用一个文绉绉的笔名，我觉得那太做作，想了很久，想到自己只是一个小人物，干脆就叫三毛好了。

后来有人问她，为什么取"三毛"这个名字，这时她便把她的幽默发挥出来："三毛是一个最简单、通俗的名字，大毛、二毛，谁家都可能有。我要自己很平凡，同时，我也连带表明我的口袋只有三毛钱。"三毛的父亲陈嗣庆在《我家老二——三小姐》中这样说："她做 Echo 做了好多年。有一年，问也没问我，就变成'三毛'了。变三毛也有理由，她说因为是家中老二。老二如何可能叫三毛，她没有解释。只说：'三毛里面暗藏着一个易经的卦——所以。'我惊问取名字还卜卦吗？她说：'不是，是先取了以后才又看易经意外发现的，自己也吓了一跳。'"

这篇文章发表后，三毛与荷西都非常高兴。

十天后，我接到寄至撒哈拉沙漠的《联合报》航空版，看见文章登出来，几乎不相信自己的眼睛，实在是太快了。我拿了这张报纸就走，那时我和荷西还没有车子，可是我实在是等不及了，手拿报纸就在沙漠上一直走，打算走到工地去告诉他，我走在他的交通车会经过的路上，后来，交通车过来了，他看见我就叫司机停车，我往他跑过去，他说：不

得了，你已经投中了！我说，是，是，就在这里。他问：你
怎么证明那就是你呢？我说：你看了那个笔名的字嘛！那真
是很快乐的一天，到现在都不能忘记，十年以后，第一次写
文章，在沙漠里，只有一个人可以分享，而这个人是看不
懂我的文章的人，可是还是很高兴，像孩子一样在沙漠里
跳舞。

《中国饭店》发表后，三毛进入了她文学创作的第二个时期。后
来，三毛在沙漠里创作的作品，主要收集在《撒哈拉的故事》一书
中，一共有十二篇：《中国饭店》（后改名《沙漠中的饭店》）《结婚
记》《悬壶济世》《娃娃新娘》《荒山之夜》《沙漠观浴记》《爱的寻求》
《芳邻》《素人渔夫》《死果》《天梯》《白手成家》。

1976年5月，三毛的作品集《撒哈拉的故事》由台湾皇冠出版
社出版。该书共出了三十七版，是三毛众多文集中再版次数最多的
一本。

三毛这个时期的文章写的都是一些平常的琐事，但是却受到无数
读者的追捧。母亲缪进兰写信给三毛，告诉她台湾的情况：

许多爱护你的前辈，关怀你的友好，最可爱的是你的读
者朋友们，电话、信件纷纷而来，使人十分感动。在《白手
成家》刊出后，进入最高潮，任何地方都能听到谈论三毛何
许人也，我们以你为荣，也分享了你的快乐，这是你给父母
一生中最大的安慰。

　　三毛一举成名，她梦想成真了，对于成名，三毛在《我的写作生活》中这样回应：

　　　　有人问我：你可知道你在台湾是很有名的人吗？我说不知道，因为我一直是在国外。他又问：你在乎名吗？我回答说，好像不痛也不痒，没有感觉。他就又问我，你的书畅销，你幸福吗？我说，我没有幸福也没有不幸福，这些都是不相干的事。又有别人问我，写作在你的生活里是很重要的一部分吗？我说：它是最不重要的一部分。他又问：如果以切蛋糕的比例来看，写作占多少呢？我说：就是蛋糕上面的樱桃嘛！

　　三毛早期的作品敏感、忧郁、迷惘，充满了对生命、真理的追问，而沙漠文学的这一系列故事，健康、豁达、洒脱不羁，这也是她沙漠幸福生活的真实写照。

第七章

相依相随，浪漫撒哈拉

可爱芳邻，撒哈拉威人

那时，三毛刚到沙漠不久，经常到大漠各处去旅行。每次旅行回来，家里都像遭遇强盗洗劫一空。那些穷苦的撒哈拉威人连她帐篷的钉都拔走了。

自从搬到镇上后，三毛听说这里居住的都是沙漠的财主，于是她经常幻想着和有钱人居住的好处，然而，事实并不像她想的那样。

三毛第一次到邻居家做客，回来的时候，三毛与荷西的鞋子都沾满了羊粪，长裙上还沾满了罕地家小儿子的口水。第二天，三毛就教罕地的女儿拖地和洗席子。当然，洗衣粉、拖把、水桶等都是三毛提供的。邻居知道后，不禁纷纷把三毛的那些东西传了一轮，到黄昏了还轮不到三毛自己用。

其实撒哈拉威人多半有正当的职业，还有西班牙政府的补助，那些优越的家庭甚至有大批的羊群，或在镇上有可观收入的营生。然而，当三毛家的大门打开后，邻居的女人和孩子涌了进来，她与荷西的生活方式便被了如指掌，紧接着，"好戏"开场了。

每天早晨九点开始，小孩一个接一个来借东西。

"我哥哥说，要借一只灯泡。"

"我妈妈说，要一只洋葱——"

"我爸爸要一瓶汽油。"

"我们要棉花——"

"给我吹风机。"

"你的熨斗借我姐姐。"

"我要一些钉子，还要一点点电线。"

借的东西千奇百怪，可偏偏三毛家都有，于是这些东西犹如草船借箭——有去无还。

后来，邻居家的小孩竟然开始向三毛要钱，三毛是绝对不会给的，小孩也很有恒心，每天缠着三毛要。有一天，三毛对房东的孩子说："你爸爸租这个破房子给我，收我一万块，如果再给你每天五块，我不如搬家。"这样小孩就不再伸手要钱了，换作要泡泡糖。

可怕的是有一次，一个小女孩把一只骆驼尸体拖进三毛家，满地血迹，她对三毛说："我妈妈说，这只骆驼放在你冰箱里。"三毛家那盒子般小的冰箱自然是放不下那只骆驼的。她跟女孩开玩笑说："拉布，告诉你妈妈，如果她把你们家的大房子送给我做针线盒，这只骆驼就放进我的冰箱里。"因为三毛的拒绝，拉布的母亲一个多月没理睬过三毛。她只对三毛说过一句话："你拒绝我，伤害了我的骄傲。"

这种啼笑皆非的事情很多很多。

有一天，几个女人同时来向三毛要红药水，三毛不肯给她们，只是对她们说，如果有人弄破了皮肤，就叫她来这里涂药，但是那几个女人坚持要拿回去涂。过了一会儿，三毛听见有鼓声，于是跑出去看看，然后她看到令人哭笑不得的场面：所有的女人都用她的红药水涂满了双手和脸，正在那里兴高采烈的地扭来扭去唱歌跳舞。三毛感叹，原来红药水还有这样的功效。

邻居中有一个在医院做工的男撒哈拉威人，因为讲文明，他拒绝和家人一样用手吃饭，每天吃饭时间，他儿子都要来向三毛借刀叉："我爸爸要吃饭了，我来拿刀叉。"这个小孩风雨不改每天都来拿刀叉，三毛被弄得不胜其烦。于是买了一套送给他，叫他不要再来借了。可是过了一天，小孩又出现在三毛门口。三毛问他怎么又来了，上次不是送你一套新刀具了吗？"我妈妈说那套刀叉是新的，要收起来。现在我爸爸要吃饭——"三毛不明白，"你爸爸吃饭关我什么事"，可是当她看到小孩委屈的样子，不忍心伤害他，只好又把刀具借给他，毕竟吃饭也是一件重要的事。

有一次，三毛没了火柴，只好去邻居家借。隔壁房东家说没有，她又去另一家，"给你三根，我们自己也不多了。"哈蒂耶没有好脸色地对三毛说。三毛很生气，她曾借给哈蒂耶五盒火柴，现在却只还三根，还给三毛脸色看，三毛学着撒哈拉威人的口气说："你伤害了我的骄傲。"

沙漠里房子的屋顶中间总是会空一块不做顶，于是经常有孩子从屋顶那空着的地方看三毛他们吃饭、睡觉。如果刮起狂风来，三毛家里更是下雨般地"下沙"，荷西跟房东说了好几次要加盖屋顶，房东总是不同意。无奈之下，三毛他们只好自己买来材料，荷西花了三个星期天的休息时间，终于在屋顶铺上一块黄色毛玻璃，这样光线可以

照进来，又不用忍受落沙如雨的日子。三毛还将九棵好不容易种植大
的盆景放在新的屋顶上，这为家里增添了一些绿意。

　　一天下午，三毛正在厨房里边听音乐边认真地做着蛋糕，忽然她
听到屋顶好像有人在走路的声音，三毛急忙出去一看，屋顶上清楚地
看到一只大山羊的影子。

　　　　这只可恶的羊，正将我们斜斜的屋顶当山坡爬。我抓起
　　菜刀就往通天台的楼梯跑去，还没来得及上天台，就听见木
　　条细微的断裂声，接着惊天动地的一阵巨响，木条、碎玻璃
　　如雨似的落下来。当然这只大山羊也从天而降，落在我们窄
　　小的家里，我紧张极了，连忙用扫把将山羊打出门，望着破
　　洞洞外的蓝天生气。

屋顶破了，只好再次修补。这次三毛吸取教训，准备用石棉瓦作
为材料，但这种材料会把光线挡住，于是改用白色半透明塑胶板，为
了将邻居们的天台隔开，荷西还专门做了一面半人高的墙，既是为防止
山羊再来，也是为了防邻居的女孩子顺手牵羊把三毛晾晒的内衣裤拿
走，虽然最后她们还会丢回到天台上。

　　虽说换了塑胶板的屋顶，但还是不断有山羊掉下来，三毛也曾警告
邻居，再有山羊掉下来，就把它杀掉吃了，但邻居无视三毛的大喊大叫。

　　前几次山羊掉下来的奇观荷西还没见识到，所以他也无法知道这
是怎样的一种体验。

　　直到一个星期天的黄昏，这样的奇观再次上演。

　　一群疯狂的山羊跳过围墙，一不小心，又上屋顶来了。

　　我大叫："荷西，荷西，羊来了——"

　　荷西丢下杂志冲出客厅，已经来不及了，一只超级大羊穿破塑胶板，重重地跌在荷西的头上，两个都躺在水泥地上呻吟。荷西爬起来，一声不响，拉了一条绳子就把羊绑在柱子上，然后上天台去看看是谁家的混蛋放羊出来的。天台上一个人也没有。

　　最后，羊是没有杀掉，但三毛发现她辛苦了一年种出来的盆栽正成为这位胜利者口中的食物——二十五片叶子全被它吃得干干净净。三毛为此气得大哭一场。

　　来到沙漠一年半的时间，荷西被训练成了电器修理匠、木匠、水泥工，而三毛则成了护士、老师、裁缝。

　　沙漠里的用水是市政府管理的，每天限量送一大桶，如果洗澡洗衣服洗碗拖地，肯定是不够用的。所以三毛用水都是很节约的，每天都要计算好天台上水桶的水的存量才敢做其他用途。毕竟水在这里是很珍贵的。

　　星期日那天，三毛从几百里的大漠赶回来参加镇上举行的"骆驼赛跑大会"。由于刮着风沙，当三毛回到家的时候，全身是灰沙。西班牙电视公司驻沙漠记者答应三毛要让她出镜，因此她必须洗个澡才去参加大会。当她满身全是肥皂的时候，水不来了，三毛赶紧叫荷西去看看是怎么回事。结果发现自己家的水让邻居用来洗面粉口袋了。无奈，三毛只好用毛巾把身上的肥皂擦干净后，就去赛骆驼了。

　　那天下午，西班牙的朋友们都疯狂地在骆驼上飞奔赛跑，壮观极了。而三毛，只能当一位观众在旁边看，并且还被那些骑士讥笑说胆小鬼。他们怎么会知道，如果三毛参加骆驼赛跑的话会因汗水多而冒肥皂泡泡的呢。

在三毛的邻居里，有一位既温柔又美丽的女子叫姑卡。姑卡很有自己的看法，但是她的那些主意往往让人惊奇不已。

一天晚上，荷西和三毛要去国家旅馆参加一个酒会。三毛穿的是一件黑色的晚礼服，当她戴好耳环准备去穿鞋的时候，发现她要穿的那双纹皮高跟鞋不见了，找来找去都找不到，球鞋、木拖鞋、平底凉鞋、布鞋、长筒鞋子……都在，唯独不见了想要的那双。忽然，三毛发现鞋架上放着一双黑黑脏脏的尖头沙漠鞋，那是姑卡的鞋。于是三毛跑去姑卡家审问姑卡，一问才知道，鞋被姑卡的妹妹穿出去玩了。三毛只好换了件棉布的白衣服，穿着一双凉鞋出席酒会，结果被荷西的同事取笑。

第二天，姑卡拿着那双弄得不像样的高跟鞋来还给三毛，看到生气的三毛，她振振有词地说："哼！你生气，生气，我还不是会生气。你的鞋子在我家，我的鞋子还不是在你家，我比你还要气。"三毛听到这荒谬透顶的解释，忍不住大笑。她对姑卡说："姑卡，我先请问你，你再去问问所有的邻居女人，我们这个家里，除了我的'牙刷'和'丈夫'之外，还有你们不感兴趣不来借的东西吗？"姑卡连忙问三毛的牙刷是什么样子的，当她听到三毛叫她滚出去的时候，她嘴里还嘟囔着："我只要看看牙刷，我又没有要你丈夫，真是……"姑卡在街上还跟别的女人说："你看，你看，她伤害了我的骄傲。"

也许正是因为有这些可爱的邻居，三毛在沙漠的日子才不会感到寂寞，才会变得丰富多彩。

在沙漠中发生过很多有趣的事，三毛用笔把这一切都记录下来，这些精彩的撒哈拉的故事，让人读起来仿佛置身其中。

姑卡是三毛的邻居，警官罕地的大女儿。姑卡的兄弟姐妹都不叫罕地父亲，而是直接叫他的名字。

有一天，罕地告诉三毛，姑卡要结婚了，请三毛转告姑卡，那时姑卡才十岁。当姑卡知道自己要结婚时，露出担忧的面容。

那天，三毛在街上买东西，碰到姑卡的哥哥和另外一个青年，哥哥介绍说："阿布弟是警察，罕地的部下，我的好朋友，也是姑卡未来的丈夫。"听到是姑卡的未婚夫，三毛特意多看了青年几眼。阿布弟高大英俊，说话有礼，目光温和，让人感觉很舒服。也许已经接受了结婚这个事实，姑卡听到三毛说阿布弟的情况的时候，只是很羞涩地低下了头。

撒哈拉威的风俗，聘礼是父母嫁女儿时很大的一笔收入。以前，沙漠中没有钱币，只能用羊群、骆驼、布匹、奴隶、面粉等来替代。

现在，开出来的单子还是这些，但是都用钞票来代替了。姑卡的聘礼是二十万西币（十三万多台币）。就这样不到一个月，姑卡的装扮也改变了，衣服变成黑、蓝的单色，脚上套上了金银的镯子，头发开始盘上去，身体被涂上刺鼻的香料，让人觉得她已经是一个撒哈拉威女人了。结婚后姑卡和丈夫住在罕地家，住满六年才走。

　　结婚的前一天，三毛送给姑卡一只假玉的手镯，那是姑卡一直想要的。下午，姑卡的大姨给她打扮，她的头发被编成三十几条很细的小辫子，头顶上有一个假发做的小堆，宛如中国古代的宫女头发。每一根小辫上插着彩色的珠子，头顶上插满假珠宝，并换上了那件打了许多褶的大白裙子，然后就被大姨和表姐带回了家。因为结婚的前一日新娘是要离家的，到结婚那天才由新郎接回来。

　　婚礼那天，罕地的家做了一些改变，山羊被赶了出去，原来肮脏的草席不见了，房间和大厅铺了许多条红色的阿拉伯地毯，屋角放了一面有一百多年历史的羊皮大鼓，大门口放了一只杀好的骆驼。

　　黄昏的时候，鼓声响了起来，那声音沉郁、单调、神秘，甚至让人感觉很恐怖。打鼓的是一个黑得像炭的女人，接着，另外三个老女人随着鼓声唱起了没有起伏的歌，像是在哭泣。这样的歌声一直持续到清早迎亲才停止。

　　　我们住的这条街上布满了吉普车，新的旧的都有，看情形罕地在族人里还有点声望，我与荷西上了一辆迎亲的车子，这一大排车不停地按着喇叭在沙地上打转，男人口中原始的呼叫着往姑卡的姨母家开去。

　　　据说过去习俗是骑骆驼，放空枪，去帐篷中迎亲，现在吉普车代替了骆驼，喇叭代替了空枪，但是喧哗吵闹仍是一样的。最气人的要算看迎亲了，阿布弟下了车，跟着一群年轻朋友冲进姑卡坐着的房间，也不向任何人打招呼，上去就抓住姑卡的手臂硬往外拖，大家都在笑，只有姑卡低了头在挣扎。因为她很胖，阿布弟的朋友们也上去帮忙拖她，这时她开始哭叫起来，我并不知她是真哭假哭，但是，看见这批人如此粗暴地去抓她，使人非常激动。我咬住下唇看这场闹剧如何下场，虽然我已经看得愤怒起来。

这时姑卡已在门外了，她突然伸手去抓阿布弟的脸，一把抓下去，脸上出现好几道血痕，阿布弟也不示弱，他用手反扭姑卡的手指。这时四周都静下来了，只有姑卡口中偶尔发出的短促哭声在夜空中回响。

他们一面打，姑卡一面被拖到吉普车旁去，我紧张极了，对姑卡高声叫："傻瓜，上车啊，你打不过的。"姑卡的哥哥对我笑着说："不要紧张，这是风俗，结婚不挣扎，事后要被人笑的。这样拼命打才是好女子。"

"既然要拼命打，不如不结婚。"我口中叹着气。

"等一下入洞房还得哭叫，你等着看好了，有趣得很。"

虽说这样的结婚方式有趣，但是三毛还是接受不了。

而一位军曹的故事也让三毛印象深刻。

那年夏天的一个晚上，三毛与荷西到外面去散步，快到小镇外的坟场时，三毛看见不远处有一群年轻的撒哈拉威人正围着一个趴在地上一动不动的西班牙军人，从军人的穿着上看，三毛知道那是沙漠军团的。

对于一个失去抵抗力的军人来说，撒哈拉威人是放肆的：

> 他趴在那儿可能已经很久了，那一群围着他的人高声地说着阿拉伯话，恶作剧地上去朝他吐口水，拉他的靴子，踩他的手，同时其中的一个撒哈拉威人还戴了他的军帽好似小丑一般的表演着喝醉了的人的样子。

由于是自己的同胞，三毛与荷西不能丢下他不管。当时，西属撒哈拉沙漠的年轻人组成"波里沙里奥人民解放阵线"，镇上每一个年轻人的心都是向着他们的，西班牙人与撒哈拉威人的关系很紧张，沙漠军团跟本地人更如死敌一般。

荷西飞快地跑回家把车开来，他们两个人艰难地把醉汉拖到车子里去，把他放到车子后座，然后把车开出人群，车子还是被人打砸了几下。

荷西的车在距离沙漠军团的卫兵很远的地方停下，他与三毛两人用西班牙文叫喊着："是送喝醉了的人回来，你们过来看！"两个卫兵跑过来，用枪指着三毛与荷西，并往车里看了看，进车把军人抬了出来，口里还说了句"又是他！"

三毛他们离开的时候，两个卫兵向他们敬了一个军礼表示感谢。在回来的路上，三毛还在打哆嗦，虽然是自己国家部队的人，但平生第一次让人用枪那么近距离指着，他们紧张极了。

过了一段时间，荷西的同事到家里来玩，三毛用牛奶招呼同事。

同事追问三毛牛奶是怎么来的，当他们听到三毛说是从沙漠军团那里买来的时候，都表示不相信。三毛跟他们解释，沙漠里的老百姓与城里的不一样，沙漠里的是军民不分家的，那里的军人对三毛比镇上的人礼貌多了。

第二天荷西下班回家，并带回来了一张要购买八十盒牛奶的清单。

八十盒牛奶，一次买完是不可能的。三毛一次买一箱，买好的先放墙角，再回去买一箱……如此来回了八次，才把八十盒牛奶全部买齐。

买完东西，三毛想去叫计程车的时候，一辆吉普车在她身边停了下来。三毛抬头一看，被吓到了，车上坐着的军人竟然是那天被他们抬回营区的醉汉。

　　这个人是高大的，精神的，制服穿得很合身，大胡子下的脸孔看不出几岁，眼光看人时带着几分霸气又嫌过分的专注，胸膛前的上衣扣一直开到第三个扣子，留着平头，绿色的船形军帽上别着他的阶级——军曹。

他帮三毛把所有东西放到自己的车上，然后就开车了。一路上，大家都没有说话，当车子经过坟场的时候，三毛特意转过头去看风景，免得军曹想起酒醉的晚上让三毛他们抬回去而不好意思。

到家了，三毛不好意思再麻烦那位军曹，于是叫来了开小杂货店的朋友沙仑帮忙搬牛奶。

沙仑跑到吉普车前准备帮忙，他见到那位军曹后突然愣了一下，那神情似乎看到了凶神一般。

而那位军曹看看沙仑，再看了沙仑开的小店，他误会三毛以为是在转卖牛奶。不等三毛辩护，他便开车要走了。三毛跑过去感谢他的帮忙，并问军曹的名字，军曹回答三毛："对撒哈拉威人的朋友，我没有名字。"说完就开车飞奔地离开了。

三毛一脸的委屈和疑惑。被人冤枉了没有解释的机会，问名字还遭到拒绝回答。她问沙仑关于这个军曹的事情，沙仑告诉三毛，军曹恨所有的撒哈拉威人。

自从被军曹误会后，三毛一直都没有再去军营买菜。后来有一天，三毛又去买菜的时候，她又遇到那个军曹，那个军曹竟然过来向三毛问好。这时三毛发现军曹的手臂上刻了一排文身刺花，还有几个字——奥地利的唐璜。三毛问小兵，"奥地利的唐璜"是谁，小兵告诉她，那不是一个人的名字，而是沙漠军团以前的一个营区的名字。

三毛买完菜准备回家的时候，在福利社门口竟然又遇到军曹，军曹在这里等三毛是为了感谢她与荷西那天把喝醉的他送了回来。

后来，三毛从朋友阿里的父母那里了解到，"魅赛也"这个地方以前是一片绿洲，很热闹繁华，后来沙漠军团的人来了，撒哈拉威人经常和沙漠军团的人发生冲突。有一天，一大群撒哈拉威人一夜之间把沙漠军团的人全部杀死，只剩下那个喝醉酒的跌在营外的军曹。

> 我抬头望着黑暗中远方十六年前沙漠军团扎营的地方，好似看见一群群穿军装的西班牙兵在跟包着头举着大刀的撒哈拉威人肉搏，他们一个一个如银幕上慢动作的姿势在刀下倒下去，成堆的人流着血在沙地上爬着，成千无助的手臂伸

向天空，一阵阵无声的呐喊在一张张带血的脸上嘶叫着，黑色的夜风里，只有死亡空洞的笑声响彻在寂寞的大地上——

　　而那个唯一活着的军曹就是三毛救的醉汉。惨案发生后，军曹就不再讲自己的名字，他说全营的兄弟都死了，他不配有名字。
　　后来，撒哈拉发生骚乱，到处都有不安全的境况，军曹为了救一群撒哈拉威小孩，自己被炸成碎片，小孩只伤了两个。

　　我茫然的开始做饭给荷西吃，心里却不断地想到早晨的事情，一个被仇恨啃啮了十六年的人，却在最危急的时候，用自己的生命扑向死亡，去换取了这几个他一向视作仇人的撒哈拉威孩子的性命。为什么？谁也没有想到他会是这样的死去。

　　十六年的伤，十六年的痛，十六年的仇恨，一旦在宝贵的生命受到威胁的时候，所有的伤痛仇恨都不重要，即使是自己憎恨的人，在他们的生命受到威胁时，还是会挺身而出，毕竟人的本性都是善良的。

　　撒哈拉威人有属于自己的风俗习惯和生活方式。他们原始的清洁方式也会让人大吃一惊。
　　这天，荷西想要把头发剪成平头，三毛陪他去理发。理发店里，为了荷西的发型，三毛、荷西、理发师三人争论不休。荷西劝三毛去外面走走。

　　这一带三毛从来没有来过，所以她到处乱逛。经过一间破房子时，一个"泉"字让三毛感到很奇怪，她想去探个虚实。很快，她发现里面的人是在洗澡，三毛很纳闷，因为她从没听说过撒哈拉威人洗澡。她把这个发现告诉了荷西。

　　第二天早晨，三毛抱着大毛巾就去澡堂了。由于第一次来这个地方，三毛只能按照老板娘的命令去做。在里面，她看到了所谓的"泉"，那是在一间房间里的地上冒出水来。三毛第一次看到沙漠里的女人裸着身体洗澡。在沙漠里的审美观念是胖的女人最美丽，所以沙漠女人想方设法让自己发胖。平时，除长裙外，她们是用大块布将自己身体的每一个部分包得密不透风，即使是眼睛，有的也戴上太阳眼镜来遮住。现在，三毛才发现她们原来是那么胖。

　　沙漠女人三四年才洗澡一次。洗澡的时候，她们用一块沾水的小石头刮自己的身体，每刮一下，身上就出现一条黑黑的浆汁似的污垢。一个女人身上的黑浆还没有用水冲掉，就抱着孩子喂奶，孩子混着污水吸着乳汁，忍不住作呕的三毛逃了出去。

　　尽管如此，这些并没有打击三毛的好奇心，当她知道还有另外一种洗法的时候，她告诉了荷西，并和荷西一起去看个究竟。

　　在勃哈多海湾，眼前的场景让他们看得目瞪口呆——

　　这些女人将水桶内的海水提到沙滩上，倒入一个很大的罐子内，这个罐子的下面有一条皮带管可以通水。一个女人半躺在沙滩上，另外一个将皮带管塞进她体内，如同灌肠一样，同时将罐子提在手里，水经过管子流到她肠子里去。

　　我推了一下荷西，指指远距离镜头，叫他装上去，他忘了拍照，看呆了。

水流光了一个大罐子，旁边的女人又倒了一罐海水，继续去灌躺着的女人，三次灌下去，那个女人忍不住呻吟起来，接着又再灌一大桶水，她开始尖叫起来，好似在忍受着极大的痛苦。我们在石块后面看得心惊胆战。

这条皮带管终于拉出来了，又插进另外一个女人的肚内清洗，而这边这个已经被灌足了水的女人，又在被口内灌水。

据"泉"那个老板娘说，这样一天要洗内部三次，一共洗七天才完毕，真是名副其实的春季大扫除，一个人的体内居然容得下那么多的水，也真是不可思议。

过了不久，这个灌足水的女人蹒跚爬起来，慢慢往我们的方向走来。

她蹲在沙地上开始排泄，肚内泻出了无数的脏东西，泻了一堆，她马上退后几步，再泻，同时用手抓着沙子将她面前泻的粪便盖起来，这样一面泻，一面埋，泻了十几堆还没有停。

三毛他们不小心暴露后，急忙逃跑，连鞋子掉了都不敢捡。后来一个撒哈拉威朋友问荷西关于东方女人看人洗澡的事，三毛糊弄过去并说自己除煮饭洗衣服外，什么都不感兴趣。

在沙漠住的时间长了，"我成为他们中的一分子，个性里逐渐掺杂他们的个性。不能理喻的习俗成为自然的事，甚至改善他们的原始也是不必要的。"三毛觉得自己已经成了撒哈拉威人中的一员，她开始"悬壶济世"。

以前，在进入真正的大漠的时候，三毛曾在那里给人看过一些小小的病痛。得皮肤病的给涂涂消炎膏，有头痛的分阿司匹林，眼睛烂了的给涂眼药，太瘦的分高单位维生素，更重要的是给他们大量的维生素 C 片。有一次三毛给一位自称头痛的老太太服下了两片阿司匹林片，她吞下药片后还不到五秒钟，就点点头表示头不再疼了。于是，沙漠里的人开始相信三毛的医术。

姑卡快要出嫁时大腿内长了一个红色的疖子，核桃一般大小，痛得她躺在地上呻吟。三毛提出必须要带她看医生，但遭到姑卡母亲的拒绝："这个地方不能给医生看，她又快要出嫁了。"三毛很无奈，只好连续给她用消炎药膏，同时给她服用消炎的特效药。这样拖了三四天，一点儿好转都没有。三毛又去跟她父亲说姑卡要看医生，但是还是没有成功。三毛只好让姑卡试试中国的药方。

三毛将黄豆捣成糊糊擦在姑卡红肿的地方，第二天疖子发软了，再换黄豆浆涂上，第三天有黄色的脓露出来了，第四天流出大量的脓水，再涂上药水，没几天完全好了。荷西感叹说："你们中国人真是神秘。"

有一天，邻居哈蒂耶陀来找三毛，说她的表妹快死了，叫她去看看。三毛一听快要死了，犹豫了一下，毕竟自己不是真正的医生，连荷西都劝她少管闲事。当她听到哈蒂说"她很弱，头晕，眼睛慢慢看不见，很瘦，正在死去"时，于是便答应了。她趁荷西上班后便溜了出来。到了哈蒂家，她看到一个骨瘦如柴的年轻女孩躺在地上，眼睛深得像两个黑洞。三毛摸摸她，没有发烧，舌头、指甲、眼睛都是很健康的颜色，再问她哪里不舒服，说是眼睛慢慢看不清，耳朵里一直在响，没有力气站起来，三毛知道是饿的，便拿来维生素给她吃，并让哈蒂煮羊汤给她喝。这样没过十天，那个被哈蒂形容成正在死去的表妹居然走去了三毛家。荷西看到她，打趣道："怎么，快死的人又治好了？什么病？"语气里竟有赞许的意思。

由于三毛不是医生，所以荷西反对三毛给人治病，而且也不给机会让三毛帮他治病，但机会还是来了。

> 有一日他胃痛，我给他一包药粉——"喜龙—U"，叫他用水吞下去。"是什么？"他问。我说："你试试看再说，对我很灵的。"他勉强被我灌下一包，事后不放心，又去看看包药的小塑胶口袋，上面中文他不懂，但是恰好有个英文字写着——维生素U——他哭丧着脸对我说："难道维生素还有U种的吗？怎么可以治胃痛呢？"我实在也不知道，抓起药纸来一看，果然有，我笑了好久。

但无论怎样，荷西的胃痛是好了。

那天，三毛他们准备去露营，当他们把东西搬上车的时候，一位很黑的女邻居大方地向他们走来，头纱并没有拉上，她很清楚地对荷西说："你太太真了不起，我的牙齿被她补过以后，很久都不痛了。"三毛听后赶紧把话题转移："咦，面包呢？怎么找不到啊！"说着就忍不住笑了起来，这时荷西取笑三毛，问她什么时候改行做牙医了？三毛知道没办法装下去了，只好如实相告：两个女人，一个小孩，都不肯上医院，没办法，所以只能试试帮他们，事实上补了之后都不痛了，还可以咬东西。荷西问三毛用的是什么材料，三毛小声地说：
"不脱落，不透水，胶性强，气味芳香，色彩美丽，请你说这是什么
好东西？"当三毛最后说出是指甲油的时候，一旁的荷西被吓得头发
都竖起来了。而三毛，赶紧逃到安全地带，即使荷西来追，也追不
上了。

在沙漠中生活，三毛遇到过各种各样的事，有一些人和事会让她
很心疼，例如哑奴。

三毛与荷西有一次被一位沙漠财主请吃饭，认识了一个黑人小
孩。这孩子瘦弱的个子，温顺恭敬而有礼。三毛对他既好奇又心疼。
后来走的时候三毛偷偷地塞给了他两百块钱。

第二天傍晚，孩子的父亲，一位黑人奴隶礼貌地敲开了三毛的
门，由于是哑巴，他掏出两百块钱比画着硬要还给三毛。三毛看见哑
巴穷得连遮羞布都是破烂的，却那么谦卑有礼，于是怎么也不肯将钱
收回。哑巴对三毛谢了又谢，感激地离开了。

一周后的清晨，三毛发现门外放了一棵清脆碧绿的生菜，上面还
洒了水。她立刻明白这是哑奴送的礼物。三毛每天借给撒哈拉威邻
居的东西数不胜数，但懂得回报的却只有哑奴一个。这让三毛感触
良多。

有一天，三毛的邻居请哑奴来做泥水匠，那是火热的八月，正午
的高温似乎把一切都蒸发掉，哑奴却要在天台上继续工作。三毛不忍
心，便把哑奴请到家中来，给他一些食物，哑奴只吃了一点儿，其他
的带回家给他的家人，三毛深受感动。偶尔，三毛还请哑奴到家里吃
饭，周末荷西还和哑奴一起做工。而哑奴，一个一无所有的奴隶，会

为三毛与荷西做一些力所能及的事来表示感恩：深夜默默地帮他们洗车；悄悄地帮他们补被山羊踩坏了的天棚；刮风了，替三毛收衣服。那些日子，他总是用最大的努力来回报帮助他的朋友。

即使三毛与荷西不理会当地人的眼光，和哑奴做朋友，考虑能不能让他重获自由，但还是无法左右哑奴的命运。当哑奴做的工程落成后，哑奴又被卖给了新的主人，这意味着他和家人又一次面对分离。

三毛知道这件事后，哑奴已经被绑了手脚，装在买主的吉普车中。看到哑奴抖动的嘴唇和无助的眼神，三毛心痛极了，她拿了家里的现金和一条五彩毛毯塞给哑奴。哑奴拿了东西后，突然冲开车门，疯了一般向家中的破帐篷跑去。后面的人拿着木板追了出去，三毛也跟着跑出去。

> 跑到了快到哑奴的帐篷，我们大家都看见，哑奴远远地就迎风打开了那条彩色缤纷的毯子，跌跌撞撞地扑向他的太太和孩子，手上绑的绳子被他扭断了，他一面呵呵不成声地叫着，一面把毛毯用力围在他太太孩子们的身上，又拼命拉着他白痴太太的手，叫她摸摸毯子有多软多好，又把我塞给他的钱给太太。风里面，只有哑巴的声音和那条红色的毛毯在拍打着我的心。

哑奴的离去让三毛伤心落泪。那个一无所有的哑奴的那份善良与真诚让三毛感动。

而另一位朋友沙仑飞蛾扑火式的爱更是让三毛震惊。

三毛家附近，开着一家小小的杂货店，三毛每天都要跑四五次，逐渐地就跟店员沙仑认识了。

沙仑木讷老实，白天认真管理好哥哥的店，晚上独自一人悄悄地坐在地上看黑暗的天空。有一天，他突然红着脸对三毛说："我想——我想请您写一封重要的信。"沙仑说是写给他太太。"你结婚了？"三毛很意外，沙仑无父无母，哥哥一家对他十分冷淡，他吃住都是在店里，三毛不知道他有太太。

沙仑看看周围没有人，他突然从柜台下面抽出一张彩色的照片，里面是一个穿着欧洲服装的阿拉伯女子。她眼睛很大，并不年轻的脸上涂了很多化妆品，上身穿着一件袒胸无袖的大花衬衫，下面是一条已不再流行的苹果绿迷你短裙，腰上系了一条铜链子的皮带，穿着一双黄色高跟鞋，全身挂满了廉价的首饰，典型的"阿拉伯人造花"。但在沙仑眼里，"她很时髦，很美丽，这里没有女孩比得上她。"而他这位太太自从在阿尔及利亚举行婚礼后，一次也没有来找过沙仑。三毛突然想到沙漠里的风俗，不禁怀疑起来，问沙仑："你结婚时给了女方多少聘金？"当三毛听到沙仑说三十多万时，三毛吓了一大跳，也知道了这是很简单的拆白党故事——沙仑将父亲留给他的钱带去阿尔及利亚买货，要运回撒哈拉来卖，结果货没买成，娶了照片上的沙伊达，钱送给了她。

三毛明知道不会有回信，但经不住沙仑的苦苦哀求，还是帮他写了信。从信寄出的第二天开始，沙仑便期待着回信，每当三毛告诉他没收到回信，他脸上便露出失望的表情。没想到有一天，竟然收到了沙伊达寄来的挂号信。沙仑知道后，眼睛放射出异样的光芒，他催三毛读信，可信是法文写的，所以只好等荷西回来读。

那天他回来得特别早，看见沙仑在，只冷淡地点点头，就去换鞋子，也不说一句话。沙仑手里拿着信，等荷西再注意他，但是荷西没有理他，又走到卧室去了，好不容易又出来了，身上一条短裤，又往浴室走去。

沙仑此时的紧张等待已经到了饱和点，他突然一声不响，拿着信，啪一下跪扑在荷西脚前，好似要上去抱荷西的腿。我在厨房看见这情景吓了一大跳，沙仑太过分了，我对自己生气，将这个疯子弄回那么小的家里来乱吵。

荷西正在他自己那个世界里神游，突然被沙仑在面前一跪，吓得半死，大叫："怎么搞的，怎么搞的，三毛，快来救命啊——"

我用力去拉沙仑，好不容易将他和荷西都镇定住，我已经累得心灰意懒了，只恨不得沙仑快快出去给我安静。荷西念完了信，告诉沙仑："你太太说，她也是爱你的，现在她不能来撒哈拉，因为没有钱，请你设法筹十万块西币，送去阿尔及利亚她哥哥处，她哥哥会用这个钱买机票给她到你身边来，再也不分离了。"

"什么？见她的大头鬼，又要钱——"我大叫出来。沙仑倒是一点也不失望，他只一遍一遍地问荷西："沙伊达说她肯来？她肯来？"他的眼光如同在做梦一般幸福。

"钱，没有问题，好办，好办——"他喃喃自语。

从那以后，沙仑千方百计地找了一个兼差，白天管店，夜间在镇上的大面包店烤面包，工作很辛苦，每天只能睡几个小时。没几天，他就变得憔悴了，眼睛布满血丝，头发又脏又乱，衣服像抹布一样皱，但话变多了，虽然话语中对生命充满期盼，但内心似乎承受着很大的痛苦。过了不久，他把烟也戒掉了。两个月后，只剩一副骨架子，而且神经衰弱。

一天晚上，沙仑的手受到了严重的烫伤，去三毛家换药，荷西在一旁充满怜悯地听他说话，三毛对他的唠叨感到厌烦，冲口而出："沙伊达，沙伊达，一天到晚讲她，你真不知道还是假不知道，沙——伊——达——是——婊——子。"三毛的话重重地击倒了沙仑，他定定地盯着三毛说不出一句话。沙仑似乎没有一点儿愤怒，但他看着自己烧烫的双手，突然哇的一声哭了出来。

第二天，沙仑又来了，三毛帮他换了药，告诉他今天烤面包手不会再痛了，沙仑要回去的时候意外地对三毛笑了笑并说了声谢谢。

第三天早晨，两个警察来找三毛，问她认不认识沙仑，警察又告诉三毛说，沙仑昨晚拿了他哥哥店里要进货的钱，又拿了面包店里的账，逃掉了。三毛没想到沙仑会做出这样的选择。

沙仑需要爱，需要亲情，需要家庭，需要温暖。当他遇到一点点的爱情，即使这爱情是假的，都像看到了一根救命稻草，即使粉身碎骨，也要紧紧地抓住它。

丰富人生，沙漠历险记

初到沙漠，三毛想用她的摄像机拍下荒僻地区游牧民族的生活形态。由于三毛与他们之间有很大的差异，她对这种异族文化在心灵上会受到一种震撼和感动。

当她来到这神秘辽阔的大地，三毛尽一切的努力去认识它，看看在这片寸草不生的沙漠里，为什么人们同样拥有生命的喜悦和爱憎。

拍照，对于三毛来说是不可缺少的。她的照相器材，除相机，三脚架，一个望远镜，一个广色镜和几个滤光镜外，再也数不出有什么其他的东西了。因为以当时的经济能力，除了带的食物和水，三毛连租车的钱都花不起，更不要说是花费在摄影这件奢侈的事情上了。

第一次坐车进入真正的大沙漠时，手里捧着照相机，惊叹得每一幅画面都想拍。

如梦如幻又如鬼魅似的海市蜃楼，连绵平滑温柔得如同女人胴体的沙丘，迎面如雨似的狂风沙，焦烈的大地，向天空伸长着手臂呼唤嘶叫的仙人掌，千万年前枯干了的河床，黑色的山峦，深蓝到冻住了的长空，满布乱石的荒野，……这一切的景象使我意乱神迷，目不暇接。

三毛经常被这片土地震撼着，以至于完全忘记了颠簸不堪的旅途辛劳。每当这个时候，三毛都很懊悔，她痛恨自己的贫乏，如果当初能够虚心学些摄影技术，今天就能够把看到的异象，结合内心的感动，把它记录下来，就有可能成为生命历程中的可贵纪念。

虽然在拍摄方面三毛并没有花费太多的钱，而且沙漠的沙被风吹起也可能会损坏相机，但三毛还是拍下了一些有意义的照片。

对于这片大漠里的居民，我对他们无论是走路的姿势，吃饭的样子，衣服的色彩和式样，手势，语言，男女的婚嫁，宗教的信仰，都有着说不出的关爱，进一步，我更喜欢细细地去观察接近他们，来充实我自己这一方面无止境的好奇心。

在沙漠里拍照，凭一个人的力量是拍不出水准的，在有了不少的经验后，三毛还是决定从几个点上着手，于是她决定拍人。

三毛是经过介绍，跟一个可信赖的撒哈拉威人巴新和他助手的送水车去旅行的。第一次去大漠，由于没有经验，三毛只带了一个背包和帐篷，没有带游牧民族期待的东西，所以三毛也没得到友情。第二次去的时候，三毛带了一个小药箱，还有一些女人和小孩喜欢的玻璃珠串、廉价的戒指、发光的钥匙、白糖、奶粉、糖果……然而，看到三毛这样一个陌生人，这些内陆居民还是受到了惊吓。

三毛先是送东西，然后帮人治病，最后给几个女人照相。可是当那家的男人回来后，他看到三毛照相，说三毛在捉魂。最后经过三毛的解释，他们才相信三毛只是在拍照。

　　等巴新解释明白了，我一声不响，拿出背包里的一面小镜子，轻轻地举在那个老人的面前，他们看了一眼镜子，大叫得几乎翻下车去，拼命打巴新的背，叫他停车，车煞住了，他们几乎是快得跌下去似的跳下车，我被他们的举动也吓住了，再抬头看看巴新的水车上，果然没有后望镜之类的东西。

　　物质的文明对人类并不能说是必要，但是在我们同样生活着的地球上居然还有连镜子都没有看过的人，的确令我惊愕交加，继而对他们无由地产生了一丝怜悯，这样的无知只是地理环境的限制，还是人为的因素？我久久找不到答案。

　　再去沙漠，我随带了一面中型的镜子，我一下车，就把这闪光的东西去用石块叠起来，每一个人都特别害怕的去注意那面镜子，而他们对我的相机反而不再去关心，因为真正厉害的收魂机变成了那面镜子。

当然，最后那些撒哈拉威人知道那只是镜子，收魂的事就消失了。

　　结婚后，荷西成了沙漠里那个收魂的人，而他收的魂，都是那些美丽的邻居女人。

　　有一天，三毛与荷西到离他们居住的小镇一千多里外的大西洋沿海的沙漠边。忽然看到成千上万的红鹤挤在一起，正低头吃着海滩上的东西，这么好的画面怎能错过。荷西脱下鞋子朝海湾中心去，可是没等他靠近，红鹤一下子不见了踪影。虽然拍不到它们有点儿可惜，但是那一刹那的美丽是三毛永远都不会忘记的。

　　又有一次，三毛与荷西跟一个撒哈拉威人到帐篷里做客，主人杀了一只羊来款待他们。他们吃羊的方法很简单，把一只羊分割成几十块，拿到火上去烤，好了后放在一个洗澡盆大小的泥缸里，撒上盐后，每人拿一块来啃，啃了几下放回盆里，出去喝茶聊天，大概过了一个小时，大家又回来继续啃，这样吃吃丢丢很多次，每一块骨头都有很多人啃过。三毛也要荷西帮忙拍一组啃骨头的照片，她想拍出来的效果是——"我啃过的这块肉上可能已经有过三四个人以上的口水。"

　　还有一次，三毛听说骆驼出生时是摔下地的，觉得很有趣，于是她跟荷西去看生小骆驼，当然是要带上相机的。

　　到了那里，没拍到小骆驼出生，却发现了管骆驼的撒哈拉威人跪着小便，三毛竟然坚持要拍照记录这一发现。

　　最有趣的一次拍照，也是在大漠。

　　那次他们在露营的时候，遇到了一个"有文明"的年轻撒哈拉威人，他很喜欢让三毛收他的魂。他与荷西交换衣服，把荷西的手表借来戴在手上，拍照时还摆出不适合自己风格的姿势。

"请问你们这架是彩色照相机吗？"他很有礼地问。"什么？"我唬了一大跳。

"请问你这是架彩色照相机吗？"他又重复了一句。"你是说底片吧？相机哪有彩不彩色的？"

"是，以前那个修女就只有一架黑白的，我比较喜欢一架彩色的。"

"你是说软片？还是机器？"我被他说得自己也怀疑起来了。

"是机器，你不懂，去问你先生，他手里那架，我看是可以拍彩色的。"他渺视了我这个一再追问的女人一眼。"是啦！不要动，我手里拿的是世界上最好的天然十彩照相机。"荷西一本正经地举起了手拍下了那个青年优美的自以为文明人的衣服和样子。

一边的三毛听到他们的对话后，笑得喘不过气来。

在沙漠生活里，水是很重要的，走路提水也是件很辛苦的事。每个不在沙漠生活的人都会跟三毛提到水，但是几乎没人提过沙漠那么大，三毛他们是怎样去镇上的。等到家里有了一定的积蓄后，他们买了一辆车，三毛称之为"白马"。

那天，荷西把一部小车开回了家，三毛知道后冲出门外跟它见面，并用手轻轻地抚摸它，好像得了件宝贝那样开心。

我一心一意地爱着这个新来的"沙漠之舟"。每天荷西

下班了，我就拿一块干净的绒布，细心地去擦亮它，不让它
沾上一丝尘土，连轮胎里嵌进的小石子，我都用镊子把它们
挑出来，只怕自己没有尽心服侍着这个带给我们极大欢乐的
伙伴。

　　自从有了车之后，三毛每天都问荷西关于这件宝贝的情况，生怕
哪一天照顾不周，就会让它生气似的。有一天，三毛也想试试车子，
于是她就恳求荷西，把车让给她开开，他们商议后决定，以后荷西上
班坐公共汽车，下班了三毛开车来接。

　　荷西的工地离家里大概两个小时的车程。第一次去接荷西，三毛
迟到了快四十分钟，原因是她把一位撒哈拉威老人送回了家。荷西告
诉三毛："三毛，我父亲上封信还讲，就算一个死了埋了四十年的撒
哈拉威，都不能相信他，你单身穿过大沙漠，居然——"三毛不明白
荷西为什么责备她，在过去的那些日子里，多少人因为信任而停下来
载他们两个像强盗一样的年轻人，现在，三毛只是换了一种身份，她
成了那个信任别人的人，她去帮助别人。当然，三毛知道荷西是理解
的，只是他来不及仔细思考。

　　有了车以后，他们出去镇上或者去荒野东奔西跑就方便多了。但
是荷西经常不守诺言，有时候把车霸一天。每当早上三毛听到车的声
音，便穿着睡衣追出去，但已经来不及了。

　　对于这个"白马"，两个人都十分爱惜，与此同时，两个人又同
样地"不爱惜"。

　　那天，荷西带了几个孩子去兜风，结果把车子弄得脏兮兮的，三
毛就趁机提出公平用车的问题，荷西看见三毛并没有责备他，便爽快

地答应了。

　　三毛是个内心柔软的人，每次外出，见到需要帮助的人，她总会毫不犹豫地伸出援助之手。一次，三毛外出镇上办事的时候，看见一个老人，带着一只大山羊在沙漠上艰难地移动着。三毛便让老人和山羊都上了车。结果一路上山羊把三毛的头发当作草来啃，下车前还留下了不少的"肥料"。回到家，三毛把羊粪收拾了倒进花盆里当肥料，还笑着说停车载人是有好处的。

　　枯燥乏味的沙漠生活由于三毛的良好心态而变得如此有趣。

　　又有一天，天气很好，三毛开车到靶场去拾弹壳，然后走长长的沙路去捡枯骨头。快到中午的时候，三毛开车准备回家。路上，一个穿着整齐的西班牙小兵孤零零地站在路旁，看见三毛的车经过便举手要搭车。

　　　　草绿的军服，宽皮带，马靴，船形帽，穿在再土的男孩子身上，都带三分英气，有趣的是，无论如何，这身打扮却掩不住这人满脸的稚气。

　　这是三毛第一次载年轻人，但是看到小兵的那一瞬间，三毛没有丝毫犹豫。

　　小兵是要去镇上看一场电影，由于报名迟了，所以没有坐到军车，电影是下午五点开始，他是预备了要走一天的路，而且为了这场电影，他戴上了大典礼时才用的雪白手套。

　　　　"来服兵役的？"

"是！"

"还愉快吗？"

"很好，游骑兵种，长年住帐篷，总在换营地，就是水
少了些。"

我特意再看了他保持得那么整洁的外出服，不是太重要
的事情，对他，一定舍不得把这套衣服拿出来穿的吧！

到了镇上，他满脸抑不住的欢乐显然地流露出来，到底
是年轻的孩子。

下了车，严肃而稚气地对我拍一下行了一小军礼，我点
点头，快快地把车开走了。

总也忘不掉他那双白手套，这个大孩子，终年在不见人
烟的萧条的大漠里过着日子，对于他，到这个破落得一无所
有的小镇上来看场电影，竟是他目前一段生命里无法再盛大
的事情了。

在回去的路上，三毛的心忽然疼痛起来，她想起了自己那个和小
兵差不多年纪的同样在服兵役的弟弟，在花样年华的岁月里，过着单
一寂寞的日子，而看一场电影成了那段岁月里的一件隆重的事。

三毛做的这些事情在荷西眼里是多管闲事，但荷西也是个嘴硬
心软的人，每当开车上下班的时候，路上遇到行人同样会把他们捡
回去。

"今天好倒霉，这些老头子真是凶猛。"荷西一路嚷着进
屋来。

"路上捡了三个老撒哈拉威，一路忍着他们的体臭几乎快闷昏了，到了他们要下车的地方，他们讲了一句阿拉伯话，我根本不知道是在对我讲，还是一直开，你知道他们把我怎么了？坐在我后面的那个老头子，急得脱下了硬邦邦的沙漠鞋，拼命敲我的头，快没被他打死。"

"哈，载了人还给人打，哈！"我笑得不得了。

"你摸摸看，起了个大包。"荷西咬牙切齿地摸着头。

在沙漠里，看见路旁跋涉艰难的人如蜗牛似的在烈日下步行着，任何人都无法做到视若无睹。而三毛与荷西就是这样在沙漠里苦中作乐，过着属于他们的幸福生活。

有了车之后，就不得不面对考取驾驶执照的问题了。学车这事，在沙漠是大大流行的风气，多少沙漠千疮百孔的帐篷外面，却停了一辆大轿车。许多沙漠父亲卖了美丽的女儿，拿来换汽车。对撒哈拉威人来说，迈向文明的唯一象征就是坐在自己驾驶的汽车里。

报名那天，三毛好不容易挤到柜台旁，刚想说报名，突然看到两个西班牙的交通警察站在旁边。三毛被吓了一大跳，赶紧逃出来去看校长的照片。然而，其中一个警察还是向着三毛走过来了，他站在三毛旁边认真地把三毛打量了一次，对三毛说他们好像认识，并说以前很多次看见三毛在镇上开车到处跑，现在却说要报名学车，难道没有驾驶执照吗？机智的三毛见到情况对自己不利，用英文对警察说："真抱歉，我不会西班牙文，你说什么？"这下轮到那位警察傻住了，他没想到三毛会来这一招，但也无可奈何。警察叫来另一位同事，并告诉同事，早上自己亲眼见到三毛把车开到邮局门口去，并没有看错，但现在却要来学车，问该怎么处罚三毛。当两个警察还在讨论对三毛的处罚的时候，三毛趁机逃之夭夭了。她办好手续，缴了学费，拿着交通规则的书，很放心地走出了大门。然而没想到的是，当三毛发动车子准备起步的时候，那两个警察居然躲在墙角等着抓三毛。三毛被吓得弃车而逃。

三毛的学车时间安排在中午的十二点半，地点是镇外荒僻的硬路。

正午的沙漠，气温高到五十度以上，我的汗湿透了全身，流进了眼睛，沙子在脸上刮得像被人打耳光，上课才一刻钟，狂渴和酷热就像疯狗一样咬着我不放。

酷热的天气，加上教练打赤膊，三毛实在受不了，于是提出要改时间，结果是教练叫她好好珍惜这个时间，如果换作是晚上，又冷又黑，更加学不会。最后三毛答应把该上的钟点签好字，就不来学了。然后他们一起庆祝学车结束。

当三毛把这件事告诉荷西后，荷西很生气，他叫三毛去夜校上交通规则课，说是要把学费本钱念回来。

于是，三毛报读了夜课。

夜课的老师是一个有趣的小胡子中年人。上课的第一天，他就向三毛请教中国文化，结果三毛倒成了他的老师，给他上了一节中国文化课，并教给了他一些文字。第二天，他竟然拿着作业来给三毛看，还问写得怎样，然后问孔子，问老子，问庄子……问到三毛几乎要把上下五千年的历史都说出来了。

三毛之前听到荷西的同事说，某某人的太太考了十四次还没通过笔试，一个撒哈拉威人考路试考了两年还没过，所以三毛一点儿也不敢松懈，每天忙完家务后，她就一句一句地背诵交通规则，后来经过荷西的询问，三毛能把交通规则背诵出来了，可是问题又来了，试卷是西班牙文，万一看不懂怎么办？三毛为了这个问题一夜没睡。第二天早上就去找笔试的主考官，要求通融一下，让自己也像撒哈拉威人一样口试。最后，主考官还是拒绝了三毛的请求。考试的时候，由于主考官的刻意安排，三毛顺利地通过了笔试。然而，考路试的时候就有点儿啼笑皆非了。眼看就要可以出考场的时候，三毛一回头，结果车子一下滑出了路面，冲到沙漠里去，车子熄火了。于是只能等下一次再考了。三毛居然开始喜欢这种考试的过程了。

当三毛有了驾驶执照后，又上演了一出"官兵捉强盗"。

有一天，三毛停好了车，正准备离开，忽然又出现了以前那两个警察，这次，三毛把执照放到他们眼前，可是两个警察看也不看，照例开罚单，三毛不明白，警察说将来这里是公共汽车站，所以停车要罚，聪明的三毛马上跳上车，把车开出几十米外，然后下车，将罚单塞回给他们，理由是交通规则上写明，在某地停车两分钟内就开走，不算停车。这一次，三毛又赢了。她带着胜利的微笑去沙漠军团的福利社买菜去了。

沙漠里的生活日复一日，三毛这只原本不是生长在沙漠的"黑羊"，就是这样有声有色地打发这那些孤独寂寞的漫长岁月。

由于三毛对当地风俗的不了解，所以也受过不少的苦。

有一天，三毛捡到了一条用麻绳串起来的本地项链：它是一个小布包，一个心形的果核，还有一块铜片，这三样东西穿在一起做成的。她把项链挂在门边上，等着失主来认领。可到了下午四点多，项链依然在那里，于是拾荒成癖的三毛把这条脏项链带回了家，用剪刀剪断了麻绳，把有怪味的小布包和果核都扔掉，并用去污粉把那铜片洗干净，这时她才发现，这条项链跟别人挂的不一样。三毛找来一条粗粗的丝带串好，戴在脖子上，看上去很有现代感。

然而，这是一条"神奇"的项链。凡是铜片触碰过的地方，都会发生一些莫名其妙的事情：正在播放的优美音乐突然卡住了，录音带缠在一起；三毛忽然的过敏性鼻炎发作；车技熟练的荷西刹车失灵，差点儿被大卡车撞翻；三毛的两根手指被跷起的车门夹得鲜血直流；煮咖啡的时候差点儿煤气中毒。而三毛在一天之内也发生了许多症状：头晕、胃痛、下体严重出血……

一切的事情都来得很突然，很诡异。三毛去看医生，医院尽了最大的努力仍然无法将她治好，最后只能让她回家。后来，邻居帮他们找到了原因。

我的手碰到了零乱的长发，罕地的妻子惊叫了一声，马上退到门边去，指着我，厉声地用土语对罕地讲了几个字，罕地马上也退了几步，用好沉重的声音对荷西说："她颈上的牌子，谁给她挂上去的？"

荷西说："我们快送她去医院，什么牌子以后再讲。"

罕地大叫起来："拿下来，马上把那块东西拿下来。"荷西犹豫了一下，罕地紧张得又叫起来："快，快去拿，她要死了，你们这两个不知天高地厚的傻瓜。"

荷西被罕地一推，他上来用力一拉牌子，丝带断了，牌子在他手里。

罕地脱下鞋子用力打荷西的手，牌子掉下来，落在我躺着的床边。

他的妻子又讲了很多话，罕地似乎歇斯底里地在问荷西："你快想想，这个牌子还碰过什么人？什么东西？快，我们没有时间。"

荷西结巴的在说话，他感染了罕地和他妻子的惊吓，他说："碰过我，碰过录音机，其他——好像没有别的了。"罕地又问他："再想想，快！"

荷西说："真的，再没有碰过别的。"

罕地用阿拉伯文在说："神啊，保佑我们。"

那不是一条普通的项链，而是最毒最厉的符咒。邻居帮三毛他们请来了教长"山栋"老人，镇住那个铜片。三毛立即转危为安，所有的病痛渐渐消失。

三毛的遭遇有时就是这么神奇，有时候让人不得不相信冥冥中的那些力量是存在的。

沙漠里的生活有快乐的、感动的，更有惊险的。每当想起那个惊心动魄的荒山之夜，三毛与荷西仍心有余悸。

那天，荷西下班后，说要带三毛去迷宫山附近捡乌龟化石和贝壳。三毛很兴奋地穿了一件布的连衣裙和一双拖鞋，顺手抓了个皮酒壶，就急急忙忙地出发了。

三毛听到荷西说来回两百多里路时，不禁望了望已经偏西的太阳，觉得黄昏了还跑那么远有点儿不妥，但想到荷西潜伏性的"恋车情结"，想到沙漠中的那些奇珍异石，便不再说什么。

车子很快地在沙地上开着，我们沿着以前别人开过的车轮印子走。满辅碎石的沙地平坦地一直延伸到视线及不到的远方。海市蜃楼左前方有一个，右前方有两个，好似一片片绕着小树丛的湖水。四周除了风声之外什么也听不见，死寂的大地像一个巨人一般躺在那里，它是狰狞而又凶恶的，我们在它静静展开的躯体上驶着。

"我在想，总有一天我们会死在这片荒原里。"三毛叹了一口气说，"我们一天到晚跑进来扰乱它，找它的化石，挖它的植物，提它的羚羊，丢汽水瓶、纸盒子、脏东西，同时用车轮压压它的身体。沙漠说它不喜欢，它要我们的命来抵偿，就是这样——呜、呜——"三毛对沙漠的爱是深沉而彻底的，她想得到沙漠里的奇异珍宝，但又不想伤害它。

沙漠里的风把沙吹成弧形的一堆堆，外表看上去跟群山一样，"它们好似一群半圆的月亮，被天空一只大怪手抓下来，放置在撒哈拉沙漠，更奇怪的是，这些一百公尺左右高的沙堆，每一个间隔的距离都是差不多的。人万一进了这个群山里，一不小心就要被迷住失去方向。"三毛给它取名叫迷宫山。

不久，他们开进迷宫山里绕沙堆了，迷宫山这次没有迷住他们，开了半小时不到就跑出来了。再往前去完全没有了车轮的痕迹，由于对这一带不熟悉，三毛总觉得没有安全感。三毛建议回去，荷西完全不理会，开着车继续往前走。

他们进了湿地。三毛开车，荷西下车给她指示方向。荷西越跑越远，有时候又转过身来倒退着跑。忽然，三毛看见荷西身后的泥土在冒泡，她感到情况不妙，便向着荷西大叫。

　　我打开车门一面叫一面向他跑去，但是荷西已经踏进这片大泥沼里去了，湿泥一下没到他的膝盖，他显然吃了一惊，回过头去看，又踉跄的跌了几步，泥很快的没到了他大腿，他挣扎了几步，好似要倒下去的样子，不知怎的，越挣扎越远了，我们之间有了很大一段距离。

　　我张口结舌地站在一边，人惊得全身都冻住了，我不相信这是真的，但是眼前的景象是千真万确的啊！这全是几秒钟内发生的事情。荷西困难地在提脚，眼看要被泥沼吃掉了，这时我看见他右边两公尺左右好似有一块突出来的石头，我赶紧狂叫："往那边，那边有块石头。"

　　他也看见石块了，又挣扎着过去，泥已经埋到他的腰部了。我远远地看着他，却无法替他出力，急得全身神经都要断了，这好似在一场噩梦里一样。

　　当三毛醒悟过来的时候，她四处乱跑，希望在地上捡到绳子、木板，或什么其他东西都好。但周围除沙和小石子外，什么也找不到。四周除了风声之外就是沙，前面是一片广阔的泥沼，后面是迷宫山。几个小时之内，这个地方会降温到零度，荷西如果无法出来，就要活活被冻死。

　　这时，地平线上有一缕车灯在闪烁，三毛顿时兴奋得跳了起来。她一边疯狂地按车子的喇叭，一边打开车灯一熄一亮吸引他们注意，然后又跳到车顶上挥着双手乱喊乱叫。

　　终于，那缕灯光越来越近。三毛跑上前去向车上的三个撒哈拉威男人求助。然而，三个男人贪图三毛的美色，企图强暴她。荷西看到这种情形大喊着要杀了他们，三个男人被荷西的叫喊声分散了注意力，三毛趁机逃到了车上，开车快跑，最终在迷宫山甩掉了三个撒哈拉威男人。

　　当三毛冷静下来后，她准备找人来救荷西，当她把车垫拆下来做记号用来认路的时候，她发现车垫是不会沉下去的，于是她想到用车垫去救荷西。她兴奋地将车子开回泥沼附近，可是却如何也找不到荷西的身影，她疯狂地沿着泥沼的边缘跑着，狂喊着。

　　荷西死了，荷西死了，三毛恐怖地想着，她觉得泥沼已经将荷西吞噬掉了。她逃回车里去，伏在方向盘上不断地抖动着。

　　荷西并没有死。那时只是因为黑暗，又没有打开车灯，三毛把车停错了地方。当三毛找到荷西的时候，她用三个车胎和一个坐垫浮在稀泥上，用衣服剪成四条宽布带子，才把荷西救了出来。

在回家的路上，荷西躺在一旁，他的两只腿必须马上去看医生，想来是冻伤了。夜已深了，迷宫山像鬼魅似的被我丢在后面，我正由小熊星座引着往北开。

"三毛，还要化石么？"荷西呻吟似的问着我。

"要。"我简短的回答他。"你呢？"我问他。"我更要了。"

"什么时候再来？"

"明天下午。"

这个世界上，总有这么一个人能够懂你，最幸福的是，你刚好也懂他。这对夫妻是如此情投意合。他们有着相同的兴趣爱好，喜欢玩，喜欢冒险。他们在撒哈拉沙漠接受漫天黄沙的洗礼，却也过得逍遥自在，他们的灵魂是自由的。

骆驼嘶鸣，撒哈拉之乱

那一年，如果没有发生战争，三毛依然会在沙漠中快乐地穿行，会继续着与撒哈拉威人的友谊，还会兴致勃勃地看着邻居们的本色演出。可是这一切都是如果，战争还是不可避免地发生了。

三毛来撒哈拉的时候，撒哈拉还是西班牙的殖民地，随着自由主义的兴起，居住在撒哈拉当地的居民逐渐觉醒，他们不再满足于眼前的生活，力图摆脱西班牙的殖民统治。1975 年秋，海牙国际法庭做出判决：西属撒哈拉，由当地居民自决。然而，邻国摩洛哥军队开始进军西属撒哈拉，当地居民也自发组织起游击队进行反击。这片往日荒凉而和平的沙漠，从此陷入了真正的水深火热之中。

在沙漠，三毛的朋友很多，有一位年轻的警察奥菲鲁阿和三毛是关系不错的朋友。他高中毕业，略带稚气的脸上微微一笑时会露出一口白牙齿，为人老实，性格开朗，招人喜欢。

那天，三毛见到奥菲鲁阿，便邀请他来做客。奥菲鲁阿带着沙伊达一起来的，刚好遇上三毛与荷西的同事在烤肉聊天，三毛很兴奋，把他们安排在朋友之间。这个美丽的小姑娘是镇上医院的助产士，美得让人忌妒。

灯光下，沙伊达的脸孔不知怎的散发着那么吓人的吸引力，她近乎象牙色的双颊上，衬着两个漆黑得深不见底的大眼睛，挺直的鼻子下面，是淡水色的一抹嘴唇，消瘦的线条，像一件无懈可击的塑像那么的优美，目光无意识地转了一个角度，沉静的微笑，像一轮初升的明月，突然笼罩了一室的光华，众人不知不觉地失了神态，连我，也在那一瞬间，被她的光芒震得呆住了。

沙伊达来家里的这个晚上，留给大家震撼的感动。可她的美丽和她信仰天主教让她在无知的沙漠过得很艰辛。说到沙漠，沙伊达总像有难言的秘密和隐痛。

一天，奥菲鲁阿邀请三毛一起去他的家，他想回去探望家人，于是三毛与荷西一起随行。在奥菲鲁阿家里，三毛认识了他的几位哥哥，令三毛诧异的是，他们清一色地穿着破旧军装，他们是游击队。然而，接下来的事情更令三毛震惊。

我正要上车，鲁阿的二哥突然走近了我，重重地握住了我的手，悄悄地说："三毛，谢谢你照顾沙伊达。"

"沙伊达？"我意外得不得了，他怎么认识沙伊达？"她，是我的妻，再重托你了。"这时，他的目光里突然浸满了柔情蜜意和深深的伤感，我们对望着，分享着一个秘密，

　　暮色里这人怅然一笑，我兀自呆站着，他却一反身，大步走
了开去，黄昏的第一阵凉风，将我吹拂得抖了一下。"鲁阿，
沙伊达竟是你二哥的太太。"在回程的车上，我如梦初醒。
暗自点着头，心里感叹着——是了，只有这样的男人，才配
得上那个沙伊达，天底下竟也有配得上她的撒哈拉威人。

　　巴西里，撒哈拉威人的灵魂，也是游击队的领袖，神出鬼没，声
东击西，英勇无比，是当时最敏感的人物。这位青年并不在乎荷西的
西班牙国籍，毅然跟他们夫妇做朋友。

　　在回去的车上，荷西几乎对游击队的梦想下了断言："游击队三
面受敌，又得打摩洛哥，又得防西班牙，再得当心南边毛里塔尼亚，
这种疲于奔命的日子，到头来，恐怕是一场空吧！"此时三毛也有一
种预感，觉得巴西里快要死了，这样的直觉在她的前半生常常出现，
没有错过，三毛被这种直觉吓住了。

　　荷西托人为三毛订了撤离撒哈拉的机票，他叮嘱三毛后回到一百
多里外的撤军团，配合军队把重要的物资撤离。那晚，三毛一个人在
家，忽然沙伊达闪进来，后面跟着巴西里。巴西里请求三毛把沙伊达
带走，而孩子则跟嬷嬷走，这是为了躲避摩洛哥人。这个铁血的男
人，生死无所畏惧，但是放不下自己的妻子和孩子。

　　游击队领导巴西里最终还是死了。

　　"今天晚上，大会审沙伊达。她出卖了巴西里，她告诉了摩洛哥
人，巴西里回来了，他们在巷子里，把巴西里干了。"一个老人告诉
三毛。"不可能的，她是巴西里的太太，他们故意的，冤枉她，沙伊
达昨天晚上在我家里。"三毛叫了起来。她要为自己的朋友作证。

那天晚上，三毛到了会审的地方。那是屠杀骆驼的地方，常年回响着待宰骆驼的哀鸣。三毛想靠近沙伊达，但人群涌动，她想前进一步都不可能。当她看到沙伊达近乎全裸的身体在沙地上打滚，惨叫的哭声像野兽般传来……三毛被这惨烈的场面惊吓了，她嘶哑的声音哭喊着，怒吼着，可是毫无作用。

后来，奥菲鲁阿拿着手枪，疯狂地扑了进来。他想要带走沙伊达。然而，受尽侮辱的沙伊达一心求死，她哀求奥菲鲁阿杀死自己。最终，滚滚黄沙中只剩下沙伊达和奥菲鲁阿的尸体。

> 我蹲在远远的沙地上，不停地发着抖，发着抖，四周暗得快看不清他们了。风，突然没有了声音，我渐渐的什么也看不见，只听见屠宰房里骆驼嘶叫的悲鸣越来越响，越来越高，整个的天空，渐渐充满了骆驼们哭着的巨大的回声，像雷鸣似的向我罩下来。

对于沙漠，三毛有太多的情感，既有欢喜也有悲伤，既有爱也有恨。无论怎样，她与荷西在这里度过了一生中最快乐的时光。

第八章

岁月无恙，唯愿两情长

琴瑟和鸣，相伴人生路

离开撒哈拉之后，三毛并没有回马德里，而是选择了西班牙在北非的另一块殖民地——大西洋中的加纳利群岛。

加纳利群岛是大西洋海中的七个岛屿，一共有七千二百七十三平方公里的面积。七个岛屿分别是拉歌美拉岛、拉芭玛岛、伊埃萝岛、丹纳丽芙岛、富得文都拉岛、兰沙略得岛和大加纳利岛。

三毛选择的是大加纳利岛。她是这样形容的：

> 正因为它在撒哈拉沙漠的正对面，这儿可说终年不雨，阳光普照，四季如春，没有什么明显的气候变化。一千五百三十二平方公里的面积，居住了近五十万的居民，如果拿候鸟似的来度冬的游客来比较，它倒是游客比居民要多多了。

荷西并没有和三毛一起离开，他是一个负责任的男人，要和公司一起撤离。"我是先乘飞机走的，他则自己开车到海边。我知道如果我要赖，硬要跟他在一起走时，就会造成他的累赘。他是一个男人，他怎么逃都可以，带了我反而不能了，于是我才先走。"所以，荷西来到大加纳利岛和三毛团聚已经是十天后的事。

等待荷西的这十天的日子，三毛感觉很难熬："我每天抽三包烟，那是一种迫切的焦虑，要到疯狂的程度。夜间不能睡，不能吃。这样等到十天，直到等到了荷西，以后身体忽然崩溃了。"

在沙漠的三年夫妻生活，三毛已经对荷西形成依赖，所以一旦离开荷西，三毛似乎找不到方向。在毫无音讯的情况下，荷西终于回来了，三毛在给父母的家书中说："我十日的无食无睡的焦虑完全放下。这十日来，完全没有荷西的消息，我打了快二十个电话，接不进沙漠，没有信，我去机场等，等不到人，我向每一个下飞机的人问荷西的下落，无人知道，我打电报，无回音，我人近乎疯掉。"现在，荷西不但自己回来了，"白马"也带回来了，连同三毛的鸟、花、书、三毛父母写的信、筷子、刀、叉、碗、抹布、洗发水、瓶子、皮包、电视、照片、药，还有骆驼头骨、化石、肉松、紫菜、冬菇……全部带了回来，荷西还把那些家具卖掉，得了一万二千元。

这一次，三毛下定了决心，绝不能像在沙漠那样，跟邻居的关系过分密切，失去个人的安宁。所以她选了离城快二十多里路的海边社区住下来。这里住的一部分是北欧人和德国人。三毛对荷西租来的这个新家异常满意。

荷西下午五点到，我们六点已租好一幢美丽的房子，在海边，合同签好，一日旅馆费也不花，住进一幢美梦中的洋房，完完全全有家具，连墙上的画都布置好，有一大厅、一卧室、一小客房、小浴室，大窗对着海，家具应有尽有，有

一小花园。这是海边的社区，远离城市，完全是几百千幢
小平房造在山坡上，居民有四十多种国籍，街上白天不见人
影，幽静高尚，不俗，人也高尚极了，是个人间天堂，许多
老年人在这里终老，此地四季如春。

社区的瑞典负责人对三毛与荷西的到来表示欢迎，他说，在这个
美丽的地方，只有老人，新的一代都不肯来，所以这里最缺少的就是
笑声和蓬勃的生命。

荷西是西班牙人，所以他听到三毛与房东用德语交流的时候有点
儿不自在。后来去社区办公室登记水电申请时，三毛跟那个丹麦老先
生说英文，荷西就更不乐意了，老木匠来修车房门时，干脆连中文也
混进去讲。在西班牙的土地上，不讲西班牙文，荷西倒感觉自己像是
外国人一样。

生活安定下来后，荷西每天都去海里潜水，没人跟他交流，他感
到很落寞。

当三毛去小镇邮局租信箱时，才碰到西班牙人。三毛问邮局职员
是怎么处理海湾一百多家人的信的。邮局职员的回答是，每天抱一大
堆丢在社区办公室，谁要信，就去办公室找，当然，自己同胞是包送
到家的。

在这个人间天堂般的岛屿上，三毛本应过得很舒心。但当时他们
申请的工作并没有着落，荷西不得不回到沙漠做原来的工作。他临走
前叮嘱三毛生活上的事情，要三毛跟邻居搞好关系，等到有假期他就
回来。三毛下定决心不跟这些邻居来往。

荷西在沙漠上班的日子里，每天早晨，三毛总是独自一人开了车
去镇上开信箱、领钱、寄信、买菜、看医生……荷西放假回来，他们

就过着平淡亲密的家居生活。

三毛自从和荷西结婚后，便几乎不再谈情说爱了，不必因为吵架在冬夜淋雨无处可去，不必为了刻骨铭心的爱情痛苦万分，更不用过分打扮来取悦对方，不用在乎谈吐是否优雅、约会是否准时，不用计较每天是否有说"我爱你"，恋爱中的种种麻烦在结婚后都消失了。

婚后，三毛与荷西的聊天只是简单的"对话录"或是"是非""选择"题：

　　"今天去了银行吗？"
　　"是。"
　　"保险费付了吗？"
　　"还没。"
　　"那件蓝衬衫是不是再穿一天？"
　　"是。"
　　"明天你约了人回来吃饭？"
　　"没有。"
　　"汽车的机油换了吗？"
　　"换了。"

很难想象，这么没有情趣的对话，竟会从一对夫妻的口中说出。但日子是平凡的，三毛与荷西并没有觉得这样是不幸福的。

其实，在三毛家里，说不说话，说多少话的决定权完全由三毛掌握。荷西有两个不能触碰到的秘密，这也是他激动快乐的源泉。

　　"荷西，你们服兵役时，也是一天吃三顿吗？"

只要用这么奇怪的一句问话，那人就上钩了。姜太公笑眯眯地坐在床边，看这条上当的鱼，突然眉飞色舞，口若悬河，立正，稍息，敬礼，吹号，神情恍惚，眼睛发绿。军营中的回忆使一个普通的丈夫突然在太太面前吹成了英雄好汉，这光辉的时刻永远不会退去，除非做太太的听得太辛苦了，大喝一声——"好啦！"这才悠然而止。

如果下次又想逗他忘形的说话，只要平平常常的再问一次——"荷西，你们服兵役时，是不是吃三顿饭？"——这人又会不知不觉地跌进这个陷阱里去，一说说到天亮。

荷西只服了两年的兵役，所以让他说说当兵的生活还是可以忍受的。荷西还有一件事也是不能触碰的。三毛情愿天天做着那无聊的是非题式的对话，也不要打开荷西的话匣子，那可是说几天几夜也说不完的。

"荷西，窗外一大群麻雀飞过。"我这话一说出口，手中锅铲一软，便知自己无意间触动了那个人的话匣子，要关已经来不及了。

"麻雀，有什么稀奇！我小的时候，上学的麦田里，成群的……我哥哥拿了弹弓去打……你不知道，其实野兔才是……那种草，发炎的伤口只要……。"

"荷西，我不要再听你小时候的事情了，拜托啊！"我捂住耳朵，那人张大了嘴，笑哈哈地望着远方，根本听不见我在说话。

"后来，我爸爸说，再晚回家就要打了，你知道我怎么办……哈！哈！我哥哥跟我……。"

　　荷西只要跌入童年的回忆里去，就很难爬得出来。只见他忽而仰天大笑，忽而手舞足蹈，忽而作势，忽而长啸。这样的儿童剧要上演得比兵役还长几年，这才啪一下把自己丢在床上，双手枕头，满意的叹了口气，沉醉在那份甜蜜而又带着几分怅然的情绪里去。

对于荷西的长篇大论，三毛有时候觉得无法忍受。所以三毛尽量与荷西说一些简单的话。

虽然婚前没有什么山盟海誓，但三毛也不觉得遗憾。

　　结婚以前大胡子问过我一句很奇怪的话："你要一个赚多少钱的丈夫？"

　　我说："看得不顺眼的话，千万富翁也不嫁；看得中意，亿万富翁也嫁。"

　　"说来说去，你总想嫁有钱的。"

　　"也有例外的时候。"我叹了口气。

　　"如果跟我呢？"他很自然地问。

　　"那只要吃得饱的钱也算了。"

　　他思索了一下，又问："你吃得多吗？"

　　我十分小心的回答："不多，不多，以后还可以少吃点。"就这几句对话，我就成了大胡子荷西的太太。

有一天，三毛告诉荷西，要他客串写一篇《我的另一半》，荷西不知道"另一半"是什么意思，经三毛的解释，荷西才回答说自己是一整片的。而独立如三毛，当然也不会是人家的另一半。

荷西生活在一个重男轻女的家庭里，家里人把他当作儿皇帝服侍，生活中的一切都有人照顾，所以总有那种男尊女卑的观念。而三毛受胡适的"超于贤妻良母的人生观"影响。这两个人都不是一半一半的，双方的棱棱角角都需要时间去磨合，希望在不久的将来，能够磨合到不会撞痛彼此。

其实，三毛他们婚前婚后的生活几乎没有什么大的变化。荷西婚前没交什么女朋友，婚后自由自在，吹吹口哨，吃吃饭。三毛也没有改头换面，依然牛仔裤不离身。

有一次，三毛与荷西外出旅行。当他们到柜台问有没有双人房的时候，总会遭到质疑的眼光，最后看了户口本才相信他们是真的结婚了。这样类似的笑剧经常上演。为了让人觉得他们是夫妻，荷西竟然建议抱个孩子来装夫妻。当然，这只是说说而已，因为他们本来就是夫妻。

有一天，三毛在一本西班牙杂志看到一篇报道，说一个美国女作家写了一本畅销书，内容大概是"如何叫丈夫永远爱你"。意思是在丈夫面前要保持新鲜感，可以每天扮演不同的角色，今天扮女奴，明天扮海盗，后天扮安琪儿……这样才会永远有新鲜感，因为丈夫永远不知道今天是什么角色。

吃饭的时候，三毛对荷西说起这本书，荷西只顾着低头吃饭，眼睛望着电视，直到三毛重复问他，他才反应过来，三毛只有叹气。

我叹了口气，实在想把汤泼到他的脸上去，对待这种丈夫，就算整天说着"我爱你"，换来的也不过是咦咦啊啊，婚姻不会更幸福，也不会更不幸福。

有时候，我也想把他抓住，噜噜苏苏骂他个过瘾。但是
以前报上有个新闻，说一位先生，被太太喋喋不休得发了
火，拿出针线来，硬把太太的嘴给缝了起来。我不希望大胡
子也缝我的嘴，就只有叹气的份了。

刚开始的时候，荷西最大的娱乐之一就是和三毛作对，三毛叫他
向东，他偏向西，三毛叫他穿红，他偏穿绿……当三毛识穿他这种心
理的时候，三毛就用相反的说法去激他，开始荷西还会上当，后来变
得聪明了，采用不合作的方法，什么都不听，还说自己赢了。

我可以确定，要是我们现在再结一次婚，法官问："荷
西，你愿意娶三毛为妻吗？"他这个习惯性的"不"字，一
定会溜出口来。结过婚的男人，很少会说"是"，大部分都
说相反的话，或连话都不说。

刚结婚的时候，荷西对妻子十分体谅，家务活总是抢着做，后来
男性的自尊心复苏了，加汤添饭，只是把碗往三毛面前一伸。三毛生
病的时候，对家务活，他的观念是"谁也不理啊！不整理，房子又不
会垮！"每当这时候，三毛恨不得拿起大花瓶向他砸去，可是转而一
想，花瓶碎了还得自己打扫，于是就算了。

我们结合的当初，不过是希望结伴同行，双方对彼此都
没有过分的要求和占领。我选了荷西，并不是为了安全感，
更不是为了怕单身一辈子，因为这两件事于我个人，都算不
得太严重。

　　荷西要了我，亦不是要一个洗衣煮饭的女人，更不是要一朵解语花，外面的洗衣店、小饭馆，物美价廉，女孩子莺莺燕燕，总比家里那一个可人。这些费用，不会超过组织一个小家庭。

　　对于三毛他们来说，就是找个伴走完这条人生路。很多时候，在家里，她与荷西各做各的事情，各抱一本书，沉迷在书里或笑或哭，也绝不会干扰对方。他们无论去什么地方，只需跟对方说一声，到时间会自觉回来，无须问行踪。这就是他们相处的方式。对三毛来说，偶尔的孤独，是她最享受的日子，她心里的某个角落是不对任何人开放的。

　　许多太太们对我说："你这样不管你先生是很危险的，一定要把他牢牢地握在手里。"她们说这话时，还做着可怕的手势，捏着拳头，好像那先生变成好小一个，就在里面扭来扭去挣扎着似的。
　　我回答她们："不自由，毋宁死，我倒不是怕他寻死。问题是，管犯人的，可能比做犯人的还要不自由，所以我不难为自己，嘿！嘿！"

　　三毛觉得，自由是非常可贵的。即使是结了婚的夫妻，也应该有属于自己的空间，有充分的自由，不应该剥夺一个男人与朋友相处的欢乐。所以有时候，荷西会和邻居在屋顶上敲敲补补，会在汽车底下爬进爬出，会把自己当作泥水匠或木匠，只要他开心，三毛就不会限制荷西的自由，让他做他喜欢做的事。

岛屿生活，处处皆学问

　　来到大加纳利岛，三毛说这种隐士生活过得自在极了。她坚持自己的想法，不跟那些七老八十的人做朋友，不受益的朋友她坚决不交。但她怎么也没有想到，这些老家伙给她上了重要的一课。

　　一天下午，三毛坐在窗前发呆。在窗下面，她看到那个瑞典清道夫推着垃圾车又来了。这位老人每天清早就开始打扫街道，他打扫的方式与众不同，先是用一把小扫帚，把地上的灰尘扫干净，再用一块抹布来回用力擦，直到街道擦得可以用舌头舔，他才离去。三毛从街道的卡司先生那里得知，这位老人受不住北欧的寒冷，搬来这里长住，他主动要求免费清扫街道的。

　　那天，他在三毛的窗外扫地，树上的白花被风吹得满地都是，他一朵一朵认真地捡，一阵风吹来，他又捡一次，再一阵风吹来，再捡，如此几次，三毛看得忍不住了，就跑去用力摇那棵树，等花落了一地，三毛才蹲下去和老人一起捡。落花捡完了，三毛邀请老人到家里喝茶。三毛劝老人不要那么辛苦，问他扫地为什么不收钱，老人不理会三毛，继续打扫去了。三毛觉得他是一个疯子。

一个星期后，这个老疯子的身旁多了一个小疯子。只要看到他来，三毛就会跑去和他一起打扫街道。小疯子负责摇树，先把叶子摇下来，老疯子仔细地捡起落叶。他们一起维护这个社区的美丽。

又有一天，三毛去镇上买好菜开车回家，路上她见到邻街的德国老夫妇也提着菜出来，便请老夫妇一同坐车回去，并留了地址给他们，说必要的时候可以让她做司机。几天后，老夫妇邀请三毛一同散步，三毛一向怕老人的唠叨，而且做事会拖拖拉拉，她便说自己会走得很快的。

三个小时后，三毛围着老太太的手帕，穿着老太太的毛衣，累得趴在石阶上一动不动，这对老夫妇教会了三毛要多运动。"势利的"三毛也被这样的老人折服。

三毛在后院里种了一些洋海棠，有一天她蹲在那里看洋海棠长了没有，正看得入神，忽然传来了一位老人的声音，在老人的帮助下，洋海棠长得欣欣向荣。在和老人的交谈中得知，他失去了老伴，但老人没有丝毫的悲伤，依然开朗，三毛很反感。

"您不想您的太太？"我刺他一句。

"孩子，人都是要走这条路的，我当然怀念她，可是上帝不叫我走，我就要尽力欢喜地活下去，不能过分自弃，影响到孩子们的心情。"

"您的孩子不管您？"

"他们各有各的事情，我，一个人住着，反而不觉得自己是废物，为什么要他们来照顾。"

经老人一说，她又被老人那养儿何须防老的智慧折服。她原以为，这些正值黄昏的老人心中只有悲凉与孤独，却怎么也想不到他们的人生是充满希望的，对生活是充满信心的。

有一天，三毛车房的门坏了，去找芬兰木匠来修，木匠不在家，三毛就去找艾力克。这是一位七十四岁的老人，他每天帮别人修家具。他修完三毛车房的门后，邀请三毛参加一场音乐会。

他们的乐器有笛子，有小提琴，有手风琴，有口琴，有拍掌的节奏，有悠扬的口哨声，还有老太太宽宏的歌声尽情放怀地唱着。

艾力克在拉小提琴，三毛和一位优雅的男士跳起圆舞曲。他们对生命的热爱，对短暂人生的把握令三毛动容。

三毛在这个老年人的社区里学到了一门在任何教室也学不到的功课。

在这片沿海的社区，住着一百多户人家，虽说这里是西班牙的属地，但几乎都是北欧人来度假，退休后居住的，几乎没见到西班牙人。

在这里住了一段时间后，三毛感觉到了这里"埋伏"着好多人，她提醒荷西不要做坏事，而三毛却经常进隔壁人家院子里去摘花，她觉得那里没人住。

　　这个像鬼屋一样的小院子里的花床一向开得好似一匹彩色的缎子，我总是挑白色的小菊花采，很少注意到那幢门窗紧闭，窗帘完全拉上的房子里是不是有人住，因为它那个气氛，不像是有生命的一幢住家，我几乎肯定它是空的。我绕了一圈房子，窗帘密密地对着大窗，实在看不进去，绕到前面，拿脸凑到钥匙洞里去看，还是看不到什么。"荷西，你弄错了，这里一个人也没有。"我往家的方向喊着。

　　再一回头，突然在我那么近的玻璃窗口，我看见了一张可怕的老脸，没有表情地注视着我，我被这意外吓得背脊都凉了，慢慢地转身对着他，口里很勉强的才吐出一句结结巴巴的"日安。"

　　三毛被吓得不轻，她把这个老人扶进去他那乱七八糟的家。这个老人叫加里，是瑞典人，不会西班牙话，会听德文，但是讲不好，一双脚是跛的。他来到这里已经两年了，跟谁也不来往。

　　自从见了隔壁的加里后，三毛一直想念着他。

　　每天望着那一片繁花似锦的小院落里那一扇扇紧闭的门窗，它使我心理上负担很重，我恨不得看见这鬼魅似的老人爬出来晒太阳，但是，他完完全全安静得使自己消失，夜间，很少灯火，白天，死寂一片。他如何在维持着他的带病的生命，对我不止是一个谜，而是一片令我闷闷不乐的牵挂了，这个安静的老人每天如何度过他的岁月？

　　三毛把每天都吃不完的饭菜都分一点儿给加里。有空的时候，三毛与荷西还把他抬出来吹吹风，然后帮他开窗并打扫家里，三毛从加里的枕头下掏出很多的瑞典钱，三毛要帮加里开个户头把钱存起来。

　　这时，荷西发现老人右脚的两个脚趾已经烂掉，只露出红红的脓血，整个脚肿得像大象的脚，已变成了黑紫色，这块紫色的肉已经烂到膝盖了，非常臭，偶尔有苍蝇来叮。三毛觉得应该送医院了。

　　由于语言不通，三毛请求邻居帮忙沟通，邻居怕麻烦拒绝了；找社区负责人，负责人叫他们找领事馆；找到领事馆，得到的答复是：太太，你的瑞典邻居又老又病，不是领事馆的事，只有他们死了，我们的职责是可以代办文件的，现在不能管他，因为这儿不是救济院。

　　那一阵，邻居害怕三毛因为加里的事麻烦到自己，于是都和三毛疏远了，三毛因此成了不受欢迎的人。

　　三毛与荷西把加里送进了医院。医生提议说要把腿锯掉。加里告诉三毛，他和太太分居了，孩子也不要他，他希望自己就这样死掉。

　　加里终于把腿锯掉，那天他精神好了点儿后还告诉三毛，他明天可以回家了。于是三毛与荷西帮他把家里收拾干净，准备迎接他回来。可是，当三毛与荷西第二天去医院接加里的时候，加里却死了。

　　三毛付出了同情心，但是却没有收到理想的效果，加里还是不能坚持下去，也许对于他来说，死了比活着更快乐。这是多么可悲啊！

　　荷西有一个非常好的朋友叫米盖，他们做着相同的工作，有着相同的兴趣，服兵役时又在同一个单位，米盖可以算得上是荷西的另一个兄弟。

在撒哈拉沙漠的时候，三毛与荷西结了婚安定下来了，而米盖一个人住单身宿舍。每逢周末，他会老远地跑到三毛家的客厅打地铺，蹭吃蹭喝。

由于米盖没有家庭负担，所以花钱没计划，借钱给朋友从来不犹豫。开心的时候花钱如流水，不开心就买张机票回西班牙看女朋友，日子过得逍遥自在。

三毛经常催促米盖快点儿成家，毕竟他的青梅竹马的女朋友贝蒂在家乡等了他十多年了。米盖说，等他环境好点儿，有了积蓄，再和贝蒂结婚，他不想他最爱的人来沙漠受苦。

虽然米盖说的有一定的理由，但三毛觉得是娶一个太太，又不是请一个观音菩萨来家里供奉。

当三毛刚搬到大加纳利岛时，每逢周末，荷西总会来看她，米盖也会跟着来，这时，米盖会买很多贵重的礼物，托三毛寄给她千里之外的女朋友，有时也会寄钱给他母亲。米盖的工资足可以维持一个普通家庭的生活开销，但他现在生活得逍遥自在，结婚也就遥遥无期。

有一天，米盖的女朋友写信给三毛，诉说她与米盖分隔两地的无奈与痛苦，让三毛帮助她与米盖快点儿结婚，建立属于自己的家庭。

米盖再来三毛家的时候，三毛把这一切都告诉米盖，并把贝蒂的来信给米盖看，看着自己心爱的女人写的信，米盖沉默了，眼睛红红的。

在三毛与荷西的鼓励下，米盖的决心动摇了，当月，他就拿出薪水让三毛去银行帮他存起来，又让荷西帮忙写了封信给准岳父并打电话叫贝蒂准备婚礼。同时，三毛帮他在附近租了一座美丽的小房子。

婚后，米盖成了模范丈夫。平时上班努力赚钱，周末飞回家陪贝蒂。由于荷西与米盖感情好，在米盖结婚三个月后，三毛他们去讨旧债，要贝蒂做饭给他们吃。到米盖家时，看见米盖穿着睡衣刚扫完地在换床单，三毛觉得不可思议，平日滴水不沾的米盖竟做起家务活来。下午快到三点钟的时候，招呼三毛他们的是细面似的清汤，炸马铃薯和每人一块肉。饭吃完后，米盖赶紧收拾盘子，然后去洗。看到米盖的神情，三毛心里产生了一点儿惆怅。

当初，米盖的结婚和三毛脱不了关系，她当初代贝蒂苦苦求婚，但现在看到米盖没有了当初的自由，三毛心里很不是滋味，她觉得自己有一定的责任，因此她对米盖很愧疚。在婚姻里，她对荷西，则是给予了对方充分的自由。

> 对于荷西，我非常明白他的个性，他是个有着强烈叛逆性的热血男儿，用来对待他唯一的方法，就是放他去做一个自由的丈夫。
>
> 他出门，我给他口袋里塞足钱；他带朋友回家来，我哪怕是在沙漠居住时，也尽力做出好菜来招待客人；他夜游不归，回来我只字不提；他万一良心发现了，要洗一次碗，我就马上跪下去替他擦皮鞋。

三毛这种柔道的"驯夫术"让荷西真正成了"我的好丈夫"，这也让他们的家庭很幸福。

　　日子就这样过去，沙漠的战争还在继续，荷西的公司也没有解散，但员工可以决定自己的去留。三毛让荷西自己决定，而贝蒂则认为再危险米盖也得去，因为他们没有积蓄。三毛不明白，"没有积蓄难道比生命的丧失还要可怕吗？"

　　荷西辞工回来后，他们每天有空去河边捉鱼，过着神仙似的快活生活。贝蒂每一次看见三毛他们捉了不少鱼，都来讨很多回去。而米盖每天冒着烽火去上班，休假回来的时候总会吃鱼，而且是最简单的烤鱼。米盖也曾经跟贝蒂说过，不想再回到沙漠去上班，可是贝蒂不同意。

　　贝蒂就是这样爱着米盖。她觉得米盖最爱吃她做的鱼，米盖宿舍有吃有住不需要什么钱，所以当荷西送米盖上班的时候，贝蒂连本来米盖打算坐计程车的钱都没收了。

　　　一个做太太的，先拿了丈夫的心，再拿他的薪水，控制他的胃，再将他的脚绑上一条细细的长线放在她视力所及的地方走走；她以爱心做理由，像蜘蛛一样的织好了一张甜蜜的网，她要丈夫在她的网里面唯命是从；她的家也就是她的城堡，而城堡对外面的那座吊桥，却再也不肯放下来了。

　　米盖就是这样从一个年轻自由的男人变成一个低声下气、胆小怕事、口袋没有一分钱的"好丈夫"。三毛与荷西对于米盖的改变除了叹气还是叹气。

　　有一阵，一个女友问三毛，说有一家瑞士的人家想请人帮忙，每天早上去扫扫地，洗洗衣服，做做午饭，一点钟就可以回来了，酬劳是一百五十美金一个月，她叫三毛去试试。由于当时三毛身体不好，所以对这些并不感兴趣，而且荷西也不让她去做，于是她便拒绝了女友的好意。

过了不久，三毛因病住院，在跟主治医生闲聊时，医生无意中说起他的一个病人是三毛的邻居，那个女人去年因肝癌被宣布活不过三四个月，可是女人一家三口说死也要聚在一起，就回家了。现在八九个月过去了，女病人居然还活着，只是苦了那个孩子，才十二岁，既要照顾双腿残疾的父亲，又要照顾病危的母亲。三毛问医生是哪家，她很奇怪是自己的邻居，自己竟然不知道。主治医生告诉三毛，姓胡特，瑞士人，男孩有一头红头发。三毛与荷西恍然大悟，不就是那个老是一个人在海边的孩子嘛。

第一次看见达尼埃是在一个月圆的晚上，三毛一个人去散步，当她准备回去的时候，遇到了一只大狼狗，三毛吓得惊叫起来。后来一个人呵斥了一声狗的名字，狗就跟主人走了。

　　"喂！好没礼貌的家伙，你的狗吓了人，也不道个歉吗？"我对着这个人叫骂着，他却一声不响地走了。再一看，是个孩子的背影，一头卷发像棵胡萝卜似的在月光下发着棕红的颜色。

那一天，三毛在达尼埃家门口招呼他，只是达尼埃仍不说话，后来他妈妈招呼三毛进去坐，说之前想叫三毛来帮忙，但遗憾的是三毛没有来。达尼埃一家还留三毛他们喝了下午茶，并邀请三毛经常来玩。而达尼埃在旁侍候着，像女孩子般细心。只是一旁的父亲喝了酒，对儿子很粗暴，总是打达尼埃。

一天，三毛他们又在市场碰见了达尼埃，达尼埃手里拿了很多的东西，说是要做蛋糕给妈妈吃，还答应三毛他们说下次做水果派给他们吃。

过了一会儿，达尼埃给三毛送去了一小篮鸡蛋，是他自己亲手养的鸡生的。达尼埃不仅养鸡，还有一只狗、十三只猫、一群鸡、一个花园，都是他在管。他做这些只因他妈妈喜欢。

达尼埃清早六点起床，喂鸡、扫鸡房、拾蛋、把要洗的衣服泡在洗衣机里、喂猫狗、预备父母的早饭、给自己做中午的三明治、打扫房屋，这才走路去搭校车上学。下午五点回来，放下书包，跟了我们一同去菜场买菜，再回家，马上把干的衣服收下来，湿的晾上去，预备母亲的午茶，再去烫衣服，洗中午父母吃脏的碗筷，做晚饭，给酒醉的父亲睡上床，给重病的母亲擦身，再预备第二日父母要吃的中饭，这才带狗去散步。能上床，已是十二点多了，他的时间是密得再也不够用的，睡眠更是不够。一个孩子的娱乐，在他，已经是不存在的了。

荷西有时候带他去看电影逛街，可他是人在外面，心在家里。

有段时间他妈妈鲁丝的情况不好，在医院住了两天两夜，他爸爸尼哥拉斯在家哭了两天两夜，达尼埃白天上学，晚上陪母亲，还拜托三毛照顾他父亲。

　　鲁丝出院的第二天，达尼埃拿了两千块钱给三毛，叫三毛帮忙买瓶香水作为生日礼物送给妈妈。

　　过完生日的那天晚上，鲁丝死了，达尼埃一个人守了母亲一夜。他说现在要照顾的是父亲，叫荷西先去给爸爸买药，叫来医生，才好把爸爸叫醒。他什么都想周全了，镇静得可怕，没有放声哭过。

　　后来，达尼埃经常来三毛家，他告诉三毛说将来在这里开业做兽医，因为这里的气候对他父亲的腿好，然后他还说，他们不是他的亲生父母，他八岁才被他们从孤儿院领出来的。

　　面对这个只有十二岁的小孩子，三毛震撼得说不出话来。

　　在这里生活，三毛似乎到了陶渊明写的世外桃源。可住的时间长了就会发现，这里也不像世外桃源那样与世隔绝，每天来这里的人还真不少。推销员就是其中一部分。他们推销的东西各种各样，但都是平时需要的一些物品，有番茄、鱼、水果、鸡蛋、盆栽……这就方便了三毛不需要跑太远去买。

　　可是后来，三毛再也不想买他们的东西了，这也是因为那位卖花老女人造成的。

　　我听见前院木棚被人推开的声音，转头瞄了外面一眼，马上冲过去，将正在看书的荷西用力推了一把，口里轻喊了一声——"警报"，然后飞奔去将客厅通花园的门锁上，熄了厨房熬着的汤，再跟在荷西的后面飞奔到洗澡间去，跳得太快，几乎把荷西挤到浴缸里去，正在这时，大门已经被人砰砰地乱拍了。

　　那个卖花的女人又来了。她叫开门的声音从前门绕到卧室的窗口，又回到客厅的大门，依然不屈不挠地叫着，这时荷西想去叫她离开，但是一听到三毛说的是卖花的，荷西吓得缩了回来，坐在抽水马桶上看书，两人躲在那里大气都不敢喘出。

　　三毛他们两个天不怕地不怕的人，却如此害怕这个卖花女，说起来都不敢相信，但他们屋里那一盆盆完全干枯或者半枯的盆景，说明三毛他们跟这个卖花女已经交手了几次，可一次也没有赢过，说起来不得不佩服这个卖花女。

　　　　卖花女第一次出现时，我天真的将她当作一个可怜的乡
　　下老婆婆，加上喜欢花草的缘故，我热烈地欢迎了她，家中
　　的大门，毫不设防的在她面前打开了。

　　就这样，老婆婆说自己有多可怜，还把花送上门来卖，而三毛只是在家听听音乐煮煮饭，还在这里讨价还价说贵，那盆花在桌子上和盒子里来回好几次，最后本来卖一百五十的花三毛花五百买下了，到这里事情并没有结束，三毛本来想把叶子冲洗下，结果越看越不对劲，那么小的盆子竟然长出几片不相称的大叶子。三毛轻轻把梗子一拉，它就出来了，这是一枝没有根的树枝，是从树上剪下来插在花盆里的。

　　这是三毛第一次被骗得团团转。

　　趁着三毛出去的空档，卖花老婆婆用同样没有根的树枝把荷西又骗了一次：老婆婆说，三毛对她好，早上弄错了，把一盆没有根

的叶子给了他们，现在很后悔，然后用这最后一盆有根的本来价钱一千二百的半价给他们，算是赔礼道歉。于是荷西上当了。

第一、第二回合，卖花女赢得很简单。

过了几天，三毛去邻居鲁丝家借东西，卖花女又来了。三毛赶紧告诉鲁丝，卖花女卖的盆栽没有根，叫鲁丝不要上当。三毛为了证明给鲁丝看，她对卖花女说如果盆栽有根就买。卖花女提出，既然大家都不信任，那这样好了，你们每人先付两百元订金，盆栽先放你们这里，下个星期我来的时候，如果枯了，就不收钱。大家都接受了这个建议，三毛与鲁丝各出了两百，每人留下了一盆花。

过了四五日，三毛与鲁丝的盆栽都枯了，她们想，这次卖花女不会再来了，正想的时候，卖花女出现了。三毛叫她还两百元的订金，卖花女却说，她的盆栽值五百元，如果枯了，就不向她们要那三百元，这是她们之前约定好的。再说，她收了两百元，但是也把盆栽给了三毛的。三毛都被她弄糊涂了，最后那些枯了的盆栽被卖花女抱走了。

第三次较量，三毛糊里糊涂地输了，输得连花盆都没有得到。

有一天早晨，卖花女又来了，她叫三毛买花，三毛不买，于是她送了一盆极小的指甲花给三毛，三毛说不要，但卖花女还是把花留下，三毛忽然对卖花女改观了。后来，指甲花越长越好，三毛越看越喜欢。

过了几天，荷西带回来一大棵爬藤的植物，还说肯定是有根的，这又是在卖花女那里买的，两千元，可以分期付款。三毛与荷西忽然明白过来了，卖花女这是在小鱼钓大鱼，送一盆小的给三毛，却叫荷西买回一盆大的。不只这样，另一天荷西去英格家修洗衣机，后来又带回来了一盆小指甲花。三毛问是不是英格送的，荷西说是买的，卖花女在英格家叫英格买花，还在那里哭穷，后来对荷西说像往常一样送荷西一盆，荷西为了不让英格误会，觉得自己占小便宜，于是就付钱给卖花女了。

从此以后，三毛与荷西都不敢再见这个"世界上最伟大的推销员"了。

当然，有些推销员还是很忠厚的。

"太太！日安！请问要鸡蛋吗？"

"蛋还有哪！过几天再来吧！"

"好！谢谢，再见！"

我注视着这些男人，觉得他们实在很忠厚，这样不纠不缠，一天的收入就差得多了。

有一天，一个从来没有见过的男人来卖锅，他憔悴得好像得了大病的病人一样。因为不需要，三毛就拒绝了，卖锅的男人听后点点头就走了。看着他潦倒的身影，三毛改变了主意，她拿了钱跑到另一条街去买锅，五大一小，只需要两盆花的价钱。三毛问为什么不多收点儿，那么远的路跑来，卖锅男人说，够本钱就可以了。

不同类型的推销员，三毛当然是喜欢后面的那些忠厚的，毕竟他们真诚，不会骗钱。

在大加纳利岛的时候，三毛有空也会到处去走走。那次他们本来计划去西班牙本土，由于买不到船票，于是转去玛黛拉七日游。

　　玛黛拉面积七百多平方公里，人口大约是二十万人，是葡萄牙在大西洋的一个海外行省，还是一个旅游胜地。

　　三毛他们休息的旅馆是在玛黛拉的首都丰夏的"派克赌场大放馆"。于是他们首先游玩的是丰夏城内。

　　　与其说"丰夏"是个大都市，不如说它是个小城市镇，大半是两三层楼欧洲风味的建筑，店面接着店面，骑楼一座座是半圆形的拱门，挂着一盏盏玻璃罩的煤气灯，木质方格子的老式橱窗，配着一座座厚重殷实刻花的木门，挂着深黄色的铜门环，古意盎然，幽暗的大吊灯，白天也亮，照着深深神秘的大厅堂，古旧的气味，弥漫在街头巷尾，城内也没有柏油路，只是石板路上没有生青苔而已。一共不过是十几条弯弯曲曲上坡又下坡的街道，一座大教堂，三五个广场，沿海一条长堤，就是"丰夏"市中心的所有了。

　　与丰夏"接触"了几次后，三毛越来越觉得它亲切、温馨、变化多端。虽然只有四万人口，但是它有属于自己的繁华。三毛在这旦碰见几次很有趣的事。

　　在一家店面很小的铺子里，里面放着一堆红泥塑像，有鸽子、天使和微笑着的小童。三毛想买，于是好不容易把老板找来，老板看到三毛选了一个天使抱在怀里，于是把另外的三个拿出来，尽管三毛与荷西多次强调只买一个，但店铺老板还是坚持四个一起卖，并把他们带到二楼去看这些塑像的作用。

原来这种泥塑的东西，是用来装饰屋顶用的，家家户户，将屋子的四个角上，都糊上了四个同样的像，或是天使，或是鸽子，也有微笑小童的，非常美丽，只是除了美化屋顶之外不知是否还有宗教上的原因。

虽然三毛已经知道这些泥塑的作用，但是她还是坚持就买一个放在书架上。于是老板扔下一句"不买全套，免谈"，就走了。

还有一次，三毛走着走着，感觉很口渴，于是一家名字很有趣的小酒店吸引了他们。酒店老板是个很和气的留着胡子的小胖子。当他听到三毛说要拍照时，小胖子很合作地摆着动作。这时，三毛一个字一个字地读着酒店的名字："一八三二年设立——殡仪馆——酒——吧——"老板听到后，连忙看了看，赶紧解释道："不，不，太太，楼上殡仪馆，楼下酒店，你怎么把两块牌子连起来念，天啊，我？殡仪馆？"

老板这一叫，把周围的人都吸引过来了，大家都指着他笑，三毛又补充了一句："这样特别，天下再也没有另外一家'殡仪馆酒店'了。"不说还好，一说全街的人都在笑，看到这种情况，三毛丢下钱赶紧逃跑了。

好一个淘气调皮的三毛，即使在异乡的旅途中，也可以如此幽默。

对于三毛来说，度假除了到处走走，最重要的就是吃了。有一天，经过一间很有本地特色的小饭店里，三毛看见菜单上有烤肉串，就想吃了。按照以往的经验，三毛豪爽地对店员说要来五串，店员似乎没听见似的一动也不动。三毛以为店员听不懂自己说的话，于是连写带说的再一次表示要五串烤串，店员问她是不是和先生一起吃，三毛说自己吃。店员又问是不是要一串，三毛奇怪地看着他说要五串。

饭店来的人越来越多，荷西的鱼上桌了，迟来的客人也开始吃了，只有三毛的烤肉串迟迟不来。

　　弹着手指，前后慢慢摇着老木椅子等啊等啊，这才看见茶房双手高举，好似投降一样的从厨房走出来了。他的手里，他的头上，那个吱吱冒烟的，那条褐色的大扫把，居然是一条如——假——包——换——的——松——枝——烤——肉——。

看着这真正的"玛黛拉烤肉串"，三毛与荷西都愣住了，没见过那么长的烤肉串。三毛立刻对店员说要把另外四串退了。幸好人家没有收那另外四串的钱，还附上了一杯柠檬水来消化。

和三毛一起，即使是平淡的旅途，都会变得有趣。

　　有一年跟随父亲母亲去梨山旅行，去了回来，父亲夸我，说："想不到跟妹妹旅行那么有趣。"
　　"沿途说个不停，你们就欢喜了啦！"我很得意地说。
　　父亲听了我的话笑了起来，又说："你有'眼睛'，再平凡的风景，在你心里一看，全都活了起来，不是说话的缘故。"

在旅游车上，当大家都在聊得海阔天空的时候，三毛情愿一个人缩在车厢的最角落，静静地欣赏那些一掠即过的美景。

在玛黛拉，三毛也体验过古人下山的那种滑车工具。"滑车"事实上是用杨枝编成的可以坐三个人的大椅子。车子下面没有轮子，有两根木条，整个车子类似现在的雪橇。

三毛也上车尝试下。当拉车的人松开绳子后，车子慢慢向下坡滑去。开始，滑车是缓慢地动着，可以欣赏下四周的风景。后来车子越来越快，视线模糊了，只见一片片影子从身边掠过，车子速度越来越快，晃动得好像要散开似的。

> 我坐在车内，突然觉得它正像一场人生，时光飞逝，再也不能回返，风把头发吹得长长的平飞在身后，眼前什么都捉不住，它正在下去啊，下去啊。

同车女孩的尖叫声让三毛惊醒。那两个拉车的人从椅后背跳了下来，把手中麻绳一放，一左一右开始在身后拉，车的速度马上慢下来了。

当整段路程结束，看到那两个拉车人像从海里捞出来似的全身湿透，三毛心里感觉很不是滋味。两人本分善良，却又做着那么辛苦的活，到头来也只挣得那么一点儿微薄的收入。

对于玛黛拉岛，令人印象深刻的是它的那片花海。丰夏的市中心没有种花，但是很多人卖花。花朵将整个城市点缀得五彩斑斓。

而三毛，却喜欢深山里那个叫"散塔那"的小村落。

　　"散塔那"坐落在大森林边，居民种着一畦畦的蔬菜，养着牛羊，游客一车车的去看他们的房舍，他们也不很在意，甚而有些漠然，如果换了我，看见那么多游客来参观，说不定会摆个小摊子卖红豆汤，不然，钉些一色一样的小茅屋当纪念品卖给他们，再不，拉些村民编个舞唱个狩猎歌，也可以赚点钱。可贵的是，这只是我个人的想法，在这个山谷里，没有如我一般的俗人，游客没有污染他们，在这儿，天长日久，茅草屋顶上都开出小花来，迎风招展，悠然自得，如果那田畦里摘豆的小姑娘，头上也开出青菜来，我都不会认为奇怪，这个地方，天人早已不分，人，就是大自然的一部分了。

　　在这里，三毛又一次体验到回归田园的那种渴望，还有那无尽的乡愁。三毛一直以来的理想是有一间农舍，几块菜地。这里刚好符合了三毛的理想境地。她羡慕这里的人可以在这人间仙境住上一生一世，而自己偏要回去，回到现实生活中。而她留给了玛黛拉作纪念的，只是那双跟她走过欧洲，走过亚洲，走过非洲的断裂了的希腊式凉鞋，她只带走了一只粗陶彩绘的葡萄牙公鸡和一个杨枝菜篮。

　　在大加纳利岛的家里，三毛有时候也会发发疯，做做农场的梦，荷西说三毛得了相思病。
　　那天，电视剧里开奖的报数声已经结束，三毛的心跳也恢复了正常，她回房间睡觉了，但当她想到自己的农场梦并没有实现，她怎么也睡不着，双眼瞪着天花板发呆。

每年快到圣诞节的时候，三毛都会把辛辛苦苦存了一年的铜板倒出来，用毛巾擦亮，数清楚，然后像银行那样用白纸卷好。这一万块钱不是买东西给自己，也不是买礼物给荷西，而是买奖券，希望用这一万的奖券中个大奖。三毛拿个计算机在那里算来算去，算出个成千上万的概率来。

到开奖的前一天，三毛就把荷西叫到奖券行，将荷西用力推进人群去买奖券。这时的三毛病症明显，脸色苍白，双腿发抖，站在人群外面祷告。当荷西好不容易抢到十张奖券出来的时候，三毛马上把写好的数字拿出来对，看看有没有她算中的号码，接着当众亲吻那些奖券，然后再放进皮包里。对三毛来说，她放进皮包的不只是奖券，神志不清的她以为那是一大片农场放在皮包里。那天荷西对三毛说，即使中了七千五百万，在西班牙也是不够开个大农场的，谁知三毛立刻反驳，她说问过费洛尼加的先生了，并向他们在南美巴拉圭订了两百公顷的地，圣诞节过后就给回复。

不只这样，三毛开始想着隔壁那个老园丁那么老了，会跟她去农场继续做园丁吗？她还一年一度地把那些畜牧学、兽医入门、牧草种植法都拿出来，摆在巴拉圭那张地图上，似乎已经是在经营一个自己的农场了。她还每天去跟乡下人谈论播种、收成、虫害、施肥等。她还告诉荷西，要把种番茄的那家人一起带去巴拉圭，那家人老实忠厚，人不错，把十公顷的地给他们，然后一起耕收。当荷西问她是否买了船票的时候，三毛竟然进房去拿了好几张船公司的航线表格出来，还告诉荷西，意大利的船公司的航班时间，德国的也有两个月来一次，至于车的进口税啊，阿根廷买牛巴拉圭交牛都了解得清清楚楚。

有一天，三毛还把邻街那个卖大机器的德国商人叫到家里来，三毛在细心挑选一个七百万的铲土机，还要研究交货地点。三毛还答应德国商人，圣诞节一过就给答复，即使交易不成功，明年还是有希望的。

白天三毛看着她的特奖奖券不肯睡觉，晚上自己不肯睡也不让荷西睡。

　　刚刚闭上眼，她啪一下打人的脸——荷西，小发电机是这里带去，还是那边再买。睡了几秒钟，她又过来拔胡子——种四十公顷无子西瓜如何？南美有没有无子西瓜。我被她闹不过，搬去书房；她又敲墙壁——二十头乳牛，要吃多少公顷的牧草？牛喝不喝啤酒？听不听音乐！猪养不养？黑毛的好还是白毛的好？

三毛日日夜夜在说她的农场，她把奖券密封在一个瓶子里，用塑料袋包好瓶子，把瓶子放在开满了水的浴缸里，说是即使失火了也不会烧掉那七千五百万。

前几天，三毛听见人家太太要生了，夜里她在大叫，说母牛难产了，快找兽医，然后又说还得养鸽子，分一些给兽医，万一动物有病痛，可以飞鸽传书，兽医一收到信，马上飞车来救牛救羊。

即使是发痴了，台湾、马德里两家人三毛是记得的。她叫弟弟们不要去做事了，去学空手道，农场要人帮忙，要人保护，十支火枪，两个中国功夫巡夜，妈妈们做饭，姐姐们喂鸡鸭，爸爸们管账，还叫荷西砍树的时候要留下一棵大的做长饭桌。

三毛还在家里画了一个农场蓝图。

> 房子在小坡上，一排都是木造的，好几十间。牛房猪舍
> 在下风的地方，鸡隔开来养，怕鸡瘟。进农场的路只有一
> 条。这个她放四把火枪，叫我大哥守。仓库四周不种东西，
> 光光的一片，怕失火烧了麦子。这几十公顷是种玉米，那边
> 是大豆，牧草种在近牛栏的地方，水道四通八达，小水坝
> 拦在河的上游，果树在房子后面，地道通到农场外面森林
> 里，狗夜间放出来跟她弟弟们巡夜，蔬菜是不卖的，只种自
> 己要吃的，马厩夜间也要人去睡，羊群倒是不必守，有牧
> 羊犬……

以上是荷西告诉英格三毛的相思病，而英格听了之后，竟然说什么时候去农场，大家朋友一场，去的时候要带上她。三毛的相思病已经传染到英格了。也许，三毛向往的农场生活也是大部分人希望拥有的。三毛这个相思病虽然每年一次，但偶尔痴人说梦，也可以作为生活的调剂品，为漫长的岁月增添一点儿乐趣。

在加纳利群岛的新家住了不到十天，三毛有心电感应似的，觉得有事发生，于是她便打电话给马德里的婆婆。当她听到妹妹的兴奋惊叫声后，证实了自己的第六感，婆婆要来三毛的新家造访。

当初荷西与三毛结婚的时候就遭到荷西妈妈的反对。结婚半年，三毛写信，婆婆一个字也没有回复。如今，她与荷西刚刚从沙漠中逃亡出来，家里十分凌乱，而听说婆婆当天就要到来，顿时，三毛慌了，婆婆驾到，如临大敌。

放下电话，三毛马上和荷西到磷矿公司，哀求荷西的上司给他们预支五万块西币的薪水。领了钱，他们飞奔向超级市场。

一辆购物车放满了东西，然后再拿另一辆，即使他们买的东西平时是不吃的，但三毛觉得现在是战争的非常时期，所以必须要买。荷西听到三毛这样说，觉得不可思议，自己的妈妈来而已，有必要搞得那么紧张兮兮的吗？有必要觉得婆婆的到来像是打仗吗？荷西不知道，在中国的传统家庭中，婆媳关系自古以来就是比较难处理的人际关系。

回到家后，三毛立刻放水洗床单，然后还要来个大扫除。

　　等我全神贯注在洗床单时，脑子里还回响着妹妹的声音——她现在正在出门。在出门，在出门——又听到妹妹说——她偏偏不挑我跟去——她不挑我跟去——她不挑我跟去——我听到这里，呼一下把床单举成一面墙那么高，不会动了，任着肥皂水流下手肘——她不挑妹妹跟来，表示她挑了别人跟来。她挑了别人跟来，会是谁？会是谁？

三毛不敢分析下去了。

当天下午，三毛与荷西从机场接回了一群人——婆婆、姐姐、姐夫，还有两个小孩。他们的到来可让荷西给乐坏了，而三毛几乎成了一个佣人。

给姐夫准备下酒菜，帮妈妈铺床，帮外甥大卫洗裤子、拿痱子粉，帮外甥女小黛比拿糖……说是家庭团聚，可三毛忙得没有时间静下来谈谈别后的情况，当荷西进城买床单的时候，全家都坐车去了，剩下腹泻的大卫和三毛。三毛和大卫玩了一会儿，又要开始准备晚饭了。四菜一汤，布丁甜点。椅子不够去向邻居借，刀叉用去污粉擦亮，给荷西准备啤酒，给姐夫准备红酒，给孩子准备饮料，给婆婆准备矿泉水。还要考虑杯子的大小不同，冰块够不够冰，每个人的口味。一顿饭下来，三毛筋疲力尽。可是还得准备荷西第二天的衣服。

　　五天的日子过去了，我清早六时起床，铺床，做每一份花色不同的早饭，再清洗所有的碗盘，然后开始打扫全家，将小孩大人的衣服收齐，泡进肥皂粉里，拿出中午要吃的菜来解冻，开始洗衣服，晾衣服。这时婆婆他们全家都已出门观光，湿衣服晾上，开始烫干衣服，衣服烫好，分别挂上，做中饭，四菜一汤，加上小孩子们特别要吃的东西，楼下车子喇叭响了，赶快下去接玩累了的婆婆。冷饮先送上，给各人休息；午饭开出来，吃完了，再洗碗，洗完碗，上咖啡，再洗盘子杯子，弄些点心，再一同回去城里逛逛；逛了回来，晚饭，洗澡，铺婆婆的床，小黛比的沙发，自己的地铺，已是整整站了十六小时。

三毛俨然成了一部家务机器，连小孩子都知道怎么操纵她，但即使这样劳累，还是没有得到荷西家人的体谅。他们责怪三毛太忙，说她不够懂事，不够细心，觉得三毛做所有的家务是理所当然的。

他们的一家团聚，满足了婆婆的购物欲，满足了姐姐姐夫一家的度假，唯独没有提及三毛现在的经济，没有提及分期付款的房子，也没有提及荷西的工作。好像谁提到了，这些包袱就要谁去承担似的。

三毛是个渴望自由的人。她的快乐来自沙漠里那种无拘无束的生活，来自在无际的空中翱翔的畅快。要是让她每天迎合他人，做她不喜欢的事情，这对于她是多么的难受。

一个月后，婆婆要回家，姐夫要上班。三毛在机场送走了婆婆一家。回家的路上，三毛想着明天醒来不用再睡地铺，而是在自己软绵绵的床上，想着可以吃方便面，可以尽情大笑，不由得开心起来。明天，对她来说，又是一个艳阳天！

神仙眷侣，逍遥群岛游

三毛有个习惯，每到一个新的地方之前，她都会先充分了解这个地方的情况。在出发加纳利群岛旅行之前，三毛到处向人借有关这个群岛的书籍资料来看。结果这个借一本，那个借两本，借来的书籍俨然成了一个小书摊。到了启程的日子，荷西一再催促，她却埋头在这些书籍里舍不得放下。

直到在从大加纳利岛驶向丹纳丽芙岛的大船夹板上，三毛还在念着手中的最后一本书。她望着远方那些云雾缭绕的岛屿，沉醉在那些美丽的传说里。她缠着荷西给她讲奥德赛航海的路线，又说从三四本书上看到岛上藏了女神的金苹果的事，还说也要去找金苹果。荷西只当三毛是个精神病人似的笑望着她，不说一句话。

旅行的第一站是丹纳丽芙岛，在三毛的想象里，它是这样的：

我一直幻想着它是一个美丽的海岛，四周环绕着碧蓝无波的海水，中间一座著名的雪山"荻伊笛"（Teide）高入云

霄，庄严地俯视着它脚下零零落落的村落和田野，岛上的天
空是深蓝色的，衬着它终年积雪的山峰……。虽然早已知道
这是个面积两千零五十八平方公里的大岛，可是我因受了书
本的影响，仍然固执的想象它应该是书上形容的样子。

三毛与荷西开着小车从船里上岸时，见到的是一片混乱像是灾难
来临前的景象：街道上人潮汹涌，音响鼓笛齐鸣，响声震耳欲聋，路
被堵得水泄不通，找不到方向，前后高楼里的窗口满满地悬挂着人
群。荷西开着车，东堵西挡，停车警察又狂吹警笛。这突然的惊吓让
他们一时不知所措。

三毛拉下车窗想问路，没想到一只毛茸茸的爪子伸了进来，车窗
外一个怪物对着三毛乱叫，还扭动着庞大的身躯向三毛吹气。三毛来
不及惊叫，那怪物轻笑两声就走了，三毛吓得瘫在位子上一动不动，
看着那远去的庞大身躯，竟然是一只"大金刚"。

三毛正纳闷，书上说过加纳利群岛是没有害人的野兽的，连蛇都
没有的地方怎么会有"金刚"在街上出现呢？这时，荷西突然醒悟过
来了，"啧，我们赶上了这里的嘉年华会，自己还糊里糊涂不知道。"
三毛听了非常兴奋，马上便推门下车，荷西告诉她别急，因为嘉年华
会是要持续到下星期二的。

丹纳丽芙虽然是一个小地方，可是它是西班牙唯一盛大
庆祝嘉年华会的一个省份。满城的居民几乎倾巢而出，有的
公司行号和学校更是团体化装，在那几日的时间里，满街的
人到了黄昏就披挂打扮好了他们选定的化装样式上阵，大街

小巷地走着，更有数不清的乐队开道，令人眼花缭乱，目不
暇接。

也许丹纳丽芙的居民，本身就带着狂欢的血液和热情，
满街但见奇装异服的人潮，有十八世纪宫廷打扮的，有穿
各国不同服装的，有士兵，有小丑，有怪物，有海盗，有工
人，有自由女神，林肯，黑奴，有印第安人，有西部牛仔，
有着中国功夫装的人，有马戏班，有女妖，有大男人坐婴儿
车，有女人扮男人，有男人扮女人，更有大群半裸活生生的
美女唱着森巴，敲着鼓，在人群里载歌载舞而来。

荷西选了一顶玫瑰红的俗艳假发给三毛带上，玻璃镜里，三毛看
到头上突然开出这么一大蓬红色卷发，也吓了一跳，调皮的她想去吓
吓小孩子。

路边有一个小孩子看到三毛，拉着妈妈的衣服大叫："妈妈，你
看这里有个红发中国人！"三毛用奇怪的声音幽默地说："小东西，
看清楚，我不过是带了一张东方面具而已！"小孩子要来摸三毛的
脸，四周的人笑得人仰马翻，连荷西都惊奇三毛的幽默。

嘉年华会的最后一天是花车游行的高潮，但由于人太多，荷西与
三毛挤在人群里什么都看不见，只能看见小丑的帽子。到了天黑，游
行的队伍依然不散，也令三毛感叹至深。她看到了一个懂得享受生
命的民族，一个坦诚开放的心灵，看到了人性另一面动人而瑰丽的
色彩。

坐渡轮从丹纳丽芙到拉歌美拉只需一个半小时，三毛打算只在这
里停留一天，所以没带车子，只是坐船过来。

　　这个沿海建筑的小镇与丹纳丽芙不同，这里没有商店，没有餐馆，也没有超级市场，一切都是那么寂寥。这个一无所有的小镇，也许只有宗教才是他们的精神寄托。在杂货店老板的指引下，他们来到了一个老教堂。

　　在教堂石砌的地下，他们发现一个十八世纪葬在这里的一个船长太太的墓碑。三毛很好奇，这个欧洲女子为什么会葬在这里？她有着怎样的一生？三毛很迷惑。

　　当三毛在破旧的风琴上弹起歌曲来的时候，一个中年神父搓着手带着笑容出来了，神父问他们有什么需要，三毛请求神父给她一点儿圣水。后来三毛告诉神父，他们是来听口哨的，但没有车入山，所以现在不知道怎么办。

　　关于口哨，三毛小的时候就喜欢，但却怎么也学不会。在撒哈拉生活的时候，她就听朋友们说起，拉歌美拉岛上的人不但会说话，还有属于他们自己的特别的口哨传音法。也许是这里大部分是山峦，居民之间居住的地方相隔很远，山谷中喊声不易传播清楚，所以口哨就被流传了下来。

　　神父知道他们要听口哨，建议他们如果不入山，黄昏的时候可以到广场上去，那里的中年人比青年人吹得好。三毛与荷西再三致谢。

　　他们来到了广场上，由于时间太早，街上的人寥寥无几，面对这个没有个性、没有特色的小镇，三毛枕在荷西的膝盖上睡着了。醒来的时候已经是四点多了，街上的行人也渐渐多了起来。他们到附近的街道随便逛逛，无意间看到一家小店内挂着一种响板，它是西班牙人跳舞时夹在掌心，用来拍击发出响声的，三毛没见过，于是进去问价钱，可当她仔细一看发现是机器做的，就不想要了，但妇人已经拍击着唱着歌跳起舞来了，三毛见到后连忙阻止，妇人也没有停下来，并向三毛唱着："不买也没关系啊，我来跳舞给你看啊！"三毛见她不要钱，顺势叫妇人出来店里跳，妇人大方地出来了，她唱的歌词每一句都押韵，很好听。妇人还说是她自己作的词编的曲。后来老妇人又吟诗给他们听，她的声音优美苍凉，吟着自己作的诗，更加真情流露。三毛听得忘了时间，更不知身处何处，完全沉浸在其中。

三毛与荷西回到广场上，看见许多年轻人在互掷白粉，一问才知道，这儿的嘉年华会不是化装游行，而是撒白粉。他们继续寻找会吹口哨的人。

一个小孩拉了两个五十多岁的人过来，两人按照三毛的要求，分隔很远，然后根据三毛的话，一个用口哨传递信息，远处那个做出相应的动作。三毛与荷西看到这样的情景觉得不可思议，像是进了梦境一般，里面的人都用鸟语说话。

最后，三毛身边那个中年人用口哨的方式传递三毛的口讯，请到咖啡馆去。在那里，他们听到了很多有关口哨的趣事。三毛觉得可惜的是，岛上的人不知道利用自己的宝藏来脱贫，单是口哨传音这一项，就可以吸引无数的游客了。

拉歌美拉岛的下一站是拉芭玛岛。

来拉芭玛岛之前，很多人对三毛说，加纳利群岛最美、最肥沃的岛屿就是拉芭玛岛，它是群岛中最远离非洲大陆的一个。三毛与荷西只带了简单的行李，乘船来到这个美丽的地方。

一样是依山临海建筑出来的城市，可是它却给人无尽优雅、高尚、而殷实的印象。这个小小的城镇有许许多多古老

的建筑，木质的阳台窗口，家家户户摆满了怒放的花朵，大
教堂的广场上，成群纯白的鸽子飞上飞下，凌霄花爬满了古
老的钟楼，虽然它一样的没有高楼大厦，可是在柔和的街灯
下，一座布置精美的橱窗，使人在安详宁静里，嗅到了文化
的芳香，连街上的女人，走几步路都是风韵十足。

　　三毛与荷西来了一个环岛游。一个阳光明媚的早晨，他们坐着新
型的游览大客车出发了。车子经过的每一个小小村落，都有它自己的
风格和气派。客车司机叫唐·米盖，他不但开车、卖票、管人上下
车，还做传递信息和物品，每经过一个地方，他都会向过路的村民
喊："喂！这是潢儿子的来信，那是安东尼奥拖买的奖券，报纸是给
村长的，这个竹篮里的食物是寡妇璜娜的女儿托带上来的。"而村民
也托司机带东西给外面的亲人。这样的人情味，在三毛看来，是天下
奇观。司机也是很公平的，他没有亏待乘客，为了让乘客能看国家公
园，他竟将车开出主要的公路，在高高耸立的大松林里向乘客解说当
前的美景。每到一个美丽的地方，司机都会停下来让三毛他们欣赏。
当三毛在感叹拉芭玛真是名不虚传的时候，司机竟然告诉她，说最美
的还在后面。三毛纳闷，还会有更美的景色吗？
　　终点站到了，其他人都进站休息了，三毛与荷西下车后往一条羊
肠小径走下去，走着走着感觉没路了，可是一个拐弯，一片小小的平
原展现在眼前。

　　　满山遍野的白色杏花，像迷雾似的笼罩着这寂静的平
原，一幢幢红瓦白墙的人家，零零落落的散布在绿得如同丝

　　绒的草地上。细雨里，果然有牛羊在低头吃草，有一个老婆
　　婆在喂鸡，偶尔传来的狗叫声，更衬出了这个村落的宁静。

　　这大概就是每个人梦中的故乡吧。无论它多温馨、甜蜜，三毛与荷西还是要离去，想到这，三毛很惆怅。也许，中国的江南就是这样子吧！

　　拉芭玛景美，它的人情味也浓。无论三毛他们去到哪里，都会有热心的村民给他们指路。三毛看人收获芭蕉，盯住果园农人手里的加纳利特出的长刀，结果农人大方地把长刀连刀鞘送给他们。

　　拉芭玛岛是一个美丽富饶的岛屿。如果选择一个终老的故乡，三毛觉得拉芭玛岛会是她第一个考虑的地方。在这里，他们游玩了十二天，才依依不舍地离开。

　　结束了拉芭玛岛的行程后，三毛与荷西回到了丹纳丽芙岛。在那里，他们带上帐篷，去大雪山露营几天，避开了人间的喧嚣。后来因为三毛受了风寒，发高烧，毅然放弃了伊埃萝的行程，回到大加纳利岛休息。

　　一个星期后，三毛的烧退了，算好了钱，决定放弃富得文都拉，向最顶端的兰沙略得岛出发。

　　来到兰沙略得岛，看到了久违的骆驼。在这里，骆驼不只是用来让游客骑着观光，它们甚至在田里拖犁，在山上载货。

　　在这七百多平方公里的岛上，田园生活是艰苦而费力的，每一小块葡萄园，都用防风石围了起来，农作物便生长在这一个浅浅的石井里。洁白的小屋，平定的天台，极似阿

拉伯的建筑风味，与大自然的景色配合得恰到好处，它绝不
是优雅的，秀丽的，它是寂寂的天，寂寂的地，吹着对岸沙
漠刮过来的热风。

　　这儿有渔船、渔夫，为了让荷西潜水打鱼方便，他们租下了一个
小客栈的房间。每当荷西下海打鱼时，三毛就坐在码头上跟那些老年
人谈天说地，听他们那些古老的故事和传说。他们还租了一辆摩托车
到每一个火山口去看，那景象使人看了惊叹而着迷。三毛爱上了这个
神秘的小岛。

　　旅社老板告诉三毛，来到这里而不去北部小岛拉加西奥沙就太可
惜了。

　　拉加西奥沙在一般的地图上是找不到的。"三毛，水底有一个地
道，一直通到深海，进了地道里，只见阳光穿过漂浮的海藻，化成千
红万紫如宝石的色彩，那个美如仙境的地方，可惜你不能如同享，我
再去一次好吗？"荷西在这里第一次潜水上来后告诉三毛。荷西热
爱海洋，热爱水底世界，这一次在拉加西奥沙潜水，算是遂了他的
心愿。

　　在这个小岛上，他们流连忘返，想到要回到现实来，竟有一刹那
的茫然与无奈，无论怎样，这次旅行就这样结束了。

乐不思蜀，兴奋回娘家

1976 年 5 月，三毛的《撒哈拉的故事》由皇冠出版社出版。一个半月的时间，书印了四版。

同年 7 月，三毛从加纳利群岛回到台湾，这也是她第一次真正意义上的回娘家。每当有人问起三毛的娘家的时候，都会先补充说："你嫁得更远了，嫁到我们西班牙来——"而三毛心情好的时候，也会发发疯，捏造一个这样的娘家：

在台湾，我的爸爸妈妈住在靠海不远的乡下，四周不是花田就是水稻田，我的娘家是中国式的老房子，房子就在田中间，没有围墙，只在一丛丛竹子将我们隐在里面，虽然有自来水，可是后院那口井仍是活的，夏天西瓜都冰镇在井里浮着。

每当我回娘家时，早先下计程车，再走细细长长的泥巴路回去，我妈妈就站在晒谷场上喊我的小名，她的背后是袅袅的炊烟，总是黄昏才能到家，因为路远——

说到最后，朋友听得信以为真的时候，三毛才说是假的啦，书上看来的。但不管怎样，三毛向往的娘家是悠闲和平的，是身心都能全然释放的。

> 荷西的太太三毛，有一日在她丈夫去打鱼的时候，突然思念着久别了的家人，于是她自作主张地收拾了行李，想回家去拜见父母。同时，预备强迫给她的丈夫一个意想不到的惊喜和假期。
>
> 等她开始大逃亡时，她的丈夫才如梦初醒似的开车追了出去。
>
> 那时三毛去意已决，拎着小包袱，不肯回头。荷西泪洒机场，而三毛摸摸他的胡子，微微一笑，飘然上了大铁鸟，飞回千山万水外的故乡来。

第一次回娘家，三毛的心情自然是激动的，她怀念在爸爸妈妈身边的日子。但此时的三毛不再是当年那个受到屈辱变得自闭的小姑娘，也不再是在爱情中受到伤害的女孩子，而是一个拥有众多读者的知名作家。

回到祖国的日子，三毛应该和父母聊聊家常，诉说相思。无奈当时的三毛热已经到了沸腾的地步。三毛的粉丝知道自己的偶像回到了台湾，都想一睹芳容。于是，数不清的鲜花，一批批的记者，无数的读者签名，没完没了的饭局向三毛涌来。

　　生活突然的忙碌热闹，使我精神上兴奋而紧张，体力上透支再透支，而内心的宁静却已因为这些感人的真情流露起了很大的波澜。虽然我努力在告诉自己，我要完完全全享受我在祖国的假期，游山玩水，与父母亲闲话家常。事实上，我每日的生活，已成了时间的奴隶，我日日夜夜的追赶着它，而仿佛永远不能在这件事上得到释放。

　　过去长久的沙漠生活，已使我成了一个极度享受孤独的悠闲乡下人，而今赶场似的吃饭和约会，对我来说，就如同刘姥姥进了大观园，晕头转向，意乱情迷。

社会名利，对于三毛来说，是身外之物，父母亲人在她心中才是最重要的。三毛就是这样的一个女子，在物质匮乏的沙漠，三毛依然快乐地生活着，沉浸在对自由的向往中，跟着自己爱的人，只要有饭吃，便足矣。

而此刻，远在大洋彼岸的荷西贴着邮票的信也跟着来了，信是写给岳母的。

亲爱的岳母大人：

　　三毛逃回你们身边去了，我事先实在不知道她会有如此疯狂的举动。我十分舍不得她，追去机场时，她抱住机门不肯下来。我知道你们是爱她的，可是这个小女人无论到了哪里，别人都会被吵得不能安宁，我情愿自己守着她，也不肯岳父母因为她的返家而吃苦。请原谅我，三毛的逃亡，是我没有守好她。今日她在家中，想来正胡闹得一塌糊涂，请包容她一点，等下星期我再写信骗她回到我身边来，也好减轻你们的辛劳。

三毛走时，别的东西都没有带走，她划玻璃用的钻石丢在抽屉里，只带走了她每日服用的药片和几盒针药。妈妈想来知道，三毛这半年来闹得不像话，不但开车跟别人去撞，还一直喜欢住医院开刀；从那时候起，医生就请她天天吃药，三毛吃得麻烦透了，一直吵着要吃一点饭，我不给她吃，也是为了她的健康！

谢天谢地，她走了我细细一查，总算该吃的药都包走了。请母亲明白，她带了药，并不一定会吃，如果她吃了，又会不改她的坏习惯，一口气将三日份的药一次服下去，我真怕她这么乱来，请妈妈看牢她。

近年来三毛得了很重的健忘症，也请妈妈常常告诉她，我叫荷西，是你的半子，是她的丈夫，请每天她洗完澡要睡时，就提醒她三次，这样我才好骗她回来。

谢谢妈妈，千言万句不能表达我对你的抱歉，希望三毛不要给你们太多麻烦。我原以为我还可以忍受她几年，不想她自己逃亡了，请多包涵这个管不住的妻子，请接受我的感激。

你们的儿子荷西上

荷西催促三毛早点儿回到他身边，不要给父母添麻烦。然而，乐不思蜀的三毛哪肯那么轻易地离开，她流连于故乡的山水之中，享受着亲情的滋润。三毛跟姐姐弟弟的孩子玩，带他们去看月亮，当然，赏月的结果是——两个娃娃跑进文具店，一人挑了一块彩色塑胶垫板回家。

有一天，三毛和父母带上五个孩子去旅行，到海边感受大自然的美好，可惜的是孩子们对姑姑的好意无法理解，只是在那里忙着分东西吃。三毛又尝试带他们看月亮，但还是不能如愿。

三毛这次回台湾最大的收获便是认了老作家徐訏为干爸。徐訏是当时有名的作家。三毛在小学的时候读过的第一本中国小说就是徐訏的《风萧萧》。徐老先生也非常珍惜这段亲情，他经常写信给三毛，大家一起维护这段父女之情。1980 年，老先生离开了人世，那时荷西也刚刚离开三毛不久，面对两个亲人的离开，三毛伤心欲绝，她将干爸爸与荷西的照片放在一起，一同怀念两个她深爱的人。

第九章

梦里梦外，不知身是客

　　三毛回到台湾不久，荷西找到了一份工作，工作的地点是尼日利亚。5月，三毛从大加纳利岛出发，抵达拉各斯机场时，荷西已在这里工作了三个月。荷西的公司是一家很小的德国潜水公司，公司一共四个人，工作很辛苦，一天做十四小时以上，没有加班费。荷西他们三个月的时间，打捞了七艘沉船，赚了几千万，但老板只付了荷西半个月的薪水——一千美金。三毛觉得荷西太好欺负了。

　　一天，三毛在整理大衣柜的时候，找到了荷西的一本工作日记。从荷西第一天抵达拉哥斯开始，每一日都记得清清楚楚——几时上工、几时下工、工作性质、进度、困难、消耗的材料、需要补充的工具、承包公司传来的便条、黑人助手的工作态度、沉船的情形、打捞的草图、预计的时限——再完美不过的一本工作报告。这就是荷西可爱的地方。

　　翻到两页空白，上面只写了几个字："初期痢疾，病假两日。"下面一笔陌生的字，用西班牙文写着："药费自理，病假期间，薪水扣除。"再翻翻，星期天从来没有休息过。

此时的荷西比之前瘦了八九公斤，看了工作本后，三毛终于知道，荷西竟然连星期天休息也是没有的。她觉得荷西太老实了。

三毛来到荷西的宿舍后，老板娘便把工人和厨子都辞退了，让三毛暂时替代来做那些工作。另一位老板和女友回来后，生活中的一切几乎都交给三毛照顾。

三毛开始只知道荷西上班时间长，没休息日，没想到后来荷西告诉她，老板收走了他和汉斯的职业潜水执照和护照。三毛听了之后很生气，荷西为人老实，那么努力地工作，换来的却是工资不全发，还被扣了潜水执照和护照，这不是明显的欺骗吗？三毛觉得自己的尊严受到践踏，于是她让荷西辞职。

然而对于荷西来说，他害怕再次失业，他觉得自己是一个男人，要负担起一个家庭，要养活一个家庭，所以他不想辞职。

但是，后来父母的一封家书让荷西改变了主意。

平儿在加纳利岛来信中说，荷西一日工作十四小时以上，这是不可能的事，父母听了辛酸不忍，虽然赚钱要紧，却不可失了原则，你们两人本性纯厚老实，如果公司太不合理，不可为了害怕再失业而凡事低头，再不顺利，还有父母在支持你们——。

于是三毛先讨回部分的薪水，然后回大加纳利岛，剩下的由荷西辞职后再拿回。然而当三毛回家后，老板对荷西苦苦挽留，又打电话给三毛，让她回到拉各斯。最终三毛还是回到了拉各斯，但此时老板的态度已是一百八十度大转变，前倨后恭的。

幸福满溢，丹纳丽芙岛

那年，荷西在丹纳丽芙岛的十字巷建造一个人工海滩，于是就把家安在海湾附近。三毛嫁夫随夫，做荷西的移动厨房，每天沉浸在做饭的乐趣中。晚饭后，他们会到处散步看看风景。

我们现在的家，坐落在一个斜斜山坡的顶上。前面的大玻璃窗看出去，星罗棋布的小白房在一脉青山上逶迤着筑到海边。

厨房的后窗根本是一幅画框，微风吹拂着美丽的山谷，落日在海水上缓缓转红，远方低低的天边，第一颗星总像是大海里升上来的，更奇怪的是，墙下的金银花，一定要开始黄昏了，才发出淡淡的沁香来。

岛上的日子过得很舒心充实。三毛喜欢在黄昏里散步，享受生命最甜美的一段时光。黄昏是温柔的夜的前奏，三毛觉得那一刻的明月清风都属于自己，所以荷西在家看电视，三毛的心都是欢喜的，她喜欢偶尔的孤单，那是她最轻松的一刻。三毛每天漫游的路径几乎都是相同的。

> 后山下坡，穿过海也似的芭蕉园，绕过灌溉用的大水池，经过一排极华丽的深宅大院，跟"水肺"站着谈一会闲话，再下坡，踏过一片野菊花，转弯，下到海岸线，沿着海边跑到古堡，十字港的地区就算是到了，穿进峡谷似的现代大旅馆，到渔港看船，广场打个转，图书馆借本书，这才原路回来。

偶尔三毛遇上女友黛娥，便装作看不见，因为黛娥总是想抱着小孩和三毛一起漫步，三毛当然是不喜欢的。但即使多次的拒绝，女友也不生气。

她还会遇上"水肺"，一个八十多岁生病的德国老头子。"水肺"是三毛给她起的名字，每次散步，"水肺"都会拉着三毛闲聊，后来三毛烦了，也就不再听他啰唆了。

有一天，老人竟然要求三毛跟了他那离了两次婚的儿子，那样将来的钱都是她的了。于是他们两个人在那里讨论能不能为钱而结婚。

后来老人死了，他的儿子取代老人趴在家门口。

三毛经过的时候，不由加快了脚步，她怕一个那么可怜的人，也觉得生命是无奈的。

三毛喜欢在那路上散步，也是有缘由的。

从海岸一直走到古堡那一条路是最宽敞的，没有沙滩，只有碎石遍地，那么长一条滩，只孤零零一棵松树委委屈屈地站着，树下市政府给放了条长木椅。

这儿没有防波堤，巨浪从来不温柔，它们几乎总是灰色的一堆堆汹涌而来，复仇似的击打着深黑色怪形怪状的原始礁岩，每一次的冲击，水花破得天一般的高，惊天动地的散落下来，这边的大海响得万马奔腾，那边的一轮血红的落日，凄艳绝伦的静静的自往水里掉。

这两种景象配合起来，在我的感动里，竟是想象中世界末日那份摄人心魂的鬼魅和怪异，又想到日本小林正树导演的《怪谈》中的几场片景。这样的画面，总有一份诗意的凶恶，说不出是爱还是不爱，可是每天经过那张松树下的木椅，还是忍不住被吸引过去，坐下来看到痴了过去。

路上遇到女友卡门在买票，影片是刚在西班牙解禁的《巴黎最后的探戈》，她还神经分分地问三毛看不看，三毛拒绝了。三毛来到广场老祖母那里买冰棒，向她要柠檬的，她会给凤梨，要凤梨的，她又会给成柠檬。三毛喜欢买冰棒的这种方式，必定专心想好，相反的要，得来的才是想要的。

想到荷西叫她去图书馆借两本海洋方面的书，三毛的顽皮又发作了，她借了荷西最受不了的两位作家的书，说是自己不来借，活该。回程的时候下雨了，三毛想着在雨夜里看自己喜欢的书，忽然满心的欢喜。快到家门口了，才开始小跑，跑到家里，冲进门去，那时候荷西看见三毛总是很高兴的样子。而晚上看书的时候，三毛还不忘来一句："散步太快乐了，这么快乐，也许有一天散成神仙，永远不再回家了，你说好不好？"三毛觉得，只有神经不正常的人才能回答她。

也许幸福的生活就是这样，给予对方充分的自由，一个闹一个笑，一个发神经一个假装听。

有一次我突然问他："如果有来世，你是不是还是娶我？"他背着我干脆地说："绝不！"

我又惊又气，顺手用力拍地打了他一拳，他背后中枪，也气了，跳翻身来与我抓着手对打。

"你这小瘪三，我有什么不好，说！"

本来期望他很爱怜的回答我："希望生生世世做夫妻"，想不到竟然如此无情的一句话，实在是冷水浇头，令人控制不住，我顺手便又跳起来踢他。

"下辈子，就得活个全新的样子，我根本不相信来世。再说，真有下辈子，娶个一式一样的太太，不如不活也罢！"

我恨得气结，被他如此当面拒绝，实在下不了台。"其实你跟我想的完完全全一样，就是不肯讲出来，对不对？"他盯着我看。

我哈的一下笑出来，拿被单蒙住脸，真是知妻莫若夫，

　　我实在心里真跟他想的一模一样，只是不愿说出来。

　　既然两人来世不会在一起，那今天就要好好珍惜。夫妻之间的事如人饮水，冷暖自知，只要两人相处的方式舒服，又何须在意别人的看法。

　　在丹纳丽芙岛，公寓管理办公室派了一个叫玛利亚的清洁女工给三毛他们那幢楼。玛利亚负责公寓几家人的清洁工作，每家工作一两个小时。虽然三毛不喜欢，但是这是规定，所以只能接受。
　　听到公寓派来清洁工，荷西的反应就完全不同了。

　　　　在空旷无人的路上，他开始对着空气，做着各种奇形怪状的可怖表情，手掌弯弯的举着，好似要去突击什么东西似的，口中微微的发出好凶的声音，狠狠地说着。"小时候，几乎每一个带我的佣人都知道怎么欺负我，屁股上老是给偷掐得青青紫紫的，那时候胆子小，吃了她们多少苦头都不敢告状。嘻嘻——想不到二十年后也有轮到我回掐女佣人的一天，要来的这一个，不知是肥不肥，嘿嘿——。"

　　三毛很生气荷西说出这样轻浮的话，她告诉荷西，玛利亚只是一个清洁工，并不是佣人。那时候三毛刚搬家，新家堆满了杂物，玛利亚无礼地顺手乱翻三毛家里的东西，一副目中无人、刀枪不入的样子。

三毛凡事喜欢亲力亲为，当她在整理东西的时候，玛利亚在一旁看着，三毛几次想请她出去，可玛利亚就是不走。后来玛利亚发现自己无事可做的时候，她终于提出要走了，走的时候顺手拿走了三毛搬家时带过来的口香糖。

当三毛的新家整理得差不多的时候，她不愿意一个陌生的女人闯进他们的生活，于是她向管理处兰赫先生提出不要工人打扫，但遭到拒绝。

令三毛头痛的是，自从玛利亚来了之后，三毛不得不改变自己的生活习惯，因为玛利亚早上九点就来打扫，所以三毛必须在早晨九点起床，因此就要早睡。还有就是玛利亚爱占便宜，还喜欢到处说是非。

马利亚常常向我要东西，家里的小摆设、盆景、衣服、鞋子、杂志，吃了半盒的糖她都会开口要，有时说："已经用了很久了，给我好吗？"有时候她干脆说："这半盒糖想来你们不再吃了，我拿走了。"最气人的是她拿我的盆景，只要我辛苦插枝又插活了一盆小叶子，她就会说："你有两盆嘛！我何不拿一盆去。"

玛利亚到处散播谣言说三毛之所以没孩子，是因为不结婚同居的，还到处说三毛的金子藏在茶叶罐子内。

那次，三毛去了马德里半个月，黛娥的丈夫埃乌让黛娥去三毛家叫荷西吃饭，结果，三毛回来的时候，玛利亚告诉三毛，说荷西带女人回家了。玛利亚还在三毛床上睡觉，用了三毛的化妆品和香水，并把三毛的披肩带回了家，还偷看了三毛的文件房契。玛利亚的行为越来越过分，三毛向兰赫抗议，吵了一架后，最终把玛利亚辞退。

那年十二月初，因为一连串的节日接踵而来，许多年轻人把自己做的手工拿到滨海的人行道上去卖。五彩缤纷的市集虽然没有什么特别的东西，但是三毛还是喜欢在那里闲逛。

第二次去的时候，一个小摊上的一条非洲彩石项链把三毛吸引住了。当三毛去询问价钱的时候，得到的回答是"请问是日本人吗？"三毛会说一点儿的日本话，她告诉卖东西的人，她不是日本人。卖东西的人听到三毛用日本话回答，感到很惊喜。

> 在我们面前站着的是一个英俊非凡的日本人，平头，极端正的五官，长得不高，穿着一件清洁的白色套头运动衫，一条泛白的牛仔裤，踏着球鞋，昂昂然地挺着腰，也正含笑注视着我呢。

每条项链二百元，三毛买了两条，共四百元。他们付钱走了几步，那个年轻人追了上来，把两百元塞回了给荷西，说都是东方人，买东西打个折，三毛坚决不要，毕竟是小本生意。

自从这次之后，三毛忘不了那个年轻人，忘不了在异国他乡这个年轻人给予的那份温情。于是，三毛想着要做一顿家常菜给他，她觉得流浪的人应该喜欢的。三毛他们又一次去年轻人的小摊，从聊天中，三毛知道这个年轻人叫莫里，到各国流浪，靠摆摊谋生。

第二天，邻居黛娥听到有客人来，很好奇，一定要跟着三毛先去看看。黛娥回来告诉三毛说，三毛跟莫里完全不一样，莫里很谦和。

　　莫里也是给我那样的第一印象，谦和诚恳，不卑不亢，他那个摊子，挤在一大群嬉皮打扮的年轻人里面，鹤立鸡群似的清爽。我们照约定的时间去接莫里，却发觉他的摊子上生意正旺，挤满了现场的游客，要莫里当场用银丝绕出他们的名字胸针来。莫里又要卖又要做手工，忙乱不堪。看见我们去了，马上跟面前围着的人说要收摊。那时，我才发现自己弄巧成拙，请莫里回家吃顿苦饭，却没有想到挡掉了他下半夜的财路。一时心里不知怎的懊悔起来。

在三毛温暖的公寓里，莫里对着三毛做的一桌子菜说了很多感谢的话，三毛邀请他以后常来家里吃饭。

送莫里回去的途中，三毛告诉他，下星期要搬家了，新家的厨房是隔开的，没那么多油烟味。和三毛的家相比，莫里只是租了一个床位。在回去的路上，三毛与荷西在商议着怎么送衣服和吃的给莫里，毕竟直接送的话，会伤害到莫里的自尊心的。

从这以后，莫里再也没有去过三毛家，而三毛做了肉类食物，会拿一些给莫里，莫里有时候也回送三毛一包糖。

看到莫里的生活慢慢安稳下来，而且生意不错，又交了一些好朋友，慢慢地，三毛就没有常去了。

不知不觉，新的一年已经到来。而三毛重新拿起了画笔，疯狂地迷上了画石头。当三毛醒悟过来的时候，忽然想起了莫里。摆摊的地方，不见莫里的踪影，住的地方也没找到人。那时，由于三毛长时间沉浸在画画中，她大病了一场。夏天到来的时候，三毛已在莫里出租床位的房子前了。但房东太太告诉他，莫里已经走了好几个月了。后来三毛听说摆摊子的执照又发放了，三毛去年轻人摆摊子的地方看了一圈，见不到莫里，但三毛看见了一个认识的阿根廷女孩丁娜。丁娜告诉三毛，莫里找了她很久，前一段时间莫里去了一次南部回来，所有的东西都被偷光了，只剩身上的衣服，回来的时候就找她，但是一直都找不到。莫里因为在街上摆摊，流动执照被偷了，就被抓进去坐牢了，出来后莫里还生了肝病……

三毛听不下去了，她按照丁娜说的时间和地点准备去看莫里，因为时间没到，她去了一趟图书馆。

　　我走出来，下了石阶，广场上，莫里果然远远的在那儿坐着，低着头。我停住了，羞愧使我再也跨不出脚步，我是一个任性的人，凭着一时的新鲜，认人做朋友，又凭着一时的高兴，将人漫不经心的忘记掉。这个孤零零坐在我眼前的人，曾经这样的信赖我，在生活最困难的时候，将我看成他唯一的拯救，找我，等我，日日在街头苦苦地盼我，而我——当时的我在哪里？我用什么颜面，什么表情，什么解释才能再度出现在他的面前？我不知道。他坐牢，生病，流浪街头的时候，又是什么心情？该当是很苦的吧！这种苦对我又是那么陌生，我终其一生都不会了解的。我盯着莫里看，这时候他一抬头，也看见了我。

　　街道上川流不息的人群在朦朦的路灯下穿来穿去，莫里和我对看着，中间突然成了一片汪洋大海，几步路，竟是走得那么艰难。我笔直地走到莫里的摊子面前，停住了。

　　莫里没有责怪三毛，也没有被那些糟糕的经历打倒，他依然微笑着，只是他的摊子变小了。三毛知道他生意不好，给他钱又会伤害他的自尊，于是给钱叫女友玛利亚把莫里的东西全部买下。

　　一个深夜，莫里带着好朋友夏米埃去跟三毛他们告别。三毛留莫里他们吃了顿饭。对于三毛来说，她能够做的，只是把家里能吃的东西拿出来，做一顿普通的饭菜，以弥补对莫里的愧疚。

　　丹纳丽芙岛的生活平淡而幸福。而三毛本来就是一个率真诗意的女子，在那里，她又重新捡起了久违的画笔，这次画的是石头——在石头上作画。

　　既然在石头上作画，那就需要有石头。三毛喜欢去海边捡的石头，她觉得，海边的石头细、圆，这是山上的石头无法比拟的。为此，她还几乎送了命。

　　那天，三毛家里的石头用完了，于是提着篮子到海边捡石头。正捡着石头的时候，三毛看见一个人紧急刹车然后向她跑过来，她不以为然，继续捡她喜欢的石头。她怎么会想到自己正处于危险之中。那人跑到三毛跟前，抓紧她的手就向着公路跑。三毛越挣脱，那人就拉得越紧，看到那人恐怖的表情，三毛也莫名其妙没命地跑。忽然，那人环抱住三毛，并喊了一句："来了，拉住我。"

> 我也回身向背后的海望去，这才发现，天一般高的大浪就在我眼前张牙舞爪的噬了上来，我知道逃不过了，直直的吓得往后仰倒下去，一道灰色的水墙从我头顶上哗的一声罩了下来，那一霎间，我想我是完了，缓缓地闭上了眼睛。

> 在水里被打得翻筋斗，四周一片的昏暗，接着一股巨大的力量将我向外海吸出去，那在身后死命抱住我的手臂却相反的把我往岸上拖，我呛着水想站起来，脚却使不出气力，浪一下退远了，我露出了头来，这又看见另外一个人急急忙忙地踏着齐胸的水伸着手臂向我们又叫又喊地过来。

最后，三毛得救了。那两个陌生人冒着生命危险救了她。

三毛第一天画石头的时候，捡了一块胖胖的石头，由于多年来都没有动过笔，所以三毛很茫然，不知道要画什么，她对着那块石头，一坐就是大半天，没有动笔，只是盯着它看，三毛要看出它的灵魂，看出它的形象。静坐了半夜，三毛终于看出来了："石头终于告诉了我，它是一个穿红衣服黑裙子，围着阔花边白围裙，梳着低低的巴巴头，有着淡红双颊深红小嘴，胸前绣着名字，裙上染着小花的一个大胖太太，她还说，她叫——'芭布'，重九十公斤。"

于是马上调色，下笔。三个小时后，胖太太芭布活灵活现地出来了。三毛把它送给了荷西。就这样，三毛觉得所有的石头都有了生命。后来三毛又画了几组石头。有一天，三毛发现这些石头有了之前看不出的缺点，于是就把它们都扔掉，因为她觉得石头背叛了她。

三毛完全沉浸在画石的热情里，她在《石头记》里写道："除了不得已的家事和出门，所有的时间都交给了石头，不吃不睡不说话，这无比的快乐，只有痴心专情的人才能了解，在我专注的静静的默坐下，千古寂寞的石块都受了感动，一个一个向我显现出隐藏的面目来。"

三毛为石头消得人憔悴，对着石头，有时候只要几个小时就可以化石为宝，有时候十天半个月也没有任何结果。

　　　　有一天，我笔下出现了一棵树，一树的红果子，七支白鸟绕树飞翔，两个裸体的人坐在树枝浓荫深处，是夜晚的景色，树上弯弯的悬了一道新月，月光很淡，雨点似的洒在树梢……

荷西把它形容成伊甸园。三毛从自己画的几百块石头里挑出了自己最喜爱的十一块石头保存了下来。还为它们专门买了个竹篮子，里面铺上红色的绒布，用来装这十一块石头。

然而，复活节的时候，三毛在大加纳利岛的邻居来了一大家，三毛的那些石头被小孩子当玩具撒了一地，任由大人踩踏，三毛心疼地把它们捡起来放好，结果还是被邻居拿走了四块。为了这件事，三毛难过了很久，那是她的生命，甚至比生命还重要。三毛把剩下的七块宝石用纸包好，本是想存放在保险柜的，但由于暂时没有回大加纳利岛的打算，所以只能把它们放在床底，还千叮万嘱清洁工不要去动它。

可三毛怎么也没想到，宝石最终还是回归了大自然的怀抱。那天，清洁工人请假，管理处安排了另一个清洁工给三毛家里打扫卫生，这个清洁工人非常尽职，她把三毛床底下的袋子和报纸连同厨房的垃圾一起丢掉了。

三毛伤心极了，她一直跑到海滩，趴在礁石上痛哭了起来。

> 我一直在海边坐到夜深，月亮很暗，星星占满了漆黑的天空，我抬起头来叹息着，突然看见，星星们都退开了，太阳挂在天空的一边，月亮挂在天空的另一边，都没有发光，中间是无边深奥的黑夜，是我失去的七块彩石，它们排列成好似一柄大水杓，在漆黑美丽的天空里，正以华丽得不能正视的颜色和光芒俯视着地下渺小哀哭的我。

由于三毛长时间不分昼夜地疯狂画画，她的身体出现了问题，于是不得不搁下画笔，好好休息，把身体养好。

三毛是一个小事过分专注，大事特别糊涂的人，是"常常在瓦伦西亚的人"，这是西班牙的话，意思是魂飞天外。

那天，三毛买了很多东西从铺子里出来的时候，一个人挡住她的去路，她就这样茫然走过，没有任何意识要看看是什么人。走了不远，这个人跟上来并细细打量着三毛。可三毛根本不在心上，也就只顾着做自己的事。直到后来，这个人用家乡话跟三毛打招呼，三毛才醒悟过来。

　　一个长久失乡的人突然听到乡音，心里的震动是不能形容的，虽然我们家自小讲国语，可是父母亲戚之间仍然用家乡话。眼前这个人一句话，轰开了我久已不去接触的另一个世界，那个世界里的人、物，像火花一般在脑海里纷纷闪烁起来。而我，张大着眼睛呆望着来人，却像被点穴了一般不能动弹也不能言语。

三毛忽然发现，眼前这个人是她认识的。再想想，原来是自己的表姐夫。回家的路上，看着表姐夫，三毛忽然心生感触，时光飞逝，人生如梦。

　　回到家，简单的问候后，正商量着去哪里游山玩水，这时，荷西回来了。

　　这荷西，但见他身穿一件蓝白棋子布软绉衬衫，腰扎一条脏旧不堪牛仔短裤，脚踏脱线穿底凉鞋，手提三五条死鱼，怀抱大串玉米，长须垢面，面露恍笑，正施施然往厨房走去——他竟没看见，家里除了我还有别人坐着。

　　平日看惯了荷西出出入入，倒也没有什么知觉。今日借了表姐夫眼光将他打量了三秒，不禁骇了一跳——他那副德行，活脱是那《水浒传》里打鱼的阮小七！只差耳朵没有夹上一朵石榴花。

看着荷西的这身打扮，表姐夫觉得自己的表妹嫁的竟然是这样寻常的一个人，有点儿感叹。而荷西也没想到，竟然有亲戚忽然来访。

　　还好的是，由于大家在学校里学的东西差不多，表姐夫与荷西相谈甚欢，还相约一起游山玩水。后来，表姐夫离开的时候还约定三毛他们周末一起到姐夫所在的渔船上吃饺子。

　　三毛他们带上玛丽莎和她三岁的女儿一起去。船上的同胞对他们很热情，三毛很激动，在非洲这个没有任何亲人的地方，三毛的思乡之情在此刻似乎得到了缓解。

　　餐桌上，大家都吃得很欢喜。荷西胃口很好，埋头苦吃，还说姐夫的饺子不同凡响，不知道为什么那么好吃。玛丽莎将饺子切成数十块，一块一块地吃。

　　将表姐夫送到车门边，荷西与他热烈地拥抱分手，我头一低，快快坐进车内去，不敢让他看见我突然泪水弥漫的眼睛。多少年离家，这明日又天涯的一刹那的感触和疼痛，要控制起来仍是相当困难，好在也只有那么短短的一刹那，不然这世上大半的人会是什么情形，真是只有天知道了。世上的事情，真要看它个透彻，倒也没有意思，能哭，总是好事情。

　　晚上，三毛把表姐夫给的东西拿出来看看，酱油、榨菜、辣萝卜、白糟鱼、面条、柠檬茶……那些有家乡味道的东西他都给了三毛，这代表了浓浓的亲情，这就是家人。

　　第二天，他们都还在回味着昨天的饺子大餐，就连昨晚三毛用白菜和着冷饺子吃也被荷西和玛丽莎认为自私，而且对面前的三只烤鸡腿视而不见。

　　这三个外国人，天天在那里想念饺子，对什么好吃的菜都食之无味。

为了满足荷西与玛丽莎的胃，三毛开始学着做饺子。

> 第一顿饺子做出来，我成了个白面人，头发一拍，蓬一下一阵白烟往上冒。

> 这次的成绩，是二十七个洋葱牛肉饺，皮厚如城墙，肉干如废弹，吃起来洋葱吱吱响。

三毛第一次的成果，大家都只吃了一两个，玛达小娃娃想多吃，被母亲玛丽莎一吓，硬是把嘴里的饺子给吐出来。这倒激起了三毛做饺子的决心。

> 一个多月的时光飞逝而去，玛丽莎和玛达已经从马德里来了两封好亲热的信，而我这个厨房里，也是春去秋来，变化很多，不消一个钟头，一百个热腾腾的饺子可以面不改色的马上上桌。连粗手粗脚的荷西，也能包出小老鼠来了，他还给它们用小豆子加眼睛，看了不忍心给丢下锅去烫死。我的饺子，终于有了生命。

于是三毛与荷西也想过要卖饺子，但是之前有过卖鱼的教训，所以也就是说得天花乱坠，实施起来还是需要很大勇气的。但不管怎么样，三毛做饺子的手艺是越来越高明了，她总想好好表现一次，以满足自己的虚荣心。

机会终于来了，三毛在大加纳利岛上班时的某国领事馆老板说要陪总领事到丹纳丽芙岛巡视一天，问三毛有什么实惠好吃的小饭店可以介绍。

这还用说吗！丹娜丽芙最好的馆子就开在我们家的阳台上嘛！名字叫"饺子大王"。

做一顿饭对三毛来说是再简单不过的事，而包饺子的技术，在三毛一步一步的摸索中已经进步神速。

你看过这样美丽的景色吗？满布鲜花的阳台上，长长一个门板装出来的桌子，门上铺了淡橘色手绣出来滚着宽米色花边的桌布，桌上一瓶怒放的天堂鸟红花，天堂鸟的下面，一只只小白鹤似的饺子静静的安眠着。

这些饺子，有猪肉的，有牛肉的，有石斑鱼的，有明虾的，有水芹菜的，还有凉的甜红豆沙做的，光是馅便有不知多少种。

在形状上，它们有细长的，有微胖的，有绞花边的，有站的，有躺的。当然，我没有忘记在盘子的四周，放上一些青菜红萝卜来做点缀，红萝卜都刻成小朵玫瑰花。

三毛，一个精致的女子，即使是做饭这样的家务活，在她的手中也是一道美丽的风景，她是一个能把生活过成诗的女子。

噩梦重临，心慌伤别离

　　那一年的冬天，荷西的工作已经结束，他们从丹纳丽芙岛搬家回到大加纳利岛的房子去。

　　那时正是除夕，美丽无比的人造海滩挤满了快乐的人群，三毛与荷西坐在大堤边，欣赏着怒放的烟花。除夕的钟声敲响了，荷西将三毛拥在怀里，兴奋地对三毛说："快许十二个愿望，心里重复着十二句同样的话。"三毛在心里许愿："但愿人长久，但愿人长久，但愿人长久——"许完愿后，三毛与荷西互相祝福。在这样特殊的日子里，总会令人伤感，三毛突然醒悟，许愿的下一句对夫妻来说并不是吉利的话，她觉得这是一个不好的兆头，预示着分离。

　　三毛问荷西许了什么愿，荷西回答她，这是不能说出来的，要是说出来就不灵验了。三毛勾住荷西的脖子不舍得放手，荷西顺手将她卷进自己的大夹克里，为她抵御寒风。当荷西提议要回去装行李，明天清早要回家了，三毛腻在荷西怀中，大喊着永远这样下去，不要有明天了。

在回公寓的路上，三毛与荷西的手紧紧交握着，似乎要把对方握进永恒。而此刻，三毛是悲伤的，即使新年刚刚来临，即使开心幸福，三毛却很害怕，她害怕失去荷西，她觉得，太美好太幸福的时光总不会停留太久。

三毛与荷西回到了他们在大加纳利海边的社区。面对野草疯长、布满灰尘的荒凉的家，他们马上动手清扫起来。随后的两个月，他们过着岁月静好的生活。

一天上午，三毛在院子里给花浇水，忽然收到一封给荷西的电报，三毛顿时心慌起来，她害怕会有什么不好的事发生，于是胡乱签了个名便跑回家拿给荷西看，原来是荷西的新工作来了，要他火速去拉芭玛岛报到。

不过几个小时的光景，荷西已经坐飞机走了，虽然三毛知道荷西能好好照顾自己，但是她还是不能放心，而剩下她一个人在家，忽然感觉生命没什么意义。

过了漫长的一个星期，三毛也来到了拉芭玛岛。当飞机降落在机场的时候，三毛看到了那两座重沉沉的黑里带火蓝的大山，顿时感觉一阵胸闷，这种郁闷盖过了重聚的欢乐与期待。从机场回公寓的路上，三毛总感觉这个岛不对劲儿，很怪异，总有让人想哭的感觉。

此时三毛又想起了一年前的那件奇怪的事。一年前他们来这里观光旅游，遇上了一个神秘的女巫，女巫莫名其妙地向三毛扑过去，拔了一小撮三毛的头发，然后又把荷西的胡子拉下了几根，转而匆匆逃跑了。三毛对这一切感到愕然。然而，三毛害怕，她怕这是女巫的警告，警告他们说这个地方不适合他们。

　　这回他们又回到了这个岛屿。拉芭玛岛是个温情的岛屿，只有两万人居住。三毛与荷西搬进了一个公寓旅馆，花费了一大半的收入。

　　搬进新家的第三天，三毛他们已经开始请客了，毕竟这是荷西第一回做小组长，肯定要好好庆祝。来的是荷西的六个同事，虽然当时的经济条件不是非常好，但家里的伙食总比外面的好，加上有一个会做菜的妻子，三毛将荷西以自己为傲的那份感激表达得淋漓尽致，尽量让荷西的同事感受到家的温馨。

　　岛上的日子寂寞而漫长，没有电视，没有报纸，对外面的一切毫无所知，时间久了，对于三毛来说，守着海，守着家，守着彼此，听着荷西下班上楼的急促脚步声，睡觉时的呼吸声，便是最开心的事。

　　岛上人情温暖，三毛夫妇苦中作乐，竟然也将日子过得有滋有味。渴了去农家讨水喝，拿出来的是自酿的葡萄酒，外加满怀的鲜花。三毛与荷西也是会感恩的人，马铃薯成熟的季节，荷西休息的时候，总有两个身影帮忙收获。在这个岛上，三毛与荷西互相包容，相互扶持，悠长的岁月里充满欢乐的笑声。

　　其实，在以前，他们也是会吵架的。

　　有一回，两人讲好了静心念英文，夜间电视也约好不许开，对着一盏孤灯就在饭桌前钉住了。

　　讲好只念一小时，念了二十分钟，被教的人偷看了一下手表，再念了十分钟，一个音节发了二十次还是不正确，荷西又偷看了一下手腕。知道自己人是不能教自己人的，看见他的动作，手中的原子笔啪一下丢了过去，他那边的拍纸簿哗一下摔了过来，还怒喊了一声："你这傻瓜女人！"

第一次被荷西骂重话，我待了几分钟，也不知回骂，冲进浴室拿了剪刀便绞头发，边剪边哭，长发乱七八糟地掉了一地。

荷西追进来，看见我发疯，竟也不上来抢，只是倚门冷笑："你也不必这种样子，我走好了。"

说完车钥匙一拿，门砰一下关上离家出走去了。

我冲到阳台上去看，凄厉地叫了一声他的名字，他哪里肯停下来，车子唰一下就不见了。

那一个长夜，是怎么熬下来的，自己都迷糊了。只念着离家的人身上没有钱，那么狂怒而去，又出不出车祸。

清晨五点多他轻轻地回来了，我卧在床上不说话，脸也哭肿了。离开父母家那么多年了，谁的委屈也能受下，只有荷西，他不能对我凶一句，在他面前，我是不设防的啊！

荷西用冰给我冰脸，又拉着我去看镜子，拿起剪刀来替我补救剪得狗啃似的短发。一刀一刀细心的给我勉强修修整齐，口中叹着："只不过气头上骂了你一句，居然绞头发，要是一日我死了呢——"

他说出这样的话来令我大恸，反身抱住他大哭起来，两人缠了一身的碎发，就是不肯放手。

来到拉芭玛岛，两人却不吵架了。由于两人的和善，几个月下来，他们的朋友越来越多。而周末必定是被朋友们占去了，或是爬山、下海，或是田里帮忙、林中采果，或是找间老学校，深夜缩在睡袋里讲巫术和鬼故事……

三毛在这里过得舒心自在。但那个时候，三毛的心脏又不好了，有时候没有理由地绞痛起来，她不敢告诉荷西，自己悄悄地去看医生。

有一晚，他们走路去戏院看恐怖片，残旧的戏院里楼上楼下加起来也就五个人，铝灰色的铁椅子，冰冰冷冷的，云雾迷蒙的山城里飘出来一群群的鬼，他们被电影吓得不轻。

在回家的路上，他们鬼哭狼嚎地又喊又追，还没有到家，三毛的心绞痛又发作了，荷西把她背上了四楼后，心又不痛了，两人握着手静静地对望到天明。

荷西上班后，三毛昏昏欲睡，然后，缠着她已经几年的噩梦又回来了。

　　我仿佛又突然置身在那座空旷的大厦里，我一在那儿，惊惶的感觉便无可名状的淹了上来，没有什么东西害我，可是那无边无际的惧怕，却是渗透到皮肤里，几乎彻骨。

　　我并不是一个人，四周围着我的是一群影子似的亲人，知道他们爱我，我却仍是说不出的不安，我感觉到他们，可是看不清谁是谁，其中没有荷西，因为没有他在的感觉。

　　好似不能与四周的人交谈，我们没有语言，我们只是彼此紧靠着，等着那最后的一刻。

我知道，是要送我走，我们在无名的恐惧里等着别离。

我抬头看，看见半空中悬空挂着一个扩音器，我看见它，便有另一个思想像密码似的传达过来——你要上路了。

我懂了，可是没有听见声音，一切都是完全安静的，这份死寂更使我惊醒。

没有人推我，我却被一股巨大的力量迫着向前走。

——前面是空的。

我怕极了，不能叫喊，步子停不下来，可是每一步踩都是空的！

我拼命向四周张望着，寻找绕着我的亲人。发觉他们却是如影子似的向后退，飘着在远离，慢慢地飘着。

那时我更张惶失措了，我一直在问着那巨大无比的"空"——我的箱子呢，我的机票呢，我的钱呢？要去什么地方，要去什么地方嘛！

亲人已经远了，他们的脸是平平的一片，没有五官，一片片白锵锵的脸。

有声音悄悄地对我说，不是声音，又是一阵密码似的思想传过来——走的只有你。

还是管不住自己的步伐，觉着冷，空气稀薄起来了，锵锵的浓雾也来了，我喊不出来，可是我是在无声地喊——不要！不要！

然后雾消失不见了，我突然面对着一个银灰色的通道，通道的尽头，是一个弧形的洞，总是弧形的。

我被吸了进去。

接着，我发觉自己孤零零的在一个火车站的门口，一眨眼，我已进去了，站在月台上，那儿挂着明显的阿拉伯字——六号。

那是一个欧洲式的老车站，完全陌生的。

四周有铁轨，隔着我的月台，又有月台，火车在进站，有人上车下车。

在我的身边，是三个穿着草绿色制服的兵，肩上缀着长长的小红牌子。其中有一个在抽烟，我一看他们，他们便停止了交谈，专注地望着我，彼此静静地对峙着。

又是觉着冷，没有行李，不知要去哪里，也不知置身何处。

视线里是个热闹的车站，可是总也听不见声音。

又是那股抑郁的力量压了上来，要我上车去，我非常怕，顺从地踏上了停着的列车，一点也不敢挣扎。

——时候到了，要送人走。

我又惊骇地从高处看见自己，挂在火车踏板的把手上，穿着一件白衣服，蓝长裤，头发乱飞着，好似在找什么人。我甚而与另一个自己对望着，看进了自己的眼睛里去。

接着我又跌回到躯体里，那时，火车也慢慢地开动了。

我看见一个红衣女子向我跑过来，她一直向我挥手，我看到了她，便突然叫了起来——救命！救命！

已是喊得声嘶力竭了，她却像是听不见似的，只是笑吟吟的站住了，一任火车将我载走。

"天啊！"我急得要哭了出来，仍是期望这个没有见过的女子能救我。

这时，她却清清楚楚地对我讲了一句中文。

她听不见我，我却清晰地听见了她，讲的是中文。整个情景中，只听见过她清脆的声音，明明是中文的，而我的日常生活中是不用中文的啊！

风吹得紧了，我飘浮起来，我紧紧地抱住车厢外的扶手，从玻璃窗里望去，那三个兵指着我在笑。

他们脸上笑得那么厉害，可是又听不见声音。

接着我被快速的带进了一个幽暗的隧道，我还挂在车厢外飘着，我便醒了过来。

这是一个可怕的梦，是一个生死预告。梦里只有三毛一个人，没有荷西，所以她觉得先走的那个会是她，她瞒着荷西去公证处立下了遗嘱。三毛觉得自己的时间不多了，与荷西的缘分不长了，对于朋友的周末活动，三毛总拿身体不好做借口。

三毛珍惜与荷西相处的点滴时间。每天早上，荷西上班了，三毛会到市场去买些蔬菜水果鲜花，骑着邻居的脚踏车去荷西工作的地方。助手远远看见三毛来了便拉信号，等三毛的车停下来，荷西已经跳上岸来了。两人在大西洋的晴空下，吃着刚买的水果。过了几分钟，水果吃完了，荷西的手指轻轻地按了下三毛的嘴唇，又继续工作了。而三毛，则看着荷西的背影痴痴地发呆。

　　结婚纪念日那天，荷西没有按时回家，三毛很担心，正要下楼去找他，刚好遇到荷西回来。他们吃饭准备举杯庆祝的时候，荷西送了一只罗马字的老式女用手表给三毛。荷西双手环住三毛说："以后的一分一秒你都不能忘掉我，让它来替你数。"三毛一惊，又一句不祥的话。

　　那个晚上，三毛想了很多，想起了十三年前那个大树下的痴情男孩，十三年后成了枕边共呼吸的亲人。于是，她轻轻地推醒了荷西，并说了句："荷西，我爱你。"这句话荷西等了十三年，今天终于听到三毛说出来了。结婚六年的夫妻为了这句话，在深夜里泪流满面。

　　还有一天，《爱书人》杂志邀请三毛写稿，题目是《假如你只有三个月可活，你要怎么办？》，三毛想了很久，一直都没有动笔。三毛将这件事告诉荷西，荷西也好奇地问三毛会做些什么，当时正在厨房揉面的三毛说："傻子，我不会死的，因为还得给你做饺子呢！"荷西听后很感动。而三毛每次想起这份欠稿，都有唯一的理由：我要守住我的家，护住我丈夫，一个有责任的人，是没有死亡的权利的。

　　荷西恳求三毛不要去写这样的文章。后来，三毛发现，荷西不拉着她的手就不能入睡。而三毛总喜欢熬夜写文章，她考虑到荷西工作的时间长，且具有危险性，为荷西的安全考虑，三毛停止了熬夜写文章。

　　一天，三毛见阳光正好，一个人洗了四床的被单，正在天台晾晒的时候，她的心绞痛又来了，赶紧喝了一口酒，躺在床上不敢乱动。

荷西见三毛没有去送点心，中午潜水衣都没换就回来了。看到三毛的样子荷西很心痛，但又无能为力。三毛把噩梦与预感告诉了荷西。"荷西——"，她说，"要是我死了，你一定答应我再娶温柔些的女孩子，听见没有？"荷西瞪了三毛一眼，抛下了一句："你要是死了，我一把火把家烧掉，然后上船去飘到老死——"

生离死别对于两个相爱的人来说，都是无法言表的痛楚。而留下的那个要承受时光的折磨，这种撕心裂肺的痛楚是不堪忍受的。

　　一直以为是我，一直预感的是自己，对着一分一秒都是恐惧，都是不舍，都是牵挂。而那个噩梦，一日密似一日地纠缠着上来。

　　平凡的夫妇和我们，想起生死，仍是一片茫茫，失去了另一个的日子，将是什么样的岁月？我不能先走，荷西失了我要痛疯掉的。

失去了另一半，会痛疯掉的，对荷西是这样，对三毛又何尝不是如此呢？六年来，他们已经不分彼此，谁也离不开谁，都已经把对方嵌入自己的生命。而今天，要是失去其中一个，另一个会是多么痛苦啊！

一家团聚，共享天伦乐

那年秋天，三毛的父母来欧洲旅行，顺便看看远方的女儿女婿。三毛去马德里接机，然后和父母一起飞到大加纳利岛。

在三毛父母来之前，荷西就问三毛，见到你爸爸该怎么称呼，是不是叫他陈先生？三毛给荷西洗脑，让荷西一定要称呼自己的父母为爸爸妈妈，不能称为先生太太，不然父母会生气的。

那天，三毛与父母一起抵达机场，荷西早已在等候，他见到三毛一行人从机场出来的时候，荷西小跑过去，一只手抱着爸爸，另一只手抱着妈妈，然后叫三毛过去四个人环抱在一起。当荷西单独拥抱三毛的父亲时，他紧张地用中文喊了一声爸爸，然后看着三毛的妈妈喊了声妈妈后，接着不知道该说什么，只是低头去提箱子，三毛鼓励荷西用英语交谈，荷西说实在是太紧张了，他听说三毛的父母来，已经好几个晚上没睡好觉了。

一个中国人喊岳父岳母为爸爸妈妈是一件很自然的事，但对于一个外国人来说，他们称呼岳父岳母为先生太太，若是叫他改口叫爸爸妈妈，那该是有多爱自己的妻子啊。

那一段时间对于三毛来说是最美好的，她最爱的人都在她身边，一家四口其乐融融。

有一天在餐桌上，我与父母聊得愉快，荷西突然对我说，该轮到他说话了，然后用生硬的英语说："爹爹，你跟Echo说我买摩托车好不好？"荷西很早就想买一辆摩托车，但要通过我的批准。听了他这句话，我站起来走到洗手间去，拿起毛巾捂住眼睛，就出不来了。从荷西叫出"爹爹"这个字眼时（爹爹原本是三毛对爸爸的称呼），我相信他与我父母之间又跨进了一大步。

三毛的父母在这里整整一个月，他们很喜欢这个谦虚的女婿。多年以后，陈嗣庆在给女儿的一封信中这样写道："在一个普通而安适的环境里，你们这种族类，却可以把日子搞得甚富情趣，也可以无风起浪，演出你们的内心突破剧，不甘庸庸碌碌度日子，自甘把自己走向大化。"

一个月后，三毛的父母要到英国旅游，三毛陪同前往。荷西到机场来送行，他抱着妈妈安慰说，明年一定去台湾与家人一起生活。

三毛他们乘坐的是一架小型螺旋桨飞机。荷西跳过一个花丛，想再多看一眼三毛，他不停地向三毛挥手告别。没想到，这次告别，竟成了永别。

第十章

花开花谢，缘尽情未了

痛失所爱，
红尘缘分尽

三毛陪同父母来到英国。几天后，坏消息传来。

1979 年 9 月 30 日，荷西像往常一样，去海边捕鱼散心，而这次，他潜入海底，却再也没有浮出水面。

三毛和父母收到消息后，立刻赶回拉芭玛岛。三毛一边请人去海里寻找，一边祈求祷告，希望荷西回到自己身边。

荷西爱潜水，他终究还是把自己献给了大海。这不足三十岁的生命，在最闪耀、最旺盛的年华里，沉寂在纯净通透的大海里。荷西，三毛的丈夫，她最挚爱的人，就这样悄无声息地离去。

两天后，荷西的尸体被打捞了上来，由于海水的浸泡，肢体僵硬，全身肿胀，非常难看。尽管陈嗣庆夫妇不想让三毛看到这一幕而尽力阻止，可撕心裂肺的三毛疯狂地扑了上去，她凄惨地叫着荷西的名字。那时，荷西的伤口开始流血，三毛一点一点地为他擦干。也许是荷西感受到三毛的伤心欲绝，他用他的血陪妻子哭泣，痛哭他们无法白头偕老。

刚找到荷西时，朋友们把他放到薄棺，三毛看见荷西似乎有点儿挤，于是问朋友，荷西会不会不舒服，朋友们听了，凑钱又买了一副，梦里的两副棺材出现了，但睡在里面的却是荷西。

那天晚上，很多知道消息的朋友都过来为荷西守灵，三毛都不同意。

　　我不能忍受在他孤独时，有那么多人在我身边陪着他，我要那些朋友暂在外边，我要陪他度过一段时光。荷西睡觉，喜欢牵着我的手，有时半夜翻了身，还到处找我的手，我轻轻抚摸着，仿佛看见覆在荷西身上的床单，一起一伏，荷西在呼吸，荷西没有死。我大声地叫着，他没有死……

任凭三毛怎么呼喊，荷西再也听不见了，他不会再对着三毛笑，不会从后面紧紧抱着她，不会再拉着她的手睡觉了。那个噩梦成真了，但死的人不是三毛，而是三毛最爱的荷西。此刻，她要与荷西静静地度过最后的一个晚上，今生今世最后一个相聚相依的夜晚。

荷西葬礼的前一天，三毛瞒着大家出去为荷西做最后一件事，"我要独自把坟挖好，一铲一铲的泥土和着我的泪水，心里想，荷西死在他另一个情人的怀抱里——大海，应也无憾了。"

朋友们争着为荷西抬棺。下葬的时候，三毛发了疯的痛哭着，失去了控制。父母拼命地拽着她，才没有让她做出更疯狂的举动。

为了稳定三毛的情绪，医生给她注射了镇静剂，即使这样，她还是不停大喊着："荷西回来！荷西回来！"

然而，一切都结束了，一切都再也回不来了。

荷西的母亲和亲属们也来参加葬礼。葬礼结束后，他们一行人上街买了一些烟酒和手表，就匆匆忙忙回去了。也许正是因为在这样缺少爱的家庭中成长，所以荷西才如此珍惜和三毛的这份爱情。

荷西走后的很长一段时间里，三毛每天都要跑去墓园陪伴自己的丈夫，多年来，她已经习惯了和荷西生活在一起，一刻都不能离开，她一直痴痴地坐到黄昏，坐到那个守墓人来叫三毛回去，三毛跟着他穿过一排排的十字架，看他锁上了那扇分隔生死的大门，三毛才依依不舍地回家。

对于墓园，三毛是很熟悉的。小时候，三毛经常到那样的地方读书，她觉得那里是安全的，那里没有人会侮辱她，没有人会嘲笑她，大家都安安静静地陪伴三毛。现在，她似乎又回到了那样的日子里，孤独无助。

回到家里，三毛只是跟父母打了声招呼就回自己的房间去。她期待黎明的到来，那样她就又可以去见荷西了。

这时，父母也跟着她进了卧室，母亲拿着汤，哀求三毛喝一口，因为三毛已经几天没有吃过东西了。但三毛依然没有胃口，母亲无奈，只好又把汤端了出去。

那天去墓园，三毛看到那些花环已经枯萎，于是用力把花环上缠着的铁丝拉开，把那些残梗扔掉，再买来一些鲜花，即使鲜花五颜六色，但似乎也不能带来生命的信息。

正午，三毛从墓园下来，望着来来往往的车辆和行人发呆。

不时有认识与不认识的路人经过我，停下来，照着岛上古老的习俗，握住我的双手，亲吻我的额头，喃喃地说几句致哀的语言然后低头走开。我只是麻木的在道谢，根本没有在听他们，手里捏了一张已经皱得不成样子的白纸，上面写着一些必须去面对的事情——：要去葬仪社结账，去找法医看解剖结果，去警察局交回荷西的身份证和驾驶执照，去海防司令部填写出事经过，去法院申请死亡证明，去市政府请求墓地式样许可，去社会福利局申报死亡，去打长途电话给马德里总公司要荷西工作合同证明，去打听寄车回大加纳利岛的船期和费用，去做一件又一件刺心而又无奈的琐事。

三毛就这样默默地一件事一件事地做。在邮局门口，她见到了自己的父母。母亲穿着藏青色衬衫，白色裙子，父亲穿了西装，还打了领带，他们手里拿着一束花，蹒跚着去墓园看荷西。天气炎热，一向不怕热的父亲都在擦汗。三毛说要开车送他们，他们坚持不肯，他们知道三毛正忍着悲痛强颜去办理那些法律手续。三毛只好站在他们背后目送他们。"花被母亲紧紧地握在手里，父亲弯着腰好似又在掏手帕擦汗，耀眼的阳光下，哀伤，那么明显的压垮了他们的双肩，那么沉重的拖住了他们的步伐，四周不断地有人在我面前经过，可是我的眼睛只看见父母渐渐远去的背影，那份肉体上实实在在的焦渴的感觉又使人昏眩起来。"

三毛一直不明白，她为什么会处在这样的境况里，她的荷西为什么会突然不见了。

最后，三毛请一位老木匠给荷西定做一个她自己设计的十字架，并在墓志铭刻上三毛亲拟的铭文："荷西·马利安·葛罗。安息。你的妻子纪念你。"

三毛独自一人把那个沉重的十字架和木栅栏搬到荷西墓前，用手指去挖埋着荷西的黄土，然后自己去钉，去围，自己亲手为荷西做最后的一件事。

拉芭玛，风景优美的一个小岛，他们曾经在这里恩爱生活，然而这里却成了荷西人生的最后一站，是三毛与荷西的最后一片乐土。它给了三毛幸福美丽的家，但也留给三毛太多痛苦的回忆。

半途折翼，要做不死鸟

陈嗣庆夫妇劝说三毛与他们一同回台湾，因为他们害怕三毛再这样下去会承受不住压力，会变回当年那个自闭的小女孩。三毛答应了。临行前，她到丈夫的坟前道别：

> 结婚以前，在塞哥维亚的雪地里，已经换过了心，你带去的那颗是我的，我身上的，是你。
>
> 埋下去的，是你，也是我。走了的，是我们。
>
> 我拿出缝好的小白布口袋来，黑丝带里，系进了一握你坟上的黄土。跟我走吧，我爱的人！跟着我是否才叫真正的安息呢？
>
> 我替你再度整理了一下满瓶的鲜花，血也似的深红的玫瑰。留给你，过几日也是枯残，而我，要回中国去了，荷西，这是怎么回事，一瞬间花落人亡。荷西，为什么不告诉我，一切只是一场噩梦。

　　离去的时刻到了，我几度想放开你，又几次紧紧抱住你的名字不能放手。黄土下的你寂寞，而我，也是孤零零，为什么不能也躺在你的身边。

　　父母在山下巴巴的等待着我。荷西，我现在不能做什么，只有你晓得，你妻子的心，是埋在什么地方。

　　苍天，你不说话，对我，天地间最大的奥秘是荷西，而你，不说什么地收回去了，只让我泪眼仰望晴空。

　　我最后一次亲吻了你，荷西，给我勇气，放掉你大步走开吧！

回到台湾的三毛还是无法从失去荷西的悲痛中走出来，她想到了死。一天深夜，她和父母详谈，说："如果选择了自己结束生命这条路，你们也要想得明白，因为在我，那将是一个更幸福的归宿。"母亲了解女儿的痛苦，她不敢说任何刺激三毛的话，只是哀求女儿尝试着活下去，为自己，也为父母。而父亲既悲伤又愤怒地对三毛说："你讲这样无情的话，便是叫爸爸生活在地狱里，因为你今天既然已经说了出来，使我这个做父亲的人，日日要活在恐惧里，不晓得哪一天，我会突然失去我的女儿。如果你敢做出这样毁灭自己的生命的事，那么你便是我的仇人，我不但今生要与你为仇，我世世代代都要与你为仇，因为是——你，杀死了我最最心爱的女儿——"三毛听后，泪如雨下。她知道，她伤了父母那颗疼爱女儿的心。

　　我又一次明白了，我的生命在爱我的人心中是那么重要，我的念头，使得经过了那么多沧桑和人生的父母几乎崩

溃，在女儿的面前，他们是不肯设防地让我一次又一次地刺
伤，而我，好似只有在丈夫的面前才会那个样子。

三毛的伤，三毛的痛，弥漫在字里行间。

三毛回到台湾，许多朋友和读者纷纷致信和唁电，安慰三毛。皇
冠出版社出版人平鑫涛和作家琼瑶夫妇刚得知噩耗时第一时间向拉芭
玛岛致电："Echo，我们也痛，为你流泪，回来吧，台湾等你，我们
爱你。"

虽然三毛和琼瑶的第一次见面是在 1976 年，那是三毛成名后第
一次回台湾，她到琼瑶家拜访。其实三毛很小的时候就知道琼瑶了。
那个时候，琼瑶的《烟雨蒙蒙》正在报纸上连载，休学在家的三毛每
天早上六点半就坐在小院的台阶上等那份报纸。

这次，三毛带着伤痛回来，琼瑶及时伸出援助之手。她邀请三毛
到家里，与三毛详谈了七个小时。后来三毛回忆说："自从在一夕间
家破人亡之后，不可能吃饭菜，只能因为母亲的哀求，喝下不情愿的
流汁。那时候，在跟你僵持了七个小时之后，体力崩溃了，我只想你
放我回家——我觉得你太残忍，迫得我点了一个轻微的头。"

琼瑶毕竟是一个情感作家，很会劝慰人。当三毛承诺不会轻生
后，又要求三毛回家后的第一件事就是向妈妈承诺不会自杀。当三毛
回家后，琼瑶还打电话来追问三毛有没有对母亲说那句话，直到三毛
痛哭着回答已经说了，她才挂了电话。

也许是琼瑶的用心良苦起了作用，三毛没有自杀，她选择了做一
只不死鸟。

　　失去荷西我尚且如此，如果今天是我先走了一步，那么我的父亲、母亲及荷西又会是什么情况？我从来没有怀疑过他们对我的爱，让我的父母在辛劳了半生之后，付出了他们全部之后，再叫他们失去爱女，那么他们的慰藉和幸福也将完全丧失了，这样尖锐的打击不可以由他们来承受，那是太残酷也太不公平了。

　　要荷西半途折翼，强迫他失去相依为命的爱妻，即使他日后活了下去，在他的心灵上会有怎么样的伤痕，会有什么样的烙印？如果因为我的消失而使得荷西的余生再也不有一丝笑容，那么我便更是不能死。

　　这些，又一些，因为我的死亡将带给我父母及丈夫的大痛苦，大劫难，每想起来，便是不忍，不忍，不忍又不忍。

　　毕竟，先走的是比较幸福的，留下来的，也并不是强者，可是，在这彻心的苦，切肤的疼痛里，我仍是要说——"为了爱的缘故，这永别的苦杯，还是让我来喝下吧！"

　　我愿意在父亲、母亲、丈夫的生命圆环里做最后离世的一个，如果我先去了，而将这份我已尝过的苦杯留给世上的父母，那么我是死不瞑目的，因为我明白了爱，而我的爱有多深，我的牵挂和不舍便有多长。

　　所以，我是没有选择的做了暂时的不死鸟，虽然我的翅膀断了，我的羽毛脱了，我已没有另一半可以比翼，可是那颗碎成片片的心，仍是父母的珍宝，再痛，再伤，只有他们不肯我死去，我便也不再有放弃他们的念头。

　　三毛终于明白，她不只是一个人生活，她还有年迈的父母，有兄弟姐妹，她要活下去，为自己，也为他们。

　　也许旅行才是治疗伤痛的最好方式。1980 年春，三毛前往东南亚及香港旅游。这次旅行，最难忘的是泰国："那次在泰国海滩上被汽艇一拖，猛然像风筝似的给送上了青天，身后扎着降落伞，涨满的风，倒像是一面彩色的帆，这一飞飞到海上，心中的泪滴出血似的痛。死了之后，灵魂大概就有这种在飞的感觉吧？"

　　在香港的那一站，她是和摄影家水禾田一起："车子在山径上跑，九曲十三弯地开往浅水湾酒店，车厢里收音机正播着《橄榄树》，虽然风靡台湾和香港，但你从未认真欣赏，我们竟齐齐合唱起来……"

　　回到台北后，三毛应酬的活动越来越多。由于她已是名人，各种饭局、演讲会、座谈会……都邀请她参加，她感到非常疲倦，于是她决定回到大加纳利去，在那里重温她与丈夫荷西的美好时光。

重回故地，
彩衣慰爱人

1980 年 5 月，三毛再次回到了大加纳利岛。途中三毛在瑞士、意大利、奥地利等地都逗留过。

三毛先去的是瑞士洛桑。这次瑞士之行似乎就是噩梦的重演：在台湾桃园机场快登机的时候，那种在梦里似曾相识的感觉又来了，三毛不敢多看父母一眼，头也不回地走进了出境室。她害怕看见亲人真如梦里一样面貌模糊，此刻三毛感觉自己真真实实地在梦里了，而梦里的他们是没有五官的。然后独自一人走在那长长的通道，别人是不走的。到了洛桑，她看到的具有古典风格的火车站竟然与她噩梦中的车站一模一样。

三毛在女友家住了几天，然后去意大利玩了一周，接着准备去埃廷根探望如亲人般的拉赫一家。离开洛桑的那天，女友是穿着红色衣服来送行的，她帮三毛寄箱子，并叫三毛去六号月台。三毛知道在哪里，知道怎么去，毕竟这个场景在梦中出现过好多次了。在车厢外，三毛看到了梦中那灰色车站中鲜明的红衣，竟然就是自己的女友。而女友竟然用中国话对三毛说："再见了！要乖乖的呀！"即使出现过无数次的梦境，一旦在现实中发生，仍然感到惊悚。而更不可思议的是在车厢里，梦幻中那三个穿着草绿色制服，肩上缀着小红牌子的士兵，正目光灼灼地看着三毛……

在巴塞尔车站，三个正在张望的身影狂喊三毛的名字，向三毛挥手，他们是三毛的朋友歌妮，歌妮的男朋友达尼埃和哥哥安德列阿。再次见面，大家都很紧张，都在掩饰各自的悲伤，毕竟，他们中间那个最亲爱的人已经死了。

在拉赫家，那散发的宁静和温馨让三毛感觉像是回到了自己的家里。这样的氛围让三毛放声大哭。

我永远也不能抗拒拉赫那副慈爱又善良的神气，她看着我的表情是那么了解又那么悲恸，她清洁朴实的衣着，柔和的语气，都是安定我的力量，在她的脸上，一种天使般的光辉静静的光照着我。

"我原是不要来的！"我说。

"不是来，你是回家了！如果去年不是你去了中国，我们也是赶着要去接你回来同住的。"

拉赫拉着我进屋，拍松了沙发的大靠垫，要我躺下，又给我开了一盏落地灯，然后她去厨房弄茶了。

我置身在这么温馨的家庭气氛里，四周散落有致的堆着一大迭舒适的暗花椅垫，古老的木家具散发着清洁而又殷实的气息，雪亮的玻璃窗垂挂着白色荷叶边的纱帘，绿色的盆景错落地吊着，餐桌早已放好了，低低的灯光下，一盘素雅

的野花夹着未点的蜡烛等我们上桌。靠近我的书架上放着几
个相框，其中有一张是荷西与我合影，衬着获伊笛火山的落
日，两个人站在那么高的岩石上好似要乘风飞去。

在埃廷根，三毛度过了一个特别的夜晚。

她在大加纳利岛的拾荒好友希伯尔也来了。一个月前，他从学生
的剪报上得知三毛被读者围得水泄不通的场面，他心里很难过。他丕
邀请三毛到他家去挑选一件年代久远的好东西。

告别了拉赫一家，三毛到维也纳去探望已经十三年没有见面的二
堂哥陈懋良。哥哥已经成家立业，他作曲教钢琴，嫂子也是学音乐
的，还有那个没有见过面的侄子。

辗转几个地方后，三毛回到了马德里，这里是她与荷西相识、相
知、相爱的地方。

飞机在巴塞罗那机场停了下来。三毛一个人去了游乐场看旋转
木马。

黄昏尽了，豪华的黑夜漫住五光十色的世界。

此时的游乐场里，红男绿女，挤挤攘攘，华灯初上，一
片歌舞升平。

半山上彩色缤纷。说不尽的太平盛世，看不及的繁华夜
景，还有那些大声播放着的，听不完的一条又一条啊浪漫温
的歌！

我置身在这样欢乐的夜里，心中突然涨满了无由的
幸福。

遗忘吧！将我的心从不肯释放的悲苦里逃出来一次吧！

哪怕是几分钟也好。

三毛坐在高高的云天吊车上，啃着粉红色的棉花糖，另一只手拿着一对黄色气球，吹着冷风，她感到疯狂的快乐，一直到万家灯火……

三毛回到了马德里婆婆的家。给三毛开门的是穿着黑衣的婆婆，在饭厅的公公知道三毛回来后也忍不住号啕大哭。在婆家，三毛以为自己是不受欢迎的，但没想到小姑伊丝帖是支持她的，她主张嫂子脱掉黑色的丧服，穿上艳丽的服装，像哥哥在世时那样。吃饭的时候，姐夫突然提出谈谈大加纳利岛那幢房子的处理，三毛忽然感觉到亲情的淡薄，"本是同根生，相煎何太急"，荷西离开不久，就要处理房子的问题，似乎太急了。三毛表示除了婚戒，其他的不争。而伊丝帖坚持站在三毛这边，她知道自己的哥哥爱三毛，所以她爱屋及乌，也爱着三毛。

回到大加纳利岛后，三毛孤独地隐居了一年多的时间。三毛的朋友是这样描述她隐居的环境的："那亦是一个奇异的海滩，大加纳利岛南部的海沙是浅米色而柔软的，而我眼前的这个海湾却满是近乎黑色的沙石，远处各种峥嵘的礁岩与冲击的巨浪使人想起《珍妮的画像》那部电影里的镜头。这是一个咆哮的海滩，即使在如此明亮的阳光下，它仍是雄壮而愤怒的。奇怪的是，我在那儿坐了近乎两个小时，竟然连一个人影都未看见。"三毛在附近重新买了一座新房子。新房子的院子一半是草地，一半铺砖，过道种着一颗大的相思树，还有一个凉亭，棚下挂着一些花，还有一张彩色的吊床。凉亭里有一张圆桌，旁边的椅子是树根做成的老木椅。房子里面是纯白的墙，棕色的木器，盆景也很多，少不了的是大摇椅垫着的大红碎步坐垫，还有一张大书桌和一墙的书。纯白色的大幅窗帘后是一幅巨画般的海景。在这样的环境中生活，想必是每一个人的梦想吧。

6月，三毛回到了拉芭玛岛，她给荷西扫墓来了，与以往不同的是，这一次，她是穿着一身彩衣来告慰爱人的。

　　我鼓起勇气走上了那条通向墓园的煤渣路，一步一步地经过排排安睡外人。我上石阶，又上石阶，向左转，远远看见了你躺着的那片地，我的步子零乱，我的呼吸急促，我忍不住向你狂奔而去。荷西，我回来了——我奔散了手中的花束，我只是疯了似的向你跑去。

　　冲到你的墓前，惊见墓木已拱，十字架旧得有若朽木，你的名字，也淡得看不出是谁了。

　　我丢了花，扑上去亲吻你，万箭穿心的痛穿透了身体。是我远走了，你的坟地才如此荒芜，荷西，我对不起你——不能，我不是坐下来哭你的，先给你插好了花，注满清水在瓶子里，然后就要下山去给你买油漆。

　　来，让我再抱你一次，就算你已成白骨，仍是春闺梦里相思又相思的亲人啊！

三毛去文具店买来黑色的粗心签字笔，还去五金店买了淡棕色的亮光漆，一笔一笔把刻着的木槽缝填好——荷西、马利安、葛罗。安息。你的妻子纪念你。再用小刷子涂上亮光漆。涂完后，三毛接着一遍又一遍地给十字架和四周的木栅栏上漆。三毛做着这些，觉得只是做了一个妻子应该做的事情，她在照顾她的丈夫。

拉芭玛岛给三毛带来了不可磨灭的伤痛。她的古灵精怪、喜欢鬼话连篇表达自己的随性，似乎随着爱人的离去也一同消失了。

这次回大加纳利岛，三毛也认识了一些朋友，克里斯就是其中一个。

那天，三毛去影印稿子，由于印的份数太多，三毛先让那些只印一两张的后来者，最后只剩下一个大个子了，三毛请他先印，他很客气地道谢后拒绝了。大个子问三毛会不会说英文，还问她的稿子写的是什么。于是三毛看了这个人一眼。

> 他枯黄的头发被风吹得很乱，淡蓝而温和的眼睛，方方的脸上一片未刮干净的白胡渣，个子高大，站得笔挺，穿着一件几乎已洗成白色了的淡蓝格子棉衬衫，斜纹蓝布裤宽宽松松的用一条破旧的皮带扎着，脚下一双凉鞋里面又穿了毛袜子。

三毛记得她是见过这个人的。这个人脸上的表情总是茫茫然的，经常背着一个背包在城里大步地走，好像疯子一样。那天，三毛看见他在花店门口对着一桶血红的玫瑰花痴痴地看。

当三毛转过身来面对他的时候，他和三毛聊起了易经风水星象。在这个小地方，听到有人说起这些事，三毛倒是觉得新鲜，虽然都不懂，但是觉得这个人挺有趣的。

从交谈中，三毛知道了这个人叫"克里斯多弗·马克特"。

三毛影印好稿子后，去隔壁的医院把稿子整理好，跟医生聊了几句，然后准备去邮局寄挂号信。当三毛从医院出来的时候，克里斯多弗竟然还在街上等她。

"Echo，很想与你谈谈东方的事情，因为我正在写一篇文章，里面涉及一些东方哲学家的思想……"说着克里斯把自己的文章递给三毛。然后他们一起到璜的咖啡馆去聊。

在咖啡馆里，克里斯多弗从他的大包里拿出一本书和几份剪报。

　　那是一本口袋小书，英文的，黑底，彩色的一些符号和数字，书名叫作——《测验你的情绪》。封面下方又印着："用简单的符号测出你，以及他人潜意识中的渴望、惧怕及隐忧。""五十万本已经售出。"右角印着克里斯多弗·马克特。

三毛没想到，克里斯多弗背包里装的竟然是这些东西。接着他和三毛谈论起关于中国妇女的地位问题，并且让三毛测测自己的情绪问题。

克里斯多弗热爱中国哲学，当他知道三毛读过哲学后，每次见到三毛，都会跟着三毛走一段路，遇上三毛有空，两人喝个茶也在谈孔子、老子、庄子。

有一段时间，三毛因为晚上看书太多，眼睛见光不舒服，想着再不好就去看医生了。这时克里斯多弗给三毛介绍了自己写的书叫《自疗眼睛的方法》，还要配合做运动，于是三毛便跟克里斯多弗回家拿书。

克里斯住的区叫作圣法兰西斯哥，那儿的街道仍是石块铺的，每一块石头缝里还长着青草，沿街的房子大半百年以上，衬着厚厚的木门。

那是一幢外表看去几乎已快塌了的老屋，大门根本没有了颜色，灰净的木板被岁月刻出了无以名之的美。

克里斯拿出一把好大的古钥匙来开门，风吹进屋传来了风铃的声响。

我们穿过一个壁上水渍满布的走廊，掀开一幅尼龙彩色条子的门帘，到了一间小厅，只一张方形小饭桌和两把有扶手的椅子便挤满了房间，地上瓶瓶罐罐的杂物堆得几乎不能走路，一个老太太坐在桌子面前喝牛奶，她戴了眼镜，右眼玻璃片后面又塞了一块白白的棉花。

克里斯多弗是和一对姓郭的姐妹住在一起的。这对姐妹已是九十多岁的老太太，克里斯多弗负责照顾她们的日常生活。

回到家里，三毛按照克里斯的方法治疗眼睛，几天后，视力果然恢复了不少。

后来，三毛经常去克里斯多弗的家，有时候一坐就是一下午，三毛觉得那个家比她现在的家更像家。有时候三毛也会去他们那里做菜一起吃。

有一天，克里斯多弗发烧了，他被送进了小城那家新开的医院，初诊是急性肺炎。三毛为他垫付了医药费，克里斯多弗除一些稿子外，没有关于健康保险的单子，没有私人信件，也没有银行存折，只有抽屉里放了几千块钱。三毛奇怪他为什么会烧成那样，而医生也说岛上这种气候得急性肺炎是不太可能的事。后来三毛才知道，克里斯多弗赖以生存的谋生方法是给冷冻车下冰块。

三毛告诉克里斯多弗，他的小书要出版了，预付版税的美金换成了西币。虽然三毛只是说说，在她嘴里说出来倒成了真的一样，她把自己都感动了。

后来，克里斯多弗告诉了三毛他的过去。

二次世界大战时，克里斯，学心理的毕业生入了纳粹政府，战争最后一年，集中营里的囚犯仍在做试验，无痛的试验。

一个已经弱得皮包骨的囚犯，被关进隔音的小黑房间一个月，没有声音，不能见光，不给他时间观念，不与他说话，大小便在里面，不按时给食物。

结果，当然是疯了。

"这些年来，我到过沙摩阿、斐济、加州、加纳利群岛，什么都放弃了，只望清苦的日子可以赎罪，结果心里没法平静——"

为了弥补自己以前犯下的错，克里斯多弗把郭太太她们当成了自己的家人，而三毛也劝克里斯多弗换一种谋生方式。

这就是三毛，永远那么善良，朋友遍天下。

忙里偷闲，
重温孩童乐

　　那天，三毛接了个电话，是新闻局驻马德里代表刘先生打来的
长途电话，说是宋局长邀请她回国，如果同意回去，就要马上收拾
行装。

　　由于没有回台湾的计划和准备，三毛对这突如其来的电话感到
吃惊，她本能地推辞了，因为按计划，6月初她应该是在摩洛哥和埃
及的。

　　既然是嘱咐自己回去，三毛想要和母亲商量一下，当她听到母亲
的声音传来的时候，她竟然说："妈妈，我要回家了！"毕竟，父母
的爱是不可割舍的，三毛因此结束了她的隐居生活，回到了台北。

　　此时的三毛已经是畅销书作家，无论走到哪里，都会有热烈欢迎
她的场面，开讲座到处都是前呼后应的学生，她的工作日程更是排得
满满的，忙得连好好在家吃顿饭的时间都没有。"回来台北不过三四
天，一本陌生的记事本却因为电话的无孔不入而被填满到一个月以后
还没有在家吃一顿饭的空档。"

　　一天早晨，三毛坐在椅子上接电话，像小学时候选举班长计票的

方式，用"正"字来记，每接一个电话写一笔，当三毛写到第九个"正"字的时候，发了狂似的跟对方说："三毛死掉啦！请你到那边去找她！"说好再也不流泪的人竟为了第九个正字大哭一场。

身负盛名，三毛感觉不胜负荷。偶尔得知有两个小时的空闲时间完全属于自己，站在雨中的三毛快乐得不知何去何从。那时，三毛找到父亲，"赶快去踩踩台北的街道呀！两个小时的时间，想想有多奢侈，整整两个小时完全是自己的吧！"父亲马上收拾好东西，拿了一把雨伞，与三毛一起做了一回逃学的孩子。每当经过店铺、地摊、小食店，父亲都要问三毛需要什么。三毛需要什么？她要的只不过就是发发疯，在深爱的乱七八糟的城市里享受一下人世间的繁华罢了。

雨仍是不停地下着。一生没有挡雨的习惯，那时候却有一个人在我身边替我张开了一把伞。那个给我生命的人。

三毛告诉父亲，这是她回国以来最快乐的一天，连雨滴在身上都想笑起来。三毛小的时候没有向父亲讨过什么东西，今天的她似乎回到孩童时代，叫父亲买李小龙影片中使用的"双节棍"，不管父亲是否付钱，三毛又跑去看别的东西了。

经过体育用品专柜时，父亲给三毛订了一双红色轮子的白色溜冰鞋。然后接着带三毛去坐公共汽车。

我们找了一会儿才找到了站牌。父亲假装老练，我偷眼看他，他根本不大会找车站，毕竟也是近七十的父亲了，以他的环境和体力，实在没有挤车的必要。可是这是他多年的习惯，随时给我机会教育，便也欣然接受。

雨夜，三毛回到家的时候已是凌晨四点，母亲开的门。她在静静地等爱女回来。回到家的三毛看到地毯上有一辆枣红色的小脚踏车，车前的白色网篮里躺着一双和以前一样颜色和式样的溜冰鞋。

> 我坐在窗口，对着那一辆脚踏车看了又看，看了又看。雨是在外面滴着，不是在梦中。可是我怕呢！我欢喜呢；我欢喜得怕它们又要从我身边溜走。

她最喜欢的便是在国父纪念馆的广场上滑旱冰。

> 我绕着那片广场一遍又一遍地骑，一圈又一圈慢慢地溜——我在找什么，我在等什么，我在依恋什么，我在期待什么？
> 不敢去想，不能去想，一想便是心慌。
> 有什么人在悄悄地对我说：这里是你掉回故乡来的地方，这里是你低头动了凡心的地方。
> 时候未到，而已物换星移，再想飞升已对不准下来时的方向——我回不去那边了。

回到台北之后，三毛除餐馆外没什么地方可去，每当空闲的时候她便往国父纪念馆跑，那里成了她的乡愁。

这次回来，除了生活的无奈，也是有收获的。三毛认识了不少的同行和社会各界知名人士，遇见了体育名人纪政，也是因为她，成全了三毛的中南美洲之旅。

第十一章

滚滚红尘，何处是归宿

万水千山，中南美之旅

　　1981 年 11 月，三毛在《联合报》的赞助下与助手米夏前往中南美洲旅行半年，撰写所见所闻。中南美洲对于三毛来说，还是一片陌生的土地，令人充满好奇。

　　旅程的第一站是墨西哥。接待三毛的是朋友约根，来墨西哥之前三毛已经打了两次长途电话给他，叫他帮忙订旅馆，约根把三毛和助手米夏安排住在自己的家里。"约根的公寓，他在墨西哥才安置了半年的家，竟然美丽雅致高贵得有若一座博物馆，森林也似的盆栽，在古典气氛的大厅里，散发着说不出的宁静与华美。"三毛受不了他的豪华接待，而助手米夏沉醉在这种格调和气派中，他甚至用中文对三毛说："阿平，请你听我一次话，他这样有水准，你——"三毛假装没听见，她感慨着：正是大梦初醒的人，难道还不明白什么叫作盖世英雄难免无常，荣华富贵犹如春梦吗？

　　茶几上放着三毛的几本书，播着"橄榄树"的音乐，但三毛并不喜欢，"心里一阵厌烦涌上来，本想好好对待他的，没有想到见了面仍是连礼貌都不周全，也恨死自己了。世上敢向他大喊的，大概也只有我这种不买账的人。"

三毛不喜欢约根在朋友面前拿她炫耀，还有那无聊至极的酒宴，三毛是这样形容的："其实，这种气氛仍是邪气而美丽的，它像是一只大爬虫，墨西哥特有的大蜥蜴，咄咄地向我们吹吐着腥浓的喘息。"

第二天，三毛搬到旅馆去了。她觉得这种墨西哥生活应该到此结束。

接着，三毛参观了墨西哥的"国家人类学博物馆"。博物馆陈列非常好，介绍详尽，分类细致，令人油然而生一种敬意。墨西哥是一个想象力丰富的多神民族，日神、月神、风神、雨神……三毛最喜欢的两个神是玉米神和自杀神。喜欢玉米神是因为三毛爱吃玉米，而喜欢自杀神则是因为好奇。后来又一次去博物馆，专门研究自杀神。世界上无论哪一种宗教都不允许人自杀，她觉得墨西哥的自杀神是有趣而别具意义的。

从墨西哥到洪都拉斯只需要短短的两个小时。三毛是这样描述洪都拉斯的：

> 洪都拉斯的确是景色如画，松林、河流，大山，深蓝的天空，成群的绿草牛羊，实在是一幅幅大气魄的风景。只是我的心，忘不了那些贫苦居民的脸孔和眼神，无法在他们善良害羞而无助的微笑里释放出来。一路上，我亦是怔怔。

旅行的第十天，三毛来到了洪都拉斯与危地马拉边境的玛雅人著名的"哥庞废墟"。

　　这片玛雅人的废墟是 1839 年被发现的，当时它们在密密的雨林中已被泥土和树木掩盖了近九个世纪。据考证，那是公元后 800 年左右玛雅人的一个城镇。直到 1930 年，在发现了它快一百年之后，才有英国人和美国人组队来此挖掘、重建、整理。可惜最最完整的石雕，而今并不在洪都拉斯的原地，而是在大英博物馆和波士顿。虽然这么说，那一大片丛林中所遗留下来的神庙，无数石刻的脸谱、人柱，仍是壮观的。

　　三毛坐在废墟的顶端，静静地看着当年的"球场"——如今是一片绿草如茵的旷野，幻想一群高大的玛雅人正满场飞奔地打美式橄榄球。

　　离开洪都拉斯，三毛又游历了哥斯达黎加、巴拿马、哥伦比亚、厄瓜多尔，秘鲁、玻利维亚、智利、阿根廷、乌拉圭、巴西等国。

　　哥斯达黎加是一个美丽的国家，因为没有计划深入全国去旅行，三毛只去了两个距首都圣荷西不远的小城，看了一座火山。"沿途一幢幢美丽清洁的独院小平房在碧绿的山坡上怡然安静的林立着，看上去如同卡通片里那些不很实在的乐园，美得如梦。"在这里，好友的妹妹陈碧瑶和她的丈夫徐寰的热情接待，让三毛倍感温暖，让她一再想回哥斯达黎加。

　　在巴拿马，三毛见到了表妹美妮。"妹夫外表没有什么改变，只是比以前成熟了。表妹相逢几乎不识，十年茫茫，那个留着长发、文静不语的女孩，成了一个短发微胖戴眼镜的妇人。"十年异乡的艰苦环境，让她从一个文静的小女孩变得干练。

　　吃饭的时候，三毛无意间跟她说起她祖母在上海过世的消息，三毛不知道台北的阿姨瞒着表妹这件事，表妹听说后，几乎要哭起来，后来她自说自话，用了一番理由安抚自己，就又好了起来。表妹忽然又提起了荷西，但那直率与真诚让人无法生气。"我突然非常欣赏这个全新的表妹，她说话待人全是直着来的，绝不转弯抹角，也不客套，也不特别安慰人，那份真诚，使她的个性突出、美丽，而且实在。"三毛想：要是有一日，巴拿马的经济不再繁荣，大约也难不倒表妹夫。太太孩子一带，再去个国家打市场，又是一番新天地。

　　在巴拿马，同胞的情谊又一次让三毛感动。

　　说起哥伦比亚，三毛看到参考书中，除了详尽的历史地理和风土人情介绍之外，竟然直截了当地唤它"强盗国家"。三毛来到这里，刚下飞机就领教了一回。

　　从机场回旅馆，由于是深夜，加上当地海拔两千六百四十公尺的高度，三毛心脏感到不适，又拿着行李，于是招了一辆计程车，讲好价钱，指名一家中级旅馆，就上车了。

　　到了旅馆，司机说三毛西班牙语不流畅，听错了价钱，硬是多收了七美金。三毛因为身体不舒服没有和他理论。

　　刚到首都波哥大的那几天，三毛看见街上每个人都紧紧地抱着他们的皮包，感到很惊异，生活中冒着随时被抢劫的危险，这样的压力会让人神经衰弱的。

　　米夏刚到这里，便自己吓自己，睡觉的时候必须锁上门，用椅子抵着门框，每次叫他，总是问了又问，弄清楚后才开门。

　　而三毛在吃小摊子的时候又遇上这样的事：

个人是喜欢吃小摊子的，看中了一个小白饼和一条香肠，炭炉上现烤的。卖食物的中年人叫我先给他二十五比索，我说一手交钱一手交饼，他说我拿了饼会逃走，一定要先付。给了三十披索，站着等饼和找钱，收好钱的人不再理我，开始他的叫喊："饼啊！饼啊！谁来买饼啊！"我问他："怎么还不给我呢？香肠要焦了！"他说："给什么？你又没有付钱呀！"

这时旁边的另一群摊贩开始拼命地笑，望望我，又看着别的方向笑得发颤。这时方知又被人欺负了。起初尚与这个小贩争了几句，眼看没有法子赢他，便也不争了，只对他说："您收了钱没有，自己是晓得的。上帝保佑您了！"

说完这话我走开，回头朝那人笑了一笑，这时他眼睛看也不敢看我，假装东张西望的。

三毛在哥伦比亚之行的报道被一位哥伦比亚神父看到，说三毛的文字伤害了他的感情和国家。三毛写了一封致歉信，并发表出来了，她说自己可能以偏概全了，事实上，任何一个国家，任何一座城市，每日都有大小不同的暴行发生，是普遍存在的。她觉得对于这个美丽的世界，要感恩，要把爱分布到人间，因为爱是没有国籍、肤色之分的。

厄瓜多尔是三毛玩得最开心的一个地方。

在这里，三毛杜撰了一个她的前生的故事。姑娘名字叫哈娃。"哈娃"在印第安语中是"心"的意思。哈娃的曾祖父和三万个族人被杀后，在印加祭师的吩咐下，给挖出了心脏，投入故乡的大湖里。

　　哈娃的父母被印加人抓走后再也没有回来，于是哈娃成了孤儿。外祖父带着哈娃住在山坡上，对着雪山湖水，种植玉米、豆子、马铃薯，放马和羊。外祖父是村里的药师，其死后，哈娃嫁给了一位英俊的青年。哈娃怀孕的日子，青年从心湖里偷偷捉来几条银鱼给哈娃吃。族人们说，那是祖宗的心脏，吃了必遭报应。后来，哈娃死于难产。三毛觉得哈娃就是自己的前世。

　　三毛寻找的梦境竟然神秘地出现在眼前，她看了只是觉得回到了自己的家乡，于是她就更对自己杜撰的前世深信不疑。

　　秘鲁的马丘比丘被三毛称为"迷城"。这座在1911年方被美国人希兰姆·宾汉（Hi—ramBingham）发现的废城至今考证不出它的居民何以一个也不存在，便有了一个富有想象力的"失落的印加城市"的名称，慢慢地便出名了。伊莲娜告诉三毛，那片废墟有鬼——。"就是找鬼去的呀！"三毛怪怪地笑着回答。那座山城里一个居民也没有剩下，挖出来的骨骸比例是十个女人对一个男子，嬷嬷说是处女城。来到神秘迷城，三毛有说不出的激动。"曾经是我心中梦想过千万遍的一片神秘高原，真的云雨中进入它时，一份沧桑之感却上心头，拂也拂不开。"

　　在长长的旅途中，三毛比较希望见到秘鲁的马丘比丘和南面沙漠中纳斯加人留下的巨大鸟形和动物的图案。

　　走遍这万水千山，一路上，三毛写下了一篇篇的游记发给《联合报》。后来，这些游记便集合成《万水千山走遍》一书。

　　1982年5月，三毛结束了神奇的中南美洲之旅，回到了台湾。5月7日，《联合报》为三毛举行了专题演讲会。三毛声情并茂地讲述了她精彩的旅行故事。

独守伤悲，寄情于工作

1982 年，三毛结束了她的中南美洲之旅，回到了家乡，应张其昀先生邀请，回母校任教。

回家的第一天晚上，三毛一夜无眠。家里的电话和读者的来信让她感到压抑，她惧怕那些纷繁芜杂的人际关系。她本是抱着安度余生的心情回来的，没想过在名利场里穿梭。

9 月份开学前，三毛飞往大加纳利岛，再次照料好荷西的墓。

1982 年 9 月，三毛站在华冈的讲台上，开始了她人生中一堂重要的课程。对于教学，三毛是这样认为的："教学，是一件有耕耘有收获又有大快乐的事情。一心要做的农夫，终于找到了自己的一百亩田，手里拿着不同的一把又一把种子，心里放出了血，口里传出了藏在生命中丰盛、艳美和神秘的信息，种子怎么舍得不发芽生根再苦壮？"三毛觉得，一个好的农夫，面对自己的田的时候，必须洒下自己的心血，正如一节精彩的课，老师认真教，孩子们也会听得津津有味，这样的课堂不可能是枯燥的。

　　三毛教的是中文系文艺创作组的"小说研究"和"散文习作"。正式注册的学生有一百五十多个，加上旁听的就超过两百人了。在教书时，三毛非常投入："差不多四小时的课，总要看十五本书，不能说是消遣了，起码要去找，但也不一定用。也许那堂课已经准备了很多东西，可是当时和学生的默契不是那样，可能我白读了七天书就丢掉了。"三毛改作业也很认真仔细，一字一句地改。三毛觉得带的学生人数太多，所以只能从一个大方向讲，不可能面面俱到。相对来说，她更喜欢导师制，一年带 5~10 学生，这样就可以因材施教，因人施教。

　　三毛的日程安排得满满的，似乎请一次假都会耽误很多事情。

　　　许多外县市的座谈会，往往是去年就给订下的，学校的课，一请假就得耽误两百个莘莘学子，皇冠的稿件每个月要缴，还有多少场必须应付的事情和那一大堆一大堆来信要拆要回。就算是没事躺着吧，电话是接还是不接？接了这一个下一个是不是就能饶了人？

　　　除非是半死了，不肯请假的，撑着讲课总比不去的好。讲完课回到台北父母家里，几乎只有扑倒在床上的气力。身体要求的东西，如同喊救命似的在向自己的意志力哀求："请给我休息，请给我休息，休息，休息……。"

　　三毛由于工作量太大，有时甚至忽略了身边的朋友，那是因为她太爱教书这份工作，太爱自己的学生了。她只是想真诚地当一名农夫，把她知道的全部东西都献给她的学生。而她正因为忙碌占据了所有的时间，以至于她再也没有时间去伤痛。

对于三毛拼命工作，母亲感到很心痛，但也只能做她最坚实的后盾，将她照顾得无微不至。而父亲却是大不一样。

> "你要不要命？你去！你去！拿命去拼承诺，值不值得？"
>
> "到时候，撑起来，可以忍到一声也不咳，讲完了也不咳，回来才倒下的，别人看不到这个样子的——。"
>
> "已经第七十四场了，送命要送在第几场？"
>
> "不要讲啦——烦不烦的，你——"
>
> "我问你要不要命？"这是爸爸的吼声，吼得变调，成了哽咽。"不要，不要，不要——什么都要，就是命不要——"做女儿的赖在床上大哭起来，哭成了狂喘，一气拿枕头将自己压住，不要看爸爸的脸。

由于超负荷地工作，三毛终于病倒了。1984 年初，三毛到美国疗养了六周，后来又去美国动了一次手术。

身体出现状况，三毛辞去了教书工作，开始潜心从事文学创作。

那时候，三毛断绝与外界的一切来往，每天除了写作还是写作。父亲陈嗣庆是这样形容三毛的写作生活的：

> 女儿写作时，非常投入，每一次进入情况，人便陷入"出神状态"，不睡不讲话绝对六亲不认——她根本不认得了。但她必须大量喝水，这件事她知道。有一次，坐在地上

没有靠背的垫子上写，七天七夜没有躺下来过，写完，倒下
不动，说："送医院。"那一回，她眼角流出泪水，嘿嘿地
笑，这才问母亲："今天几号？"那些在别人看来不起眼的
文章，而她投入生命的目的只为了——好玩。

无论父母怎么规劝，三毛依然沉浸在繁忙的工作中。
1985年，她的新书《倾城》正筹备出版，出版社建议她，可以
同时推出另外两本新书——《谈心》与《随想》，三毛毫不犹豫地答
应了。想想同时推出三本书，这样的工作量会让人疯狂。另外，她还
着手翻译小丁神父的《刹那时光》的十二万字的英文稿。不仅如此，
三毛还承诺给滚石唱片公司写一整张唱片的歌词。

　　于是我同时处理四本书、一张唱片，也没能推掉另外许
多许多琐事。就在天气快进炎热时，我爱上了一幢楼中楼的
公寓，朋友要卖，我倾尽积蓄将那房子买了上来。然后，开
始以自己的心意装修。虽然房子不必自己钉木板，可是那一
灯一碗、那布料、椅垫、床单、窗帘、家具、电话、书籍、
摆设、盆景、拖鞋、冰箱、刀、匙、杯、筷、灶、拖把……
还是要了人的命和钱。
　　雪球越滚越大，我管四本书，一张唱片、一个百事待举
的新家，还得每天回那么多封信，以及响个不停的电话和饭
局。我的心怀意志虽然充满了创造的喜悦与狂爱，可是生活
也成了一根绷得快要断了的弦。

　　也许这样才能够让要强的三毛彻底忘掉伤痛，真切体会到生命的价值。然而，就在这种忙碌得发疯的状态下，三毛的好朋友住进了医院，三毛又不得不跑医院。没过十天，三毛的妈妈被诊断为乳腺癌住进了荣民总医院，三毛舍弃了每天仅有的四个小时的睡眠时间，兼顾工作和跑医院。

　　三毛经历了完全没有睡眠的三个月。一天，三毛的好友打电话来问三毛到底还要不要钢琴，三毛听了很迷茫，因为她从来就没有想过买钢琴，所以不知道自己何时打的电话。又有一天，女友打电话来责怪她失约了，说好的带她去医院打点滴，但一直等不到人，可三毛并不知道她们何时所约。接着，好几个朋友都打来类似的电话，可三毛浑然不知。就连那棵生长在五楼屋顶墙外的万年青，三毛一直想摘但怕坠楼不敢摘，现在竟然在自己家中，三毛一直想不通是什么时候摘下来的。在那一段时间，三毛发现自己失去了大部分的记忆。

　　有一天，三毛赶着回家做饭给爸爸吃，到了南京东路后，她忽然发现不知道自己的家在哪里，她知道自己是三毛，可是她忘记了回家的路。

　　　我在一根电线杆边站了很久很久，然后开始天旋地转，我在街上呕吐不停。后来看见育达商职的学生放学，突然想起自己已经修好的公寓就在附近，于是我回了自己的家，翻开电话簿，找到爸爸家的号码，告诉爸我忙，不回他们家中去，我没说我记忆丧失了大半。

　　　那天我又吞了一把安眠药，可是无效。我听见有脚步声四面八方而来，我一间一间打开无人的房门，当然没有人，我吓得把背紧紧抵住墙——听。人病了，鬼由心生。

近乎一个半月的时间，我的记忆短路，有时记得，有时不记得，一些歌词，还在写，居然可以定稿。

最怕的事情是，我不会回家。我常常站在街上发呆，努力地想：家在哪里，我要回家，有一次，是邻居带我回去的。

整整六个月没有合眼了，我的四肢百骸酸痛不堪，我的视力模糊，我的血液在深夜里流动时，自己好似可以听见哗哗的水声在体内运转。走路时，我是一具行尸，慢慢拖。

三毛终于住进了医院的脑神经内科，治疗了十七天后，她立刻出国休息。经过这次记忆丧失后，三毛终于明白，一个人能够认得回家的路，是一件多么幸福的事。

结束流浪，踏上回乡路

　　那天，三毛突然发现，母亲平时一个人在家是很寂寞的。父亲整天上班，三毛姐弟不需要她操心，母亲每天一个人守着这个家。于是，三毛对母亲说："妈妈，明年夏天，我去西班牙，把那边完全结束，永远回来了好吗？"三毛母亲听后愣住了，直到三毛点头保证，她才相信。

　　1986 年夏天，三毛又回到了离开两年多的大加纳利岛。当飞机师报告说即将要降落的时候，三毛还是很紧张。两年多的时间里，三毛几乎和西班牙的朋友没有联络，更没写过一封信，而岛上住着的都是她的好朋友。

　　飞机降落的时候已经是晚上十点了，但等待三毛的人却一点儿都不少，泥水匠、银行经理、电信局局长、木匠拉蒙，还有一群小孩……

　　在回家的路上，三毛一直想着那个家会是怎样的，那么多年没有清扫，会荒凉成什么样？班琪告诉三毛，这间空房子，小偷来过五次，门窗全坏了，玻璃也碎了，来这之前，他们刚刚打扫了二十麻袋

的树叶。车子离开了高速公路，过了一个小坡，一转弯，一阵熟悉的
海洋气息扑面而来，就到家了。

　　我实在是有些害怕，住过了台北的小公寓之后，再来面
对这幢连着花园快有两百五十坪的大房子时，的确不习惯。
可是我说我不怕。那个夜里，将灯火全熄了，打开所有的窗
户，给大风狂吹进来。吹着吹着，墙上的照片全都飞了起
来，我静听着夜和风的声音，快到东方发白，等到一轮红日
在我的窗上由海里跳了出来时，这才拉开床单躺了下去。
　　很怕小偷又来，睡去之前，喊了耶稣基督、荷西、徐訏
干爸三个灵魂，请他们来守护我的梦。这样，才睡了过去。

　　抵达大加纳利岛的第二天晚上，三毛已经拟好了出售房屋的广告
稿："好机会——私人海滩双层洋房一幢，急售求现。双卫、三房、
一大厅、大花园、菜园、玻璃花房、双车车库，景观绝美。可由不同
方向之窗，观日出，观日落，尚有相思树一大棵，情调浪漫，居家安
全。要价六百五十万，尚可商量。请电……"写完后，三毛和墙上丈
夫的照片做了交流，诉说了相思之苦后，她感觉到荷西叫她回到中国
父母的身边去，好好孝敬父母。
　　那个黄昏，看到夕阳落山，一想到自己就要离开这里，三毛的心情
还是会矛盾，她希望房子快点儿卖掉，但又希望不要那么快卖出去。然
而，理智还是会战胜情感，三毛的父母在台湾，而且年事已高，所以她
必须回去，不然口中说如何爱父母，失去行动，一切都是说说而已。
　　登报的第二天中午，有一位太太来看房子。那位太太珠光宝气
的，神情也有些傲慢，三毛觉得跟她的房子不相称，接过了她的电话

号码后，把她送走了。

在那一天，三毛又接听了几个电话，但都觉得不合适。最后，一对朴实亲切的夫妇买了三毛的房子。就这样，三毛把房子卖给了心里喜欢的人，纠结的心忽然变得畅快。

那个夜里，我将房子的每一个角落都看了一遍，动手把荷西的照片由墙上一张一张取下来，对于其他的一切装饰，都不置可否。心里对这个家的爱恋，用快刀割断，不去想它，更不伤感，然后，我拨长途电话给台湾的母亲，说："房子第一天就卖掉了，你看我的本事。九月份清理掉满坑满谷的东西，就回来。"母亲问起价格，我说："昨日种种，譬如死了。没有价格啦！卖给了一对喜欢的人，就算好收场。钱这个东西，生不带来，死不带去，有饭吃就算好了，妈妈不要太在意。"

三毛的家，除了家具就是书籍，可是把它们全部带回台湾是不实际的。那个时候，木匠拉蒙刚好打来电话，问三毛有什么需要帮忙的，三毛叫他把摩托车运走，车是荷西的，当时三毛不肯买，是荷西征求三毛父亲的意见买来的。拉蒙几经推辞，才接受，至于荷西死时最后一刻拿着的那把阴森森的射鱼枪和有关的渔具都给了拉蒙，三毛的家具就给了那对年轻的夫妇，所有的中文书籍给了她的中国妹妹南施，那些石像之类的装饰品则给了甘蒂……

在那个深夜里，我开始整理每一个抽屉，将文件、照片、信件和水电费收据单整理清楚。要带回台湾的只有照片、少数文件，以及小件的两三样物品。虽说如此，还是弄到天方亮了才现出一个头绪来。

在大加纳利岛的最后一个晚上，三毛没有睡觉，她躺在沙发上，想起初到西班牙，那个年轻的女孩不会说西班牙语，天天夜里蒙着被子哭，想着要回台湾去。三毛把半辈子的人生像过电影一样在脑海中回放。

看着身边只有一个箱子，一个背包，一个手提袋，再简单不过的行李，空空地来，空空地离开，带来许多爱，也留下许多爱，还留下了家、人、宝贝、车、钱，还有对这座岛和大海的爱……

1986年10月，三毛处理完大加纳利岛的一切，回到了台湾。全家人都在机场迎接三毛，除了她父亲，但弟弟给三毛带来了父亲的一封信，信是用英文写的：

　　我亲爱的女儿，请你原谅我不能亲自来机场接你。过去的一切，都已过去了，切望你的心里，不要藏着太多的悲伤，相反的，应该仰望美好的未来。

　　这一次，你在加纳利岛上处理事情的平静和坚强，使爸爸深感骄傲。我在家中等着你的归来。

　　　　　　　　　　　　　　　　　　爱你的父亲

回家后，三毛在父母家里睡了一天一夜。第二天醒来，父母带着三毛去参观他们的新居。父亲指着十四层给三毛讲述新居装修的情况。他们一行三人一起上楼参观，三毛一边走一边尽女儿的责任照顾好父母，不时提醒他们要注意安全。

分别了二十年后的中秋节，三毛陪在父母身边，每天去看看他们的新居，这是一种真真切切的幸福。也许，过去的一切辛酸和伤痛都已过去，眼前的幸福才是要好好珍惜的。

大陆之行，心灵的洗涤

1987 年，台湾当局宣布，准许台湾部分居民回祖国大陆探亲。消息一出，许多台湾人都欣喜若狂。在台湾，许多人是因为战争来到这座小岛的，他们断了与亲人们的联系，如今，可以回去再见一面亲人，怎能不高兴？

一想到可以回大陆探亲，三毛很兴奋，因为她终于可以去拜访一下自己笔名来源的那本漫画书的作者了。在三毛小的时候，她读过张乐平先生的漫画《三毛流浪记》，印象深刻。多年以后，在撒哈拉沙漠的她给中国投稿的时候，就用了"三毛"作为自己的笔名。

由于外甥女袁志群在武汉《长沙日报》工作，三毛托她给《三毛流浪记》的作者张乐平先生带去一封信："乐平先生：我切望这封信能够平安转达到您的手中。在我三岁的时候，我看了今生第一本书，就是您的大作《三毛流浪记》。后来等到我长大了，也开始写书，就以'三毛'为笔名，作为您创造的那个三毛的纪念。在我的生命中，是您的书，使得我今生今世成了一个爱看小人物故事的人，谢谢您给了我一个丰富的童年……"

读了三毛的信后，张乐平很意外，但更多的是亲切和欣慰。那时的张乐平已经八十多岁了，住在上海的东海医院疗养，由于手抖得厉害，不能写字，便口述了一封回信，并且用颤颤巍巍的手画了一张三毛的画像，赠予三毛。

从那以后，他们的书信来往就开始了。刚开始，三毛称张乐平是"乐平先生"，到了第三封信便改称为"爸爸"，她说："三毛不认三毛的爸爸，认谁做爸爸？"并附了一张自己的照片，照片背后写着："你的另一个货真价实的女儿。"张乐平非常激动，他想不到晚年的时候再次感受到了人间的美好情感，又多了一个女儿。他说："一个人的生平值得永远纪念的事情不会太多，能在晚年认上这么个'女儿'，这该是我人生道路上的一件快事了。我多子女，四男三女，正好排成七个音符。这一回，三毛再排上去，是个'i'，是我家的'女高音'。"

1989年春天，香港机场。张乐平的儿子张慰军在机场接到了这位闻名未见过面的姐姐。4月5日，他们一同在上海虹桥机场走下飞机，直奔徐家汇五原路张乐平的家。

为了迎接三毛，张乐平为她准备了四只小碟子的点心，知道三毛祖籍是浙江定海，特别准备了一碟那一带人喜欢吃的苔条花生。三毛到达那天，张乐平拄着拐杖在弄堂口迎接她。三毛一见到张乐平，就泣不成声地喊着："爹爹，我回来了……"父女俩一见如故。

三毛带来的礼物是她的新作《我的宝贝》。张乐平送给三毛的是她曾在信中想要的涤卡中山装。

来到张乐平家的第二天，三毛一个人去逛农贸市场，去书摊看看有没有《三毛流浪记》出售，用三毛的话说是感受生活。张乐平一家还陪三毛去龙华寺，在龙华公园，三毛遇上一群跳皮筋的小女孩，她童心大发，也跟着小女孩一起跳，看到小羊拉车，她也过去帮忙赶小羊。晚上，她和张乐平的几个孩子一起聊天，还不忘提醒大家，要轻声说话，不要吵着爸爸。

三毛在张家住了五天，在这段时间里，他们增进了彼此的了解，三毛也吐露了她思念故土、思念亲人的情感。

五天的相处，张乐平觉得跟三毛很投缘："她的性格、脾气、爱好像谁呢？看她那多情、乐观、倔强、好胜、豪爽而又有正义感、有时又显出几分孩子气，这倒真是我笔下的三毛。"而三毛，她喜欢这个家庭，兄弟姐妹都相处得很好，每个人都很真诚，她还特别喜欢这样的家庭布局，凝重、质朴。

后来，三毛也对记者说："我原来一直有一点困惑，为什么一个姓陈，一个姓张，完全不相干的两个人，又隔了四十年的沧桑，竟会这样接近和沟通。现在我明白了，我和爸爸在艺术精神与人生态度、品位上有许多相似之处，所以才能相知相亲，不仅能成父女，还是朋友、知己。有这样的爸爸、这样的家庭，我感到幸福。"

是的，张乐平跟三毛具有相似的地方，都拥有淡泊、超脱、宁静的心境，所以即使是两代人，即使隔着四十年的沧桑，也会超越代沟，成为知己。

五天后，面临分别，张乐平像嘱咐女儿似的叮嘱三毛："世事艰险，你要保重！女儿离开父母，就靠自己了。"

三毛这次回来有两个心愿：一是来看乐平爸爸；二是回舟山老家，到祖父坟前磕个头，告诉他，平平回来看您了。

　　4 月 20 日下午，三毛终于回到了魂牵梦绕的故乡舟山。

　　她一下船，就跑过去热烈地拥抱倪竹青叔叔，泣不成声，哽咽着说："竹青叔叔，我三岁在南京时，你抱过我，现在让我抱抱你！"

　　祭奠过祖宗，三毛上山去祭扫祖父的坟墓，表达对祖先的哀思。焚香拜天地后，三毛在祖父的墓碑前沉默了一段时间，然后跟爷爷聊聊天后，抱着墓碑痛哭起来。扫完墓，三毛从坟头撮起一掬泥土，装进那只从台湾带回来的麦秆编织的小匣子中。故乡的土，是三毛这次回来最想得到的。三毛还从一口古井里，装了一瓶水准备带回去。她说，故乡的水是给父亲最好的礼物。

　　次年四月，三毛第二次返回大陆，这一次是参与由她编剧的电影《滚滚红尘》的摄制录音，所以并没有对外公布行踪。她去了北方的一些城市，跟着摄制组忙碌。后来，因为工作的关系，她结识了当地的"西部歌王"王洛宾先生。当时，王洛宾对三毛几乎是一无所知，只知道她是一名台湾的畅销书作家，但他并没有读过三毛的书。

　　三毛来到王洛宾的住处，两人见面，王洛宾像对待其他崇拜者那样介绍自己的歌曲和经历。两人相见甚欢。晚上，王洛宾到宾馆为三毛送行，当他在前台询问服务员说三毛住哪个房间时，服务员很诧异，她们不知道这个宾馆竟然住着女作家三毛，因为登记的时候三毛用的是陈平这个名字。一时间，大家奔走相告，那些三毛迷们都拿三毛的书来要签名。王洛宾与三毛的交谈自然是没有如愿，而此时王洛宾才知道三毛在大陆有那么多的读者，她的名字是为大家所熟悉的。

　　从旅馆出来时，三毛对王洛宾许了一个诺言——到了秋日我再来看你。

　　从那以后，他们开始书信来往。短短三个月，三毛写给王洛宾的书信达 15 封之多。其中有一次，王洛宾告诉三毛："萧伯纳那柄破旧的阳伞，早已失去了伞的作用，他出门带着它，只能当作拐杖用，我就像萧伯纳那柄破旧的阳伞。"后来，王洛宾渐渐减少写信给三毛的次数，为此，三毛写信嗔怪王洛宾："你好残忍，让我失去了生活的拐杖！"

同年秋天，三毛第三次回到了大陆。从广州到祖国的西北，游览了西安和兰州，出了嘉峪关后来到了大西北。在那里，天高地阔，苍苍茫茫，她情不自禁地拥抱荒原："在那接近零度的空气里，生命又开始了它的悸动，灵魂苏醒的滋味，接近喜极而泣，又想尖叫起来。"

三毛成长的台北，是一块精致的土地，那里的一切恬静淡雅，但三毛更喜欢的是广阔无垠的大地，在那里她可以尽情地奔跑，可以自由地呼叫，她向往无拘无束自由自在的生活。

与三毛同行的是国际旅行社的海涛，在敦煌的路上还结识了一位在莫高窟从事研究工作的旅伴伟文。三毛希望能在莫高窟的一个洞穴里静静地待上一小时，是伟文的帮忙让她实现了这个愿望。

在莫高窟，当第一扇洞穴的门轻轻打开的时候，三毛慢慢地走了进去。

我打开了手电棒，昏黄的光圈下，出现了环绕七佛的飞天、舞乐、天龙八部、携带眷属。我看到了画中灯火辉煌、歌舞翩跹，繁华升平、管弦丝竹、宝池荡漾——壁画开始流转起来，视线里出现了另一组好比幻灯片打在墙上的交叠画面——一个穿着绿色学生制服的女孩正坐在床沿自杀，她左

腕和睡袍上的鲜血叠到壁画上的人身上去——那个少女一直
长大一直长大并没有死。她的一生电影一般在墙上流过，紧
紧交缠在画中那个繁花似锦的世界中，最后，它们流到我身
上来，满布了我白色的外套。

我吓得熄了光。

"我没有病。"我对自己说，"心理学的书上讲过：人，
碰到极大冲击的时候，很自然会把自己的一生，从头算起。
在这世界上，当我面对这巨大而神秘——属于我的生命的密
码时，这种强烈反应是自然的。"

我匍匐在弥勒菩萨巨大的塑像前，对菩萨说："敦煌百
姓在古老的传说和信仰里，认为，只有住在率天宫里的你
'下生人间'，天下才能太平。是不是？"

我仰望菩萨的面容，用不着手电筒了，菩萨脸上大放光
明灿烂、眼神无比慈爱，我感应到菩萨将左手移到我的头上
来轻轻抚过。

菩萨微笑，问："你哭什么？"

我说："苦海无边。"

菩萨又说："你悟了吗？"

我不能回答，一时间热泪狂流出来。

我在弥勒菩萨的脚下哀哀痛哭不肯起身。

又听见说："不肯走，就来吧。"

我说："好。"

这时候，心里的尘埃被冲洗得干干净净，我跪在光光亮
亮的洞里，再没有了激动的情绪。多久时间过去了，我不

知道。

　　"请菩萨安排，感动研究所，让我留下来做一个扫洞子的人。"我说。

　　菩萨叹了口气："不在这里。你去人群里再过过，不要拒绝他们。放心放心，再有你回来的时候。"

　　我又跌坐了一会。

　　菩萨说："来了就好。现在去吧。"

　　从洞穴里出来，三毛眼神澄清心境澄明，也许，她觉得是该归去的时候了。他们两个人在莫高窟外面的白杨树林里慢慢地走，三毛转过身来对伟文说："要是有那么一天，我活着不能回来，灰也是要回来的。伟文，记住了，这也是我埋骨的地方，到时候你得帮忙。"

　　告别了敦煌莫高窟，三毛来到了乌鲁木齐，来到这片让她日思夜想的牧场。

　　王洛宾穿着精致的西装，打着领带，站在机舱口迎接三毛。三毛一下飞机就被一群男女围住，强烈的闪光灯照射着她，摄影机对准了她。这突如其来的状况让三毛非常生气，她立刻返回了机舱。她不知道为什么会这样，她一向是个行动低调的人，况且这只是一次私人拜访，理应不该有记者出现才对。后来经过王洛宾的解释，她才了解这是几位新闻工作者，他们正筹划拍摄一部反映王洛宾音乐生涯的纪实片，他们知道三毛要来，便来了这一出"机场迎三毛"，以便充实片子的内容。

　　尽管经过解释，三毛还是有点儿介意，因为没有事先通知她，她是完全被蒙在鼓里的，但此时她还是选择了原谅。她抱着鲜花，出现在机舱口，然后挽着王洛宾，缓缓走下了舷梯。尽管周围很热闹，但三毛却感觉很落寞。随后，她住进了王洛宾的家。为了吸引王洛宾的注意，她特意穿上自己定做的一套藏族连衣裙，学《在那遥远的地方》里女主角卓玛的打扮。

没想到纪实片刚结束，电视剧又开拍。三毛在编导的劝说下被要求演一段"三毛访问洛宾"的戏，还为三毛设计了一套动作：早晨，三毛身穿睡衣，蹑手蹑脚地来到王洛宾卧室门前，轻轻地把从台湾带来的民谣歌带放到门边下，给王洛宾一个惊喜……

三毛答应了，但心里却不是滋味。她只想和王洛宾享受两个人的时光，不想受到任何的打扰，但那没完没了的折腾让她受到了极大的伤害。戏拍完后，她就病了。王洛宾找来了医生给她看病，而自己仍在拍戏。三毛委屈、痛苦，觉得王洛宾对她不重视，而王洛宾完全没有察觉到三毛的不愉快。

在受了几天的冷落后，三毛还是爆发了。那天和往常一样，三毛炒菜，王洛宾盛饭，三毛埋怨给她盛的饭太少，甚至歇斯底里大喊："我杀了你！"这时的王洛宾感到莫名其妙，他不明白为什么三毛突然变成这样。三毛当时便订房间、订机票，收拾好行李，离开了王洛宾的家。

1990 年 12 月 11 日，三毛给王洛宾写了一封信，信中说她要订婚了，这也是三毛给王洛宾的最后一封信。王洛宾收到信后，虽然伤感，但还是表示深深的祝福。

当时，三毛挥别了王洛宾后，前往四川，继续她的行程。在成都，她背着简单的行囊，走小街，穿僻巷，看四合院建筑，渴了就进茶馆喝一碗茶；累了，便在柳荫树下休息。她说："成都是一块与众不同的温柔之地。城市有气派、整洁。我在这里第一次吃到那么多的好菜，这里的百姓文化素质高，待人真诚，热情。我很喜欢这里。"

接着，她来到了世界屋脊——青藏高原。稀薄的空气，蔚蓝的天空，明亮的太阳，在这里，她的灵魂得到了释放。后来由于高原反应，她被送进了解放军拉萨总医院，病好后她离开了西藏。

三毛回到了她出生的地方——重庆。三毛曾说过："西班牙以出生地为籍贯，我出生在重庆黄角桠，所以我是重庆人。"她还来到当年父亲工作的地方拍了照片。

在重庆短暂逗留后，三毛开始了她的长江之旅。最后她飞往上海，看望"爸爸"张乐平，那时正是中秋节，她与张乐平一家团聚，赏月吃饭，其乐融融。

过了中秋节，三毛和张乐平一家告别，并相约明年春节再来。于是她启程飞回台湾。她的大陆行结束了。

归彼大荒，
生命的绝唱

1991 年 1 月 2 日下午，三毛因为子宫内膜肥厚影响荷尔蒙分泌，母亲担心可能是癌症，于是安排住进了台北荣民总医院。1 月 3 日，由妇科医师为她检查并手术，整个过程十分顺利，医院安排她 1 月 5 日出院。

手术结束后，三毛身上的麻醉药力还没完全消退，她让母亲帮她梳洗，因为她说自己约了心理医生，她要以整洁的面貌见人。那个时候，母亲已经发现三毛的异常，因为根本就没有心理医生来看她。过了一会儿，三毛吃过东西后告诉父母，她已经没什么了，让父母回家。

三毛父母在医院照顾三毛到八点，就回家了。到家后不久，三毛从医院打来电话，她语调平静地说了一些自己的病情，然后很大声、很急切地说了一些话，等母亲听清楚的时候，只听到三毛说："那些小孩又来了。"母亲知道是三毛产生了幻觉，就对她说："也许是小天使来守护你呢。"接着只听见三毛在话筒里凄凉一笑，就挂断了。

当天晚上十一点多，医院的值班人员照常查房，发现三毛房间的灯还没有熄灭，便过去看看。三毛告诉值班医生，她的睡眠状况很不好，不希望受到任何干扰。

1月4日清晨，清洁工去打扫房间，她被眼前的情况惊呆了：病人在卫生间自杀了。

医院立即报案。四个小时后，法医和检察官记录了现场情况：三毛身穿白底红花睡衣被平放在床上。脖子上，有深而明显的尼龙丝袜吊痕，痕迹由项前向上，直到两耳旁。舌头外伸，眼睛微张，血液已经沉入四肢，身体呈灰黑色。

法医鉴定：死亡时间为1月4日凌晨2时左右。

警方断定：三毛系自缢身亡。

此外警方还指出：三毛自缢在浴室内马桶上方，马桶上安有把手。如果三毛尚有求生念头，可以扶住把手保住性命。显然，三毛没有那么做。

上午10时45分，医院将三毛的遗体移交给亲属陈嗣庆夫妇。三毛被安放在荣民总医院的太平间里。

得知消息的陈嗣庆夫妇无比伤痛，他们终究还是失去了亲爱的女儿。在这之前，父亲陈嗣庆在《致三毛的信》中这样说过：

> 以前，你曾与我数次提到《红楼梦》中的"好了歌"，你说只差一点就可以做神仙了，只恨父母忘不了。那时我曾对你说，请你去做神仙，把父母也给忘了，我们绝对不会责怪你。你笑笑，走开了。
>
> ……

　　不过七八天以前吧，你给我看《皇冠》杂志，上面有一些你的照片，你指着最后一幅图片说："爸，看我的大陆留的毛笔字——有此为证。"我看了，对你说——你写字好像在画画。你还笑说："书画本来不分家，首在精神次在功。"你又指着那笔字说："看，这女字边的好字，刷一挥手，走了。"也说很像很像。

　　却忘了，那时的你，并不直爽，你三度给我暗示，指着那幅照片讲东讲西，字里两个斗大的"好了"已然破空而出。

　　这两个字，是你一生的追求，却没有时空给你胆子写出来，大概心中已经好，已经了，不然不会这么下笔。而我和你母亲尚在不知不觉之中。

　　只有你的小弟，前一日说："小姐姐其实最爱祖国。"你听了又是笑一笑，那种微笑使我感到你很陌生，这种陌生的感觉，是你自大陆回来之后明显的转变，你的三魂七魄，好似都没有带回来。你变了。

　　三天之后的今日，你留下了一封信，离开了父母，你什么都没有拿走，包括给你走路用的平底鞋。我看完了你的信，伸头看看那人去楼空的房间。里面堆满了你心爱的东西，你一样都没有动，包括你放在床头那张丈夫的放大照片。

　　我知道，你这一次的境界，是没有回头路可言了。

　　也许，你的母亲以为你的出走又是一场演习，过数日你会再回家来。可我推测你已经开始品尝初次做神仙时的那孤凉的滋味，或说，你已一步一步走上这条无情之路，而我们没能与你同步。你人未老，却比我们在境界上快跑了一步。山到绝顶雪成峰，平儿、平儿，你何苦要那白茫茫大地真干净。

平儿，你的决定里有你的主张，为父的我，不会用一切伦理道德亲情来要你背负。在你与我们同住三年之后，突然而去，这中间，其实没有矛盾，有的只是你个人的渐悟以及悟道之后行为的实践。让我恭喜你，你终于又是另一个人了。至于你母亲这边，我自会安慰她。这一步，是你生命中又一次大改革，并非环境逼迫，也非你无情，而是你再度的蜕变，却影响到了一些家人。我猜测，这些人和事，你都曾三思——用了三年的时间去思想，才做出来的。那么我们也只有尊重你。

三毛去世的第二天，一家报纸刊登了母亲缪进兰的文章——《哭爱女三毛》：

荷西过世后这些年三毛常与我提到她想死的事，要我答应她；她说只要我答应，她就可以快快乐乐地死去，我们为人父母，怎能答应孩子做如此的傻事，所以每次都让她不要胡思乱想。最近她又对我提起预备结束生命的事，她说："我的一生，到处都走遍了，大陆也去过了，该做的事都做了，我已没有什么路好走了。我觉得好累。"

前天（一月二日），她要到荣总去做个小手术，她在医院里就对我说，医院里有很多小孩在她床边跳来跳去，我知道她又在说胡话，就半开玩笑地说："你不要理他们就是了。”这是一个简单的手术，前天晚上进去，十分钟就完成了，身体没有大的毛病，不过还是用了全身麻醉，醒来以后，三毛说有一位心理医师与她约好要来看她，因为她觉得很烦躁，想跟这位医师谈谈，不过她说刚开过刀，样子十分狼狈，如何好见人，就要我替她梳洗，可是那位医师并没有来。我带来些东西给她吃，她吃得也蛮好。吃完饭以后，就对我先生和我说：“我已经好了，没有病了，你们可以回家了。”因为我得癌症已经六年了，身体非常衰弱，也觉十分劳累，看她情绪还好，没有什么异状，也就不疑有他，与我先生一起回家了。

三毛是孝顺的孩子，对我们二老非常体贴。因为三毛常常说要去死这种话，就好像牧羊童常说狼来了狼来了一样，我与她父亲就认为她又说“文人的疯话”，况且最近也没有什么芥蒂，更没有什么不愉快，她是没有理由寻短见的，谁料得到这孩子竟这么样的糊涂，她常对我说：父母在不远游。她现在还是走到另一个国度去了，是不是不应该？

孩子走了，这是一个冰冷残酷的事实，我希望以基督教的方式为她治丧。

她有今天的文学事业，都是联合报培养的，我也希望请联合报来主持治丧事宜。联合报造就了她，我也希望报社给予鼎助，使她走得风风光光的，她生前曾对我说喜欢火葬，认为那样比较干净。她生前最喜欢黄玫瑰，她不喜欢铺张，我也要选她在家里平常最喜欢的衣服缀上黄玫瑰给她穿上，外边套上一个漂亮的棺材就行了。她的骨灰，我希望放置在阳明山第一公墓的灵塔上。

三毛就这样莫名其妙地走了。我疼爱的孩子，你为什么如此地想不开？

命运夺我爱女，苍天对我，何其残忍？

1月4日，张乐平的夫人冯雏音得到了三毛的死讯，万分悲痛，由于丈夫在病痛中，所以她在几天后才告诉老伴说，"女儿"已逝。这位白发苍苍的老人顿时失声痛哭，用颤抖的双手写下了惜别的文字。

我现在的悲痛很难用语言来表达。这些天来，我一直陷于神思恍惚、欲哭无泪的状态。才华横溢、情感丰富的三毛走了，这对于我全家是个难以承受的打击，我老伴几乎哭了整整一夜，她不住地追问消息是否确实，为的是想捏住仅存的一线希望。次日清晨，我坐在阳光底下，脑中不住闪现我们父女俩昔日共享天伦之乐的那段美好时光，内心却是一片冰凉。我支撑起虚弱的身子，用无力而又颤抖不住的手极慢地一笔一画，写下"痛哉平儿"，可这也无助于减轻我的悲哀。

今天，一位三毛的热心读者送来两盒录音带，屋中又传出三毛热情洋溢的声音，我与老伴细细品味，心中又是一阵阵的隐痛。两年前，她首次与我会面，并在家小住五天，临行时，她隔着车窗向我招手，我流下了惜别的泪水；去年那次，我们在医院分别，高兴地相约今年的春节再聚，从那天起，我便开始了急切的等候，谁知这短暂的一刻竟成永诀！

　　儿子把三毛的信件一一拿出整理，这一封封感情浓烈的书简，我每一封都至少读过三五遍。此时此刻，睹物思人，我多想再摸一摸、再看一看、再读一读啊！

　　……

　　她的每一封来信，都散发着浓烈的人情，读信成了我晚年生活不可缺少的一部分。去年8月8日父亲节时，她为了与我通话，一连四十八个小时坐在电话机旁，每隔15秒就拨一次，以至连电话机都拨坏了。话没能通上，没几天我便收到了她的来信，在"亲爱的爸爸"字样上，三毛特地用笔勾勒了一颗红心。现在同样的礼物我再也不可能得到了，我将永久珍藏这颗红心。

　　春节一天天临近了，大儿媳早就准备好一件中山装等她回来试穿，全家人仍在执着地等候，过节的时候，有一个座位将留给三毛，因为在我们全家人的心中，三毛是永生的。

　　三毛留给了我"对抗病苦"的鼓励，这些天我努力使自己坚强起来，我会一步步地走，去迎接病魔的挑战。

　　三毛陪伴我度过了一生中最美好的时光。谢谢你，三毛！

三毛生前的一些好友和知名人士纷纷拟文悼念。

当王洛宾听到三毛自缢身亡的消息后，他写下了最后一首情歌：《等待——寄给死者的恋歌》。

　　你曾在橄榄树下等待再等待
　　我却在遥远的地方徘徊再徘徊

人生本是一场迷藏的梦

且莫对我责怪

为把遗憾赎回来

我也去等待

每当月圆时

对着那橄榄树独自膜拜

你永远不再来

我永远在等待

等待，等待

等待，等待

越等待，我心中越爱！

贾平凹是三毛生前最敬佩的作家之一。1991年1月1日凌晨，三毛给贾平凹写了一封信，希望四五月相约西安。

平凹先生：

现在时刻是公元1991年1月1日清晨两点。下雨了。

今年开笔的头一封信，写给您：我心极喜爱的大师。恭恭敬敬的。

感谢您的这支笔，带给读者如我，许多个不睡的夜。虽然只看过两本您的大作，《天狗》与《浮躁》，可是反反复复，也看了快二十遍以上，等于四十本书了。

在当代中国作家中，与您的文笔最有感应，看到后来，看成了某种孤寂。一生酷爱读书，是个读书的人，只可惜很少有朋友能够讲讲这方面的心得。

读您的书，内心寂寞尤甚，没有功力的人看您的书，要看走样的。

在台湾，有一个女友，她拿了您的书去看，而且肯跟我讨论，但她看书不深入，能够抓捉一些味道，我也没有选择的只有跟这位朋友讲讲《天狗》。

这一年来，内心积压着一种苦闷，它不来自我个人生活，而是因为认识了您的书本。在大陆，会有人搭我的话，说"贾平凹是好呀！"我盯住人看，追问"怎么好法？"人说不上来，我就再一次把自己闷死。看您书的人等闲看看，我不开心。

平凹先生，您是大师级的作家，看了您的小说之后，我胸口闷住已有很久，这种情形，在看《红楼梦》，看张爱玲时也出现过，但他们仍不那么"对位"，直到有一次在香港有人讲起大陆作家群，其中提到您的名字。一口气买了十数位的，一位一位拜读，到您的书出现，方才松了口气，想长啸起来。对了，是一位大师。一颗巨星的诞生，就是如此。我没有看走眼。以后就凭那两本手边的书，一天四、五小时地读您。

要不是您的赠书来了，可能一辈子没有动机写出这样的信，就算现在写出来，想这份感觉——由您书中获得的，也是经过了我个人读书历程的"再创造"，即使面对的是作者您本人，我的封闭感仍然如旧，但有一点也许我们是可以沟通的，那就是：您的作品实在太深刻。不是背景取材问题；是您本身的灵魂。

今生阅读三个人的作品，在二十次以上，一位是曹霑，一位是张爱玲，一位是您。深深感谢。

没有说一句客套的话，您所赠给我的重礼，今生今世当好好保存，珍爱，是我极为看重的书籍。不寄我的书给您，原因很简单，相比之下，三毛的作品是写给一般人看的，贾平凹的著作，是写给三毛这种真正以一生的时光来阅读的人看的。我的书，不上您的书架，除非是友谊而不是文字。

台湾有位作家，叫作"七等生"，他的书不销，但极为独特，如果您想看他，我很乐于介绍您这些书。

想我们都是书痴，昨日翻看您的《自选集》，看到您的散文部分，一时里有些惊吓。原先看您的小说，作者是躲在幕后的，散文是生活的部分，作者没有窗帘可挡，我轻轻地翻了数页。合上了书，有些想退的感觉。散文是那么直接，更明显的真诚，令人不舍一下子进入作者的家园，那不是《黑氏》的生活告白，那是您的。今晨我再去读。以后会再读，再念，将来再将感想告诉您。先念了三遍《观察》（人道与文道杂说之二）。

四月（一九九〇年）底在西安下了飞机，站在外面那大广场上发呆，想，贾平凹就住在这个城市里，心里有着一份巨大的茫然，抽了几支烟，在冷空气中看烟慢慢散去，而后我走了，若有所失的一种举步。

吃了止痛药才写这封信的，后天将住院开刀去了，一时里没法出远门，没法工作起码一年，有不大好的病。

如果身子不那么累了，也许四五个月可以来西安，看看您吗？倒不必陪了游玩，只想跟您讲讲我心目中所知所感的当代大师——贾平凹。

　　用了最宝爱的毛边纸给您写信，此地信纸太白。这种纸台北不好买了，我存放着的。我地址在信封上。

　　您的故乡，成了我的"梦魅"。商州不存在的。

三毛敬上

　　无奈贾平凹信还没收到，竟然先收到三毛已逝的消息，他写下了《哭三毛》一文。几天后，他收到了三毛的绝笔信，心情无比伤痛，又写下了《再哭三毛》。

　　我只说您永远也收不到我的那封信了，可怎么也没有想到您的信竟能邮来，就在您死后的第十一天里。今天的早晨，天格外冷，但太阳很红，我从医院看了病返回机关，同事们就冲着我叫喊："三毛来信啦！三毛给你来信啦！"这是一批您的崇拜者，自您死后，他们一直沉浸于痛惜之中，这样的话我全然以为是一种幻想。但禁不住还在问："是真的吗，你们怎么知道？"他们就告诉说俊芳十点钟收到的（俊芳是我的妻子，我们同在市文联工作），她一看到信来自台湾，地址最后署一个"陈"字，立即知道这是您的信就拆开了，她想看又不敢看，啊地叫了一下，眼泪先流下来了，大家全都双手抖动着读完了信，就让俊芳赶快去街上复印，以免将原件弄脏弄坏了。听了这话我就往俊芳的办公室跑，俊芳从街上还没有回来，我只急得在门口打转。十多分钟后她回来了，眼睛红红的，脸色铁青，一见我便哽咽起来："她是收到您的信了……"

　　收到了，是收到了，三毛，您总算在临死之前接收了一

个热爱着您的忠实读者的问候！可是，当我亲手捧着了您的
信，我脑子里刹那间一片空白呀！清醒了过来，我感觉到是
您来了，您就站在我的面前，您就充满在所有的空气里。

这信是您一月一日夜里两点写的，您说您"后天将住院开
刀去了"，据报上登载，您是三日入院的，那么您是以一九九
〇年最后的晚上算起的，四日的凌晨二点您就去世。这封信
您是什么时候发出的呢，是一九九一年的一月一日白天休息起
来后，还是在三日的去医院的路上？这是您给我的第一封信，
也是给我的最后一封信，更是您四十八年里最后的一次笔墨，
您竟在临死的时候没有忘记给我回信，您一定是要惦念着这封
信的，那亡魂会护送着这封信到西安来了吧！

前几天，我流着泪水写了《哭三毛》一文，后悔着我给
您的信太迟，没能收到，我们只能是有一份在朦胧中结识的
缘分。写好后停也没停就跑邮局，我把它寄给了上海的《文
汇报》，因为我认识《文汇报》的肖宜先生，害怕投递别的
报纸因不认识编辑而误了见报时间，不能及时将我对您的痛
惜、思念和一份深深的挚爱献给您。可是昨日收到《文汇
报》另一位朋友的谈及别的内容的信件，竟发现我寄肖宜先
生的信址写错了，《文汇报》的新址是虎丘路，我写的是原
址圆明园路。我好恨我自己呀，以为那悼文肖先生是收不到
了，就是收到，也不知要转多少地方费多少天日，今日正考
虑怎么个补救法，您的信竟来了，您并不是没有收到我的
信，您是在收到了我的信后当晚就写回信来了！

读着您的信，我的心在痉挛着，一月一日那是怎样的长
夜啊，万家灯火的台北，下着雨，您孤独地在您的房间，吃

着止痛片给我写信，写那么长的信，我禁不住就又哭了。您
是世界上最具真情的人，在您这封绝笔信里，一如您的那些
要长存于世的作品一样至情至诚，令我揪心裂肠的感动。您
虽然在谈着文学，谈着对我的作品的感觉，可我哪里敢受用
了您的赞誉呢，我只能感激着您的理解，只能更以您的理解
而来激励我今后的创作。一遍又一遍读着您的来信，在那字
里行间，在那字面背后，我是读懂了您的心态，您的人格，
您的文学的追求和您的精神的大境界，是的，您是孤独的，
一个真正天才的孤独啊！

　　现在，人们到处都在说着您，书店里您的书被抢购着，
热爱着你的读者在以各种方式悼念您，哀思您，为您的死做
着种种推测。可我在您的信里，看不到您在入院时有什么自
杀的迹象，您说您"这一年来，内心积压着一种苦闷，它不
来自我个人生活，而是因为认识了您的书本"，又说您住院
是害了"不大好的病"。但是，您知道自己害了"不大好的
病"，又能去医院动手术，可见您并没有对病产生绝望，倒
自信四五个月就能恢复过来，详细地给了我的通信地址和电
话号码，且说明五个月后来西安，一切都做了具体的安排，
为什么偏偏在入院的当天夜里，敢就是四日的三点就死了
呢？！三毛，我不明白，我到底是不明白啊！您的死，您是
不情愿的，那么，是什么原因而死的呀，是如同写信时一样
的疼痛在折磨您吗？是一时的感情所致吗？如果说这一切仅
是一种孤独苦闷的精神基础上的刺激点，如果您的孤独苦闷
在某种方面像您说的是"因为认识了您的书本"，三毛，我
完全理解作为一个天才的无法摆脱的孤独，可牵涉到我，我

又该怎么对您说呢，我的那些书本能使您感动是您对我的偏爱而令我终生难忘，却更使我今生今世要怀上一份对您深深的内疚之痛啊！

这些天来，我一直处于恍惚之中，总觉得常常看到了您，又都形象模糊不清，走到什么地方凡是见到有女性的画片，不管是什么脸型的，似乎总觉得某一处像您，呆呆看一会儿，眼前就全是您的影子。昨日晚上，却偏偏没有做到什么离奇的梦，对您的来信没有丝毫预感，但您却来信了，信来了，您来了，您到西安来了！现在，我的笔无法把我的心情写出，我把笔放下了，又关了门，不让任何人进来，让我静静地坐一坐。不，屋里不是我独坐，对着的是您和我了，虽然您在冥中，虽然一切无声，但我们在谈着话，我们在交流着文学，交流着灵魂。这一切多好啊，那么，三毛，就让我们在往后的长长久久的岁月里一直这么交流吧。三毛！

1991 年 1 月 15 日下午收到三毛来信之后

我们或许可以从罗大佑专门为三毛写的这首《追梦人》中寻找到转身而逝的三毛的背影：

让青春吹动了你的长发，让它牵引你的梦
不知不觉这尘世的历史已记取了你的笑容
红红心中蓝蓝的天是个生命的开始
春雨不眠隔夜的你曾空独眠的日子
让青春娇艳的花朵绽开了深藏的红颜
飞去飞来的满天的飞絮是幻想你的笑脸

秋来春去红尘中谁在宿命里安排

冰雪不语寒夜的你那难隐藏的光彩

看我看一眼吧，莫让红颜守空枕

青春无悔不死，永远的爱人

让流浪的足迹在荒漠里写下永久的回忆

飘去飘来的笔记是深藏的激情你的心语

前尘后世轮回中谁在声音里徘徊

痴情笑我凡俗的人世终难解的关怀

一切的一切都尽在不言中。

三毛的一生，正如她在《假如还有来生》中说的："我的这一生，丰富、鲜明、坎坷，也幸福，我很满意。"

亲爱的三毛，再见！

参考书目

《三毛传：流浪是最好的疗伤》，北方文艺出版社，金文。

《三毛传：梦里花落，泪尽撒哈拉》，天地出版社，朱文乔。

《三毛传：繁华一梦，锦瑟流年》，北京工业大学出版社，杨婷婷。

图书在版编目（CIP）数据

三毛：沙漠里的盛世繁花/黄惠萍编著 . − − 北京：
煤炭工业出版社，2018（2023.4 重印）

ISBN 978 − 7 − 5020 − 6982 − 7

Ⅰ.①三…　Ⅱ.①黄…　Ⅲ.①三毛(1943 − 1991)—
传记　Ⅳ.①K825.6

中国版本图书馆 CIP 数据核字（2018）第 251999 号

三　毛
——沙漠里的盛世繁花

编　著	黄惠萍
责任编辑	高红勤
封面设计	MM 末末美书

出版发行　煤炭工业出版社（北京市朝阳区芍药居 35 号　100029）
电　话　010 − 84657898（总编室）　010 − 84657880（读者服务部）
网　址　www.cciph.com.cn
印　刷　三河市金兆印刷装订有限公司
经　销　全国新华书店

开　本　710mm × 1000mm$^1/_{16}$　**印张**　21$^1/_2$　**字数**　239 千字
版　次　2018 年 12 月第 1 版　2023 年 4 月第 2 次印刷
社内编号　20181400　　　　**定价**　58.00 元